AF139599

Beinahe
hätten wir den Tod besiegt

BOOKS on DEMAND

Für Anna, Aaron,
Christine und Hartmut

Alfred Schultz

Beinahe
hätten wir den Tod besiegt

Kompromisslose Lebensbejahung

Bibliografische Information der Deutschen Nationalbibliothek:
Die Deutsche Nationalbibliothek verzeichnet diese Publikation in der Deutschen Nationalbibliografie; detaillierte bibliografische Daten sind im Internet über http://dnb.dnb.de abrufbar.

© 2013 Alfred Schultz

Herstellung und Verlag: BoD – Books on Demand, Norderstedt

ISBN: 9783738602111

Inhalt

Ergänzung

Wegweiser

Dreizehn Monate begleite ich Gertrud in ihrer Letztzeit. Uns verbindet, dass wir gerne auf dieser Erde sind. Wir finden unser Leben so richtig gut. Wir freuen uns, dass wir ein Leben führen können, dass unserer Eigenart und Eigensinnigkeit entspricht. Wir sagen von Herzen ja zum Leben und werden von dem Gefühl getragen, dass das Leben ja zu uns sagt. Dieses Ja des Lebens nenne ich das Lebensja.

Wir leben als Paar getrennt und gestalten dennoch ein gemeinsames Familienleben.
Als Erdverliebte durchleben wir Lebens- und Beziehungskrisen. Wir vertrauen, auch wenn wir es unterschiedlich formulieren, in eine unerschöpfliche Zukunft, in der sich ein Lebensja zeigt, das es gut mit uns meint. Erst durch einen grausamen medizinischen Befund wird mir mit großer Erschütterung deutlich, dass es in unserer spirituellen Ausrichtung eine Herausforderung gibt, die in unserem *gefühlten* Bild von Leben und Welt nicht vorgesehen ist:

Das mögliche Ende unseres persönlichen Lebens auf dieser Erde.

Selbstverständlich wissen auch wir, dass der Tod eine Tatsache für uns ist. Nur: Unser Gefühl ist deutlich anders. Vor allen Dingen haben wir nicht einmal im Traum daran gedacht, dass es die Jüngere treffen würde. Ich weiß noch, wie Gertrud in der Jugendzeit unserer Beziehung wie selbstverständlich davon sprach, dass sie sicherlich einmal von meiner Rente profitieren könne. Ich ging damals auch davon aus, dass das so geschehen würde.

Es ist anders gekommen.

Von dieser Herausforderung soll hier berichtet werden. Wie schafft es eine Eigensinnige und Erdverliebte, mit dieser absolut nicht vorgestellten und erwünschten Situation zurechtzukommen? Wie geht es mir als ihrem Begleiter, der diese Situation ebenfalls für unvorstellbar hält?

Als Erdverliebte gehen Gertrud und ich ein Bündnis ein, um alles zu tun, damit das Ja zum Leben gegen die tödliche Bedrohung gewinnen kann. *Die Liebe zu dieser Erde wollen wir auf keinen Fall verraten.* Wir suchen dafür Verbündete. Wir finden sie vor allem in Schulmedizin, Geistheilung, Homöopathie (Gertrud selbst ist klassische Homöopathin), buddhistischer Meditationspraxis und protestantischer Spiritualität. Darüber hinaus aber auch in selbst erschaffenen Ritualen sowie alten und neuen Gewohnheiten. Unsere geistigen Ausrichtungen sind keine dogmatischen Systeme, sondern Ankerpunkte, die sich uns jeweils als Öffnung des Lebensja auftun. Gefühlsmäßig leben wir in einem Spektrum von Hoffen und Bangen, spirituell gibt es feste persönliche Orientierungen. Aber auch offene, beunruhigende Fragen. Manches Mal gibt es überraschende Lichtungen. Immer wieder, immer intensiver, immer bangender stellt sich während der dreizehn Monate die Frage: Wie werden wir mit unserem Ja zur Erde durch diese Zeit kommen?

Für mich als Begleiter ist die zentrale Erfahrung, dass ich im Verlaufe der Letztzeit immer stärker spüre, wie ich mit hineingenommen bin in die unterschiedlichsten Wellenbewegungen dieser besonderen Zeit. Es ist eine heftige Herausforderung, dabei aufrecht zu bleiben. Die intensive Schwingung erzeugt Wellen, die immer noch spürbar sind.

Diese dreizehn Monate schenken mir die Erfahrung, dass Gertrud und ich sich tief menschlich begegnen, dass viele Menschen ein stützendes Netzwerk bilden, dass professionelle Helfer Gertruds Würde achten, dass etliche meiner Befürchtungen nicht eintreten, dass unsere Kinder einen ganz verschiedenen Weg mit ihrer Mutter gehen, dass zwischenmenschliche Konflikte ausgehalten und gelöst werden.

Diese Zeit schenkt mir viel Lebendigkeit, Zittern und Angst ziehen bei mir ein, aber auch Freude, Lust und Humor, große Ernsthaftigkeit und abstruse Verrücktheiten. Manchmal ist eine Situation gleichzeitig zum Lachen und Weinen.

Diese Zeit bringt mich dahin, meine spirituelle Ausrichtung zu vertiefen.

Ein schillerndes, normales Paar

Unwiderstehlich anziehend finden wir uns im Anfang unserer Begegnung. Aber: Wo viel Licht ist, ist auch viel Schatten. Unausstehlich und scheußlich finden wir uns. Streiten in der Nacht bis zur Erschöpfung. Sitzen am Frühstückstisch blass und müde beieinander. Einzig die Kraftlosigkeit lässt uns wie ein normales, friedliebendes Paar aussehen. „Gertrud und Walter sind ein seltsames Gespann", sagen Etliche, „ein merkwürdiges, schrilles Paar!" In dieser Zuschreibung schwingen nicht selten Erstaunen und Bewunderung mit. Ich denke gerne an unsere Intensität, auch an die Unbekümmertheit mit der wir streiten und lieben. Ohne großes Nachdenken finden wir darin unsere Verbindung zum Lebensja. Auch wenn wir etwas extrem in dem Ausleben von Gegensätzen sind, wird es viele Paare geben, die die hier geschilderte Dynamik wenigstens aus Phasen großer Verliebtheit kennen dürften.

Deine Eifersucht, Gertrud. Immer habe ich es besser als Du. Bestelle ich im Restaurant Pizza und Du Spaghetti, dann weiß ich schon während der Bestellung, was passieren wird. Meine Pizza wird schmecken wie das beste Gericht in einem Erste-Klasse-Restaurant und Deine Spaghetti wie das Allerletzte aus einer schmierigen, hässlichen Bude. Ich scheine für Dich etwas an mir zu haben von einem riesengroßen Glückspilz. Ich lache über Deine Zuschreibung. Wie gerne wäre ich dieser glückliche Pilz. Vor allem mit Dir. Aber, ich muss es auch gestehen: Oft nervt mich das Etikett, das Du mir anheftest.
Ginge es nur um Spaghetti und Pizza! Das würden wir schon packen. Psychologen sagen, dass das mit dem Essensneid nur ein Symptom ist. Es steht für etwas Unbekanntes. Etwas Rätselhaftes, das sich einer leichten Entschlüsselung widersetzt.
Irgendwie sind wir auch ein schönes und schrecklich normales Paar. Besonders dann, wenn wir das alltägliche, ätzende Gefühl von „Du hörst mich nicht, du siehst mich nicht" erleben. Mit Dir kann ich lernen, was allerdings Zeit braucht bei mir, dass das Lebensja sich auch in unseren Verquerheiten und persönlichen Be- und Absonderlichkeiten zeigt.
Du sagst. - Walter, Du bist aber auch besonders schwierig. - Ich lache Dich an und sage: Ist das nicht immer so, oder wenigstens sehr oft so,

dass der Andere besonders schwierig ist? - Du guckst verdutzt. Du wunderst Dich, dass ich das ruhig und freundlich sagen kann. Du sagst gar nichts. Du beendest das Gespräch. Damit sind wir in einem Normalmodus unserer Diskurskultur gelandet. Diesen Normalmodus mit Deinem plötzlichen Verstummen kann ich nur schwer aushalten. Ich möchte gerne weiterreden. Das ist jedoch unmöglich.

Ich merke ein Stoppschild. - Weiter nicht! — Ich denke. – Soll meine Vitalität sich wandeln vom fließendem, kräftigen Strom zum stehenden Gewässer? - Oh je, dieser Stillstand! - Geht es ängstlich durch meinen Kopf. - Bloß nicht das! Diese unfreiwillige Trägheit tötet alles ab. – Manchmal erzeugt mein Kopf weitere Übertreibungen. - Nein, ich will nicht zu Gammelfleisch werden! Wo bleibt meine Verbindung zum Lebensja?

Nun ist die Zeit von unbändigem Neid genauso vorbei wie die mit den kommunikativen Stoppschildern. Leider auch die mit dem unbekümmerten Ja zum Leben mit unseren schillernden Gegensätzen. Diese Zeit endete leider schon lange vor unserem gemeinsamen Letztzeitkampf. Nachdem wir uns im Adrenalin gedopten Nahkampf wie zwei ineinander verwobene Schlangen bis zur Unkenntlichkeit von Du und ich verclincht haben, schaffen wir gerade noch rechtzeitig vor dem gemeinsamen Erwürgen einen heilsamen Abstand. Dein Pière hilft dabei, in neue Bewegungen des Lebensja hineinzukommen. Ich brauche lange, um diese Entwicklung zu akzeptieren.

Wir trennen uns als intimes Paar und bleiben als Eltern für unsere beiden Kinder in der gemeinsamen Verantwortung. Kein leichter Spagat. Aber: Wir schaffen das. Wir sind schließlich zwei Langstreckenläufer, die sich nicht durch Seitenstiche und schmerzende Lungen davon abhalten lassen, ihre Runden zu drehen. Für uns kann das Lebensja durchaus anstrengend sein.

Eigentlich will ich keine Trennung. Andererseits denke ich inzwischen immer öfter. - Was sollst Du mit mir anfangen? Dein Ideal scheinen Typen à la James Bond zu sein. Solch einen Helden kann ich beim besten Willen nicht liefern. Diese technisch-körperlich-mentale Megafitness bringe ich einfach nicht. Ich bin zwar nicht unattraktiv, aber bei mir ist es nicht so, dass die Frauen sich reihenweise ausziehen und hinlegen, wenn ich durch die Straße gehe. Ich bin kein Hero. Überraschenderweise hat dieser Gedanke etwas Tröstliches. Er hilft, Schmerzen von Trennung und Scheitern erträglich zu machen.

Ich kann mir in aller Gelassenheit Bondfilme ansehen, ohne ein Gefühl eigener Unterlegenheit zu entwickeln. Schließlich bin ich dahinter gekommen, dass die reale Welt anders als die im Kino tickt. Männer in echt haben andere Qualitäten als die unkaputtbaren Leinwandhelden. Klar, Du weißt auch, dass das so ist. Sagst Du. Mehr darf ich nicht ausplaudern. Deine rote Karte leuchtet schon.

Wir sind uns einig, dass jeder den Weg seiner persönlichen Wahrheit gehen soll. Ein Teil unserer beider Persönlichkeiten trägt mit Stolz die Fahne des Eigensinnes. Wir sind, wie jedenfalls andere sagen, zwei Paradiesvögel des Eigensinns. Das ist ein Gesicht mit dem das Lebens ja sich in uns beiden zeigt. Wir geben uns nicht damit zufrieden, darüber zu entscheiden, welche Leberwurst wir essen und welche Slips und Shorts wir tragen oder ob wir lieber Erdbeer- oder Vanilleeis schlecken möchten. Wir bleiben nicht in der Banalität von Konsumentscheidungen stecken. Unsere Orientierung ist grundsätzlicher. Wir wollen das tun, was absolut unser Ding ist. Eben das Leben, das wirklich unserem Inneren entspricht. Am Besten kompromisslos. Halbe Sachen mögen wir nicht. Bei uns soll es richtig heiß und kalt sein, aber nicht lauwarm. Das klingt jetzt vielleicht ein bisschen übertrieben oder sogar ironisch. - Na, Walter, so bist du doch, wirfst du mir lächelnd herüber. - Genau, sage ich, das stimmt. Aber, ich meine es ernst. Wir mögen wie Paradiesvögel strahlen. Mancher mag denken, dass wir deshalb Kunstprodukte sein müssen, weil das auf keinen Fall unsere Originalität sein kann. Du und ich sind weder Plastik noch Plagiat. Alles ist echt. Es ist keineswegs leicht, diesen Weg zu gehen. Aber, dafür ist er unverwechselbar der unsere. Mir gefällt es, an diesem Punkt pathetisch zu werden. Mit Andacht und Fleiß ehren wir den heiligen Tempel unserer Selbstbestimmung und Selbstentfaltung. Da lassen wir uns so schnell nichts vormachen. Es verletzt uns, wenn wir damit nicht ernst genommen werden und wir müssen lachen, wenn uns ein Licht aufgeht, dass wir wieder einmal nicht irrtumsfrei sind. Wir genießen bei allem Stress unseren Weg des Eigenen. Dieses Eigene erschließt sich uns im Lauschen auf das, was von Innen als Ja für uns in Bewegung kommen will. Damit hat jeder von uns genug zu tun. Wir müssen auch nicht die gleichen Worte verwenden, um unseren jeweils eigenen Weg zu gehen. Worte sind wichtig, aber sie sind nicht das Leben selbst, sie sind allerdings Annäherungen, die im glücklichen Fall das Ja zum Leben strahlender machen können.

Das Attentat

Dann plötzlich dein Anruf aus dem Krankenhaus, den ich nie vergessen werde. Unmittelbar vor Deinem zweiundfünfzigsten Geburtstag. - Sie haben den Kopf untersucht. Es gibt viele Metastasen. - Ich bin so perplex, dass mir die Worte fehlen. Ich sage. - Shit! - Nicht kühl, sondern mit einem Gemisch von Anteilnahme und Zorn. - Ich sage dann noch. - Ich komme.
Ich erinnere kein Telefonat in meinem Leben, das vergleichbar intensiv gewesen ist. Dieser kurze Moment erschüttert und verändert mich. Vor meinem inneren Auge zeigt sich glasklar, was uns bevorsteht. Ich bin gut informiert, um im Klaren darüber zu sein, was es bedeutet, viele Hirnmetastasen diagnostiziert zu bekommen. Innerhalb von Sekunden werden in mir Knochen, Hirn und Eingeweide gerüttelt und neu geordnet. Mir widerfährt eine Prägung, die ich nur schwer in Worte fassen kann. Mir kommt es vor wie eine Initiierung. Mich erfasst etwas, dem ich mich mit dem Wort Hellsichtigkeit vorsichtig annähere. Mir ist in diesem Moment vollkommen klar, was die Stunde geschlagen hat. Es ist ein intuitives Wissen, das jenseits der Sphäre des kontrollierenden, rechnenden Denkens zu Hause ist. Mein Leben bekommt ab sofort eine neue Ausrichtung. Ich weiß genau, was ich zu tun habe. Ich werde Dich begleiten. Das hat oberste Priorität. *Ich werde Dein Letztzeitgefährte sein.* Das ist von nun an das Wichtigste.

Wir kämpferischen Paradiesvögel des Lebensja machen heute eine von uns nicht eingeplante, unsanfte Landung. Du sagst, als ich bei Dir im Krankenhaus bin und die Abendsonne so wunderbar lieblich, freundlich und trügerisch ins Zimmer grüßt, den Satz, den ich nicht vergesse. - Die Party ist vorbei. - Mir scheint, auch Du hast in diesem Moment eine Hellsichtigkeit. Eine zarte Bitternis und versteckter Zorn schwingen mit, als wir uns in den Arm nehmen und Du dann vom Ende der Party sprichst.

Wieso eigentlich Ende der Party? Du bist kein Partymensch, keine Frau, die von Fete zu Fete eilt. Das kann es nicht sein, was zu Ende ist. Was ich mir schon vorstellen kann, ist, dass jetzt der unbekümmerte Spaß vorbei ist. Denn Spaß hast Du und Du magst ihn. Du hast auch viel Stress. Aber, der Spaßfaktor scheint doch zu überwiegen. Du bist gerne auf dieser Erde. Deshalb ist Dein Leben eine schöne Party. Nun soll Deine Party zu Ende sein. Es ist wie im Theater. Die Vorstellung ist vorbei. - Ich rufe dazwischen. - Aber, aber, das Stück ist doch noch gar nicht zu Ende. Das ist Terror. – Ich höre Gelächter aus dem Universum. Der Vorhang fällt. – Ich mag diese Gedanken vom Ende nicht wirklich denken. Jedenfalls nicht von einem endgültigen. Es soll weitergehen. Das Lebensja lässt sich nicht stoppen. Wenn schon Dein jetziges, spaßiges Leben vorbei ist, dann muss eben ein neues her. Das Motto, das ich an die Wände sprühen könnte, lautet: Party vorbei, neues Leben fängt an. - Meine innere Marketingabteilung könnte auch sagen: Worauf wartest du? Ist Dein jetziges Leben vorbei, lebe das kommende!! Du verstehst mich, Gertrud? - Ja, ich glaube schon. Du willst mir Mut machen. Das ist gut. Ich fühle mich übrigens wohl im Moment. Ich merke nichts von einer Krankheit. – Wirft Gertrud locker ein. - Genau, so kenne ich Dich. Du resignierst nicht. Du findest immer einen Weg. Das bewundere ich an Dir.

Ich denke. - Die Erfüllung, die das Lebensja uns Paradiesvögeln schenkt, bindet uns an diese Erde. Wir wollen nichts als hier sein. Ob Du das auch jetzt noch willst? Es ist vielleicht zu früh, diese Frage zu stellen. Ich mag nicht daran denken, dass das Lebensja uns möglicherweise noch auf ganz andere Weise herausfordert.

Wir wissen, dass uns ein endgültiger Abschied bevorsteht. Das sagen unser beider Hellsichtigkeiten. Du bist froh, dass ich Dir Hilfe und Begleitung zusage. Ich spüre es wie einen klaren, unwiderstehlichen inneren Impuls, diesen Weg mit Dir zu gehen. Nicht aus rechtlicher oder irgendeiner anderen Verpflichtung geschieht das. Es klingt vielleicht ein bisschen verrückt, wenn ich sage, dass es eine verborgene Weisheit ist, die hier lenkt. Im Moment der Hellsichtigkeit fühlt sich das leicht an. Es ist einfach so. Punkt. Da muss nichts weiter erklärt werden. Wir werden den menschlichsten aller menschlichen Wege, sorry für das durchbrechende Pathos, - aber muss sein -, miteinander gehen. Das ist der Weg zum Ende. Du, um dieses Leben loszulassen, ich um als Dein Gefährte die Konfrontation mit meiner Endlichkeit auszuhalten. Ja, aushalten sage ich. Das bedeutet, davor nicht wegzulaufen. Stehen zu bleiben. Aufrecht. Nicht einknicken. Klingt verdammt einfach, so selbstverständlich wie immer wieder Essen, Trinken, Arbeiten, Schlafen. Mit genügend Abstand ist Vieles ganz, ganz leicht. Werde ich immer diesen Abstand bewahren können? Werde ich noch vergnügt sein können und mein Ja sagen können, wenn ich in den Abgrund schaue und einen schauerlichen Sog nach unten spüre. Mach halb lang, - sage ich mir. - Noch ist doch alles gut.

Das Bündnis

Du willst leben. Ich will leben. Beide stehen wir voreinander mit diesem simplen, elementaren, bisher nicht besonders hervorzuhebendem Bedürfnis. Solange unser Leben nicht infrage gestellt wird, geht es nicht um das Ob, sondern um das Wie. Das Ob wäre der Beginn der Niederlage. Wer darüber nachdenkt, ob er lebt, leben will oder leben kann, beginnt damit, sein Leben zu verraten. Ohne dass ich es bisher wusste, ist das meine und deine Lebensphilosophie. Für uns geht es immer um das Wie. Ausschließlich. Das soll auch so bleiben. Das bekräftigen wir in unausgesprochenen Worten. Es ist unser Tabu, dass wir nicht danach fragen, ob das Leben sein soll, ob wir sein wollen.
Du, deren Leben bedroht ist, hältst mit aller Macht daran fest. An Deinem höchst eigensinnigen Entwurf. Ich helfe Dir dabei, so gut ich kann. Unsere Parole: Für das Leben und gegen den Tod. Hier wird nicht kapituliert. Hier wird gekämpft. Ich sehe, dass Du nickst und zufrieden bist. Es ist zwar Deine und meine ganz persönliche Geschichte, um die es hier geht, aber es ist auch mehr als das. Es ist die Geschichte vom Kern des Menschseins, von der immer wieder neuen Aufgabe, die Sterblichkeit zu meistern.   Für J e n s e i t s v e r l i e b t e ist der Tod ein leichtes, freudiges Ereignis, für E r d v e r l i e b t e ist er die einzige, wirkliche Herausforderung. Jetzt steht nicht irgendeine Einzelheit, sondern unsere gesamte Ausrichtung zum Lebensja auf dem Prüfstand.

Diese umfassende Perspektive wandert durch alle meine Zellen und schüttelt mich durch.

In meiner Erdverliebtheit frage ich. - Warum sollten wir vor dem Tode kapitulieren? Wer weiß, ob wir ihn nicht doch besiegen können? Das klingt jetzt wieder reichlich verrückt. Denn es scheint doch schier ausgeschlossen, den Tod zu besiegen. Auch wenn es die sogenannten Realisten nicht hören mögen, halte ich ihnen entgegen: Vergangene Erfahrungen müssen nicht zwingend die Zukunft bestimmen. Das ist eine Grundeinsicht jeder seriösen wissenschaftlichen Forschung. Auch wenn sich immer wieder Trends in die Zukunft verlängern lassen, so ist keineswegs sicher, dass es immer so weiter gehen muss. Im Prospekt jedes halbwegs seriösen Anlageproduktes kann man das nachlesen. Warum soll nun gerade durch Dich, die Gertrud mit den angeblich tödlichen Hirnmetastasen, der bisherige Mega-Menschheitstrend des Sterbens beendet werden, mag irgendein Skeptiker scheinbar zu Recht einwenden. Naja, warum nicht gerade durch Dich, diese eigensinnige lebensverliebte Gertrud, - halte ich dagegen. - Du bringst doch einen kompromisslosen Willen für das Leben mit. Das ist doch eine verdammt gute Voraussetzung. Diskutieren lohnt nicht an diesem Punkt, Trendwenden grundsätzlicher Art sind immer überraschend. Also, unberechenbar und damit normaler, uns zugänglicher Erkenntnis entzogen. Sie können mit Etiketten wie zufällig oder kontingent belegt werden. Wer will, kann auch von einem Sprung sprechen.

Nun gibt es außer den schon erwähnten zweifelnden Realisten eine weitere Gruppe von Menschen, die es schlimm findet, wenn der Tod nicht akzeptiert wird. Verdrängung und Tabuisierung von Tod und Sterblichkeit sind für diese Spezies Mensch geradewegs die Paradesünde des modernen Menschen. Die psychologischen Aufklärer, die alle Tabus und Verdrängungen ans Licht zerren und zerstören wollen, können für deinen vermeintlich aussichtslosen Kampf nur ein mitleidiges und zorniges Kopfschütteln aufbringen. Du weißt es besser als sie. Im Kampf für das Leben sind so ziemlich alle Mittel recht. Kompromissloser Eigensinn ist jenseits der Normen moderner Psychologie zu Hause. Es ist lächerlich, Leben ohne Verdrängung und Tabuisierung zu gestalten. Not lehrt bekanntlich nicht nur beten, sondern bricht auch mit dem

Verbot, kein Menschenfleisch zu essen. Rational betrachtet ist es überhaupt nicht notwendig, in Sorge wegen Sterben und Tod zu sein. Das müssen die sogenannten Realisten eigentlich einsehen. Es ist doch für sie nichts so sicher wie die Tatsache, dass wir alle in diese Welt hinein- und auch wieder hinauskatapultiert werden. So wie Flugzeuge in jedem Fall runter kommen, landen wir alle letztendlich unten. Egal, welche Höhenflüge wir uns erlaubt haben. Aus dieser vermeintlichen Erkenntnis lässt sich allerdings auch der weitreichende Schluss ziehen, dass es nicht darauf ankommt, die Aufmerksamkeit auf das Sterben und den Tod zu lenken, sondern auf das Leben. Das haben im übrigen alle Religionen begriffen, die sich weigern, ein Ende des Lebens zu denken und stattdessen von Wiedergeburt und Ewigkeit reden. Die konkreten Formen des Lebens, die auftauchen und wieder verschwinden, sind aus Sicht aller Religionen nicht die letzte Wahrheit. Das Lebensja lässt sich aus dieser Sicht nicht begrenzen auf Ereignisse, die uns (bis jetzt) zugänglich sind.

Wer sich nicht gleich in den sicheren Hafen religiöser Zukunftsversprechen begeben will, dem bleibt kaum etwas Besseres, als seinen eigensinnigen Weg der Liebe zum Hiersein zu gehen. Eine radikaleres Ja zu dieser Erde ist nicht möglich. Insofern sind die Realisten nur scheinbar vernünftig. Sie laufen gleich ängstlichen Hasen vor dem Leben davon als sei dies der Jäger, der auf sie die Flinte richtet. Deshalb sage ich: Wenn das Lebensja unseren Zugang zum Sein erschließt, dann macht es Sinn, diesen Zugang anzunehmen und nicht einen zu suchen, der jenseits unserer offenbaren Zugänge fantasiert wird. Was wäre das für ein schreckliches Lebensja, das etwas von uns verlangt, das uns als irdischen Wesen in keiner Weise entspricht?
Gertruds Weg ist ein Beispiel dafür, wie es möglich sein kann, dass jemand beinahe den Tod überwinden beziehungsweise überlisten kann. Das macht Hoffnung. Eines Tages wird es gelingen. Manchmal liege ich im Bett und schaue in der Dunkelheit die Sterne und dann kommen mir Gedanken, die im Tageslicht überhaupt keine Strahlkraft entfalten können. Aber, das spricht nicht gegen meine Gedanken. Wer sagt denn, dass Taggedanken besser als Nachtgedanken sind? Jetzt meine Intuition. - Wenn immer mehr Menschen alle Aufmerksamkeit darauf richten, nichts anderes als ihr Leben zu leben, dann könnte ein riesiges

Energiefeld entstehen, das alles in sich hineinnimmt und in positive Lebensströme wandelt. Diese Kraft wäre unzerstörbar. - Ich schaue die Sterne, verfolge den Flug einiger Wolken und bin fest davon überzeugt, dass wir Menschen diese Energie erzeugen können. - Wir brauchen allerdings den Mut, das N e u e z u z u l a s s e n, das unsere b i s h e r i g e n Erfahrungen und Denkgewohnheiten sprengt. Gertrud, schmunzel nur, wenn ich Dir diese Gedanken mitteile. Ich weiß, dass Dir solche romantisch anmutenden Vorstellungen gefallen. Jetzt flüsterst Du mit einer Verhaltenheit, die Du nur selten zeigst. - Erzähl mir mehr davon. Ich mag das. Erzähle aber ganz vorsichtig, ich habe Angst, dass sonst etwas kaputt gehen kann. - Dann legst Du Deinen Kopf zur Seite, als wenn Du jetzt ein wenig Besinnung brauchst.

Realisten, Ressourcen und Wunder

Google ist mein hilfreicher Verbündeter. Ich surfe mehrere Stunden zu Worten wie Hirnmetastasen und auch Hirntumoren, durchkämme viele Seiten nach allen möglichen Arten von Heilbehandlung einschließlich positiven Erfahrungsberichten. Auch den schulmedizinischen Befund lasse ich nicht aus. Letzterer ist deprimierend. Unbehandelt hat ein an Hirnmetastasen erkrankter Mensch nur noch wenige Monate zu leben. Behandelt etwas länger. Angesichts dieses grausamen Befundes flüchte ich mich mit Googles Hilfe auf die Suche nach Wundern. Bei Hirntumoren sieht es diesbezüglich ganz gut aus. Bei Hirnmetastasen: Fehlanzeige. Also, wenn es so ist, dass jedes Wunder immer gegen die bisherige Erfahrung geschieht, dann steht das Wunder in diesem Fall noch aus. Vielleicht ist das Universum drauf und dran, durch Dich, Gertrud, ein Wunder geschehen zu lassen. Es ist mir noch nie passiert, dass ich eine solche Aufgeschlossenheit für Wunder zugelassen habe. Meine vermeintliche Rationalität, die sich mokiert über Wundersucher, ist jetzt nur noch eine dünne oberflächliche Tünche, die schnell weggewischt wird. Wunder sind für mich ein untrügliches Erkennungszeichen von Katholizismus. Katholiken bitten um Wunder. Die haben ein Weltbild, in dem das Wunder einen festen Platz hat. Die klugen Christen können nach genau festgelegten Regeln bestimmen, was ein Wunder ist. Katholizismus bedeutet, nicht nur die vernünftige, sondern auch die unvernünftige Welt zu vermessen. Die gehen aufs Ganze und lassen nichts aus! Die genaue Einordnung mildert leider das Besondere eines Wunders ab. Als wacher Protestant dünkt man sich über solche wunderliche Wunderordnung erhaben. Als studierter Bürger steht man sogar haushoch über solchen ewig gestrigen Orientierungen. Man badet in einem Gefühl von Überlegenheit. Solcherlei Badefreuden suche ich im Moment nicht. Ich finde es reichlich besch..., dass Freund Google bei meinen Anfragen nicht stärker katholisch reagieren kann. Auch wenn ich es normalerweise nicht gerne sehe, so erscheint mir der katholische Wunderglaube wie eine Bestärkung des Lebensjas für Erdverliebte.

Dies ist ein Moment, auf den die sogenannten Realisten nur warten, um mich wundersuchenden Spinner auf den Boden der Realität zurückzuholen. Als sei ich schwerhörig, schleudern sie mir ihr arrogantes Triumphgeheul entgegen. „Wir haben es doch gewusst und Dir auch gesagt. Da ist nichts zu machen." Das sind Schläge in die Eingeweide. Realisten sind für mich in diesem Moment wie Boxer, die mich k. o. schlagen wollen. Es ist besser, ihnen aus dem Wege zu gehen. Sie haben einfach zu viel Lust am Schlagen und sind verdammt gut durchtrainiert.
Trotz der heftigen Schläge der sogenannten Realisten gebe ich nicht auf. Ich will mich darauf besinnen, auf welche Weise das Lebensja Gertruds Hiersein begünstigen kann. Ich frage mich, welche Ressourcen es gibt, damit durch Dich, Gertrud ein Wunder in diese Welt kommen kann? Dieser für Realisten und psychologische Aufklärer verrückte Ausgangspunkt gibt mir Kraft und hebt meine Stimmung.
Ein Blick in Deine Herkunftsfamilie ist hilfreich. Genetisch bist Du nicht durch Krebs belastet. Das ist schon einmal sehr gut. Deine Mutter hat Diabetes und hält sich in ihrem oppositionellem Starrsinn nur begrenzt an medizinische Verordnungen. Wird schon seit fast 20 Jahren immer wieder totgesagt. Geht nunmehr entgegen allen aus Resignation und Niederträchtigkeit verkündeten Toden auf die 90 zu. Also, diese Frau scheint doch voller Lebensenergie zu sein. Mich bestärkt ihre Robustheit in dem Glauben, dass Du wie sie eine schier unzerstörbare Natur hast. Ich ging bisher davon aus und will daran auch festhalten, dass Du von ihrer Kraft profitierst. - Ach, meine Mami, - sagst Du. - Die ist echt prima.

Dein Vater hatte für mich eine Tag- und eine Nachtenergie. Tagesenergetisch war er der seriöse, ordentliche Mann mit guten Manieren. Mit zunehmendem Alter hatte er mit seinen grauen Haaren eine Ausstrahlung, die durchaus an die des protestantischen Verantwortungsadels eines von Weizsäcker heranreichte. Er war aufrichtig dankbar für jeden Tag, dem ihm das Leben schenkte. Ich kenne keinen Menschen, der täglich sooft Danke sagte wie er. Das war seine Art, sein Lebensja durch Worte zum Strahlen zu bringen. Er war einer, der froh war, dass er dem Tod im Krieg entkommen war. Dies hat ihn dankbar für jede Minute gelebten Lebens gemacht. Seine Nachtenergie zähmte er erfolgreich durch die wiederholte Lektüre des Grafen von Monte Christo. Ich glaube nämlich, dass er eine gehörige Portion Wut und verständliche Rachegefühle in sich trug. Er hatte genug durchlitten in seinem Leben, um dafür gute Gründe zu haben. Allerdings so gut verpackt, dass sie nur ein hellsichtiges Auge sehen kann. Die ständig wiederholte Lektüre der Grafengeschichte half ihm, alle Gedanken und Gefühle von Rache in Schach zu halten. So gut, dass davon nichts mehr zu sehen war. Er benutzte das wiederholte Lesen der immer gleichen Geschichte von des Grafen Rache und Versöhnung wie ein sedierendes Therapeutikum. Jetzt schaust Du etwas ungnädig zu mir. Es gefällt Dir nicht, wenn ich so frei bin und etwas zu Deiner Familie sage. Auch wenn Du durchaus mit mir einer Meinung bist, ziehst Du die rote Karte. Nun gut, aber Du wirst zugeben, dass da durchaus etwas an Ressourcen vorhanden ist. Dein Vater hat den Tod im Krieg überlistet und Deine Mutter ebenfalls. Sie ist zweifellos die robustere. Ich höre Deinen Hinweis auf ihre Demenz. Das ist nicht zu bestreiten. Ohne irgendein Opfer konnte sie den Lebenskampf wohl nicht gewinnen. Aber immerhin: Sie ist noch da. Dein Vater starb ganz bewusst. Er nahm von uns allen Abschied. Das hat uns sehr beeindruckt. Er starb nicht, er verschied auch nicht, er ging hinüber. Er vollzog das Seine. Er bewahrte sich eine geistige Aufrichtigkeit, die ich bewundere. Deine Mutter lässt durch ihre Demenz das Leben sich vollziehen, ohne dass sie durch Worte der Bestärkung oder Bewusstheit daran noch mitwirkt.

Ich als Dein Gefährte bringe ebenfalls eine starke Erbschaft mit. Mein Adoptivvater musste den Göttern nur ein Bein opfern, um dem sicheren und fürchterlichem Tod vor Stalingrad zu entkommen. Ich träumte jahrelang als Kind von abgeworfenen Bomben und erlebte, wie während unserer Familienfeiern Panzer durch das Wohnzimmer fuhren und ganz neue V2 und V3 Raketen zielsicher abgefeuert wurden. Als kleiner Junge erschreckte mich das. Aber: Ich überlebte. Mit fünf Jahren war mir klar, dass ich niemals Soldat sein wollte. Meine Mutter sprach tagsüber von den Bomben, von denen ich nachts träumte. Bei uns standen die Zeichen des Überlebenskampfes in Gestalt von Krücken und Holzbeinen in der Küche. Hier lebten heftig Angeschlagene. Aber: Sie machten weiter. Mein Adoptivvater, der mit dem Wort Krüppel beschimpft wurde, zeigte es ihnen, dass ein Krüppel oft mehr kann als ein angeblich Gesunder. Mein Adoptivvater ging an einem schwülheißen Sommertag in Hamburg zu einem Kiosk, um sich ein Eis zu holen. Er wusste, dass sein Kreislauf angeschlagen war. Er, der ewige Soldat, kämpfte an diesem Tag seinen letzten Kampf. Er fiel mit dem Eis auf den Boden. Er fiel. Ist das nicht passend für jemanden, dessen Lebensja in einem realen und mentalen Soldatsein seine Form gefunden hat? Mein leiblicher Vater sagte im vorgerückten Alter: „Ich bin zäh wie zehn Katzenleben." Er triumphierte über mehr Infarkte, als eine Hand Finger hat. Er lebte zufrieden mit seiner Frau, Kindern, Enkelkindern und seinem Hund. Er hatte sich noch ein Handy gekauft, welches ich ihm vor dem Schlafengehen erklärte. Ohne viel Aufhebens hatte er mir gesagt: „Walter, dies ist das letzte Mal, das ich Euch besuche." In der Nacht ging er noch einmal zur Toilette, legte sich wieder hin und schlief für immer ein. So einfach, wie er lebte, verließ er uns, er schlief einfach ein.

Meine Mutter beklagt täglich ihr Leben und hält gleichzeitig mit aller Macht daran fest.

Da kommt doch Einiges zusammen bei uns beiden. Den erfolgreichen Kampf gegen den Tod können wir als bekannt voraussetzen. Ich kann sehen, dass es sich bei den Unsrigen nicht so schnell stirbt, wie es lapidar heißt. Fünfzig Jahre sind für die Unsrigen einfach keine Wegmarke! Die Generation vor uns hat auf ihre Weise gekämpft. Jetzt sind wir dran. Wir können den Ehrgeiz aller Nachkommen nutzen, um es besser zu machen. Unsere Chancen dafür sind wirklich gut.

Was sagen denn Deine Sterne? Die lügen doch nicht. - Walter, Du sollst nicht spotten, sonst nenne ich Dich wieder einen Ketzer. --- Wir lachen. --- Die Sterne haben noch nichts Eindeutiges gesagt. Ich habe auf jeden Fall meine Aufgabe erfüllt, meine Unabhängigkeit zu leben. Ich bin ganz im Reinen mit mir. Die zentrale Lebensaufgabe habe ich gelöst. Dank meiner Arbeit als klassische Homöopathin bin ich wirtschaftlich unabhängig. Außerdem wirke ich heilend, worin ich meiner Bestimmung nachkomme.

Ich lasse die letzten Sätze von Gertrud in mir nachklingen. Ich bin beeindruckt, dass sie in Frieden mit ihrem Leben ist. Was Viele bei ihr nur als ein eigensinniges Paradiesvogeldasein wahrnehmen, ist für sie verbunden mit den Schicksalsfäden des Universums. Es ist ihr unumstößlich heilig, wenn sie sagt, dass die Sterne nicht lügen. Wenn ich dabei ihren ernsten, gefassten Blick sehe, hat sie im allerbesten Sinne etwas von einem frommen Menschen.

Sie löste sich aus der protestantischen Heimat ihrer Eltern, die in kirchlicher Männer- und Frauenarbeit ein geistiges Zuhause gefunden hatten. Diese Kirchlichkeit mochte sie nicht. Sie war konsequenterweise aus der Kirche ausgetreten. Sie hielt zwar meinen Protestantismus aus, meine Zugehörigkeit zu der Institution ging ihr allerdings quer runter. Sie zögerte lange, bis sie sich einer zen-buddhistischen Gemeinschaft anschloss. Für den spirituellen Weg, der darin besteht, dem inneren Ja zu folgen, sind solche äußeren Zugehörigkeiten relativ. Sie sagen etwas aus über persönliche Vorlieben, aber nicht über letzte Wahrheiten.

Gegen G3, für Würde

Möchtest Du auch ein Stück Kuchen zu dem Cappuccino? - Ja, den mit den Erdbeerfrüchten. - Wir sitzen im Café des Krankenhauses. Jetzt verdauen wir das Gespräch, das wir mit dem leitenden Onkologen hinter uns gebracht haben. Das war heute ganz anders als vor zwei Jahren. - Weißt Du noch, welchen Berg an Statistiken er auffuhr, um Dir damals die Operation schmackhaft zu machen? Da war er so richtig in seinem Element. Es sah ganz so aus, als wenn es eine Dummheit gewesen wäre, diese Operation nicht zu machen. Da der Brustkrebs mit der Klassifizierung G3 einer der hässlichsten war, schien ein sofortiges Handeln unausweichlich. Mit Lichtgeschwindigkeit wuchs er. Ich übertreibe zur Veranschaulichung. Damit nicht genug, auch die kaum hoch genug einzuschätzende Rückkehrgefahr gehört mit zu seiner Aggressivität. Nach der Operation schien jedoch alles gut. Metastasen wurden nicht entdeckt. Die Chemo sollte nichts anderes sein als eine übliche Sicherheitsmaßnahme. Die Bestrahlung ebenfalls. „Es sieht gut aus, Frau Schmidt. Auch wenn wir Ihnen nie eine hundertprozentige Sicherheit geben können. Aber, aus unserer Sicht, haben Sie gute Chancen, dass alles gut ist." - Die Chemo vertrug ich nicht. Dann praktizierte ich alternative Ernährung und unterzog mich der Hyperthermie. Nicht zu vergessen die homöopathische Behandlung bei dem Inder, bei dem ich auch die Fortbildung mache. Ich fühlte mich gesund. Ach was, ich fühle mich gesund. Naja, ein paar Beschwerden haben sich nun schon bemerkbar gemacht in den letzten Tagen. Manchmal finde ich die Worte nicht und Schreiben kann ich nur noch eingeschränkt. Ich muss gestehen, dass ich auch nicht gedacht habe, dass es so heftig kommt. --- Es entsteht eine kleine Pause. --- Ich ergreife das Wort. - Deine Annahme, dass die Beschwerden von der Einnahme homöopathischer Mittel herrührten, klang für mich nicht gerade überzeugend. Aber, ich hoffte, dass es nichts Ernstes sei. Ich dachte, ich will mit Dir nicht darüber streiten. Manchmal tauchen Beschwerden plötzlich auf und verschwinden genauso schnell wieder, wie sie gekommen sind. An eine Rückkehr des Krebses habe ich übrigens zu keinem Zeitpunkt gedacht. Mir schien, Du hattest noch einmal Glück gehabt. --- Ja, das wäre schön gewesen. --- Es entsteht erneut eine Pause. Wir schweigen miteinander. Ich vergegenwärtige mir noch einmal das Bild von den bunten Paradiesvögeln. Unsere Flügel hängen traurig herunter und wir mussten etliche Federn lassen. Dennoch lässt mich das Bild nicht müde werden. Meine Gedanken halten mich oben. - Ein paar Federn! Was ist das schon im Vergleich zu abgeschossenen Beinen, zahllosen Infarkten und einer irreversiblen Demenz! - Ich nehme das Gespräch wieder auf. - Vor zwei Jahren war der Onkologe ein Verbündeter. Ist er das jetzt auch noch? Sein Kollege, der Neurologe, ist es definitiv nicht. Wie Feuer und Wasser ist es zwischen Euch beiden. Der kann oder will das überhaupt nicht verstehen, dass Du das Antiepileptikum nicht nehmen willst. Dieser Mann ist mir ein Rätsel. Ich verstehe nicht, wieso der sich sogar dazu veranlasst sah, mich zu einem Gespräch unter vier Augen zu zitieren. Er erschien mir sogar im Traum. Richtig böse war er im Traum und schrie mich an: „Sie müssen ein richtiger Kerl sein. Sie müssen sagen, wo es lang geht. Ich kann es sogar neurologisch nachweisen, dass diese Frau nicht mehr selber entscheiden kann. Ich verfüge über die Kompetenz." Wie ein riesig aufgeblasener Ballon stand er vor mir. Ich ließ mir das im Traum nicht gefallen und entgegnete. - Nun gut, Sie mögen es nicht gewohnt sein, dass eine Patientin Rückfragen stellt. Aber, ehrlich gesagt, so richtig vorstellen kann ich mir das nicht. Eine Klinik ist doch keine Kirche. Hier müssen doch nicht alle nur Ja und Amen sagen. Oder etwa doch? Dann zoffe ich mit dem Kerl wie wild herum. Wir sind beide erregt. Unsere Körper zittern. Mit einem Ausdruck allergrößter Entschlossenheit schauen wir uns in die Augen. Er ist kleiner als ich und muss zu mir hoch schauen. Das ärgert ihn und freut mich. Er holt sich einen Stuhl und steigt hinauf. Wir stehen jetzt auf einem Marktplatz. Ich spreche durch ein Megafon wie ein Demonstrant für die Menschenrechte. - Sie können Sie doch nicht entmündigen. Das geht zu weit. - Er schreit daraufhin, jetzt wieder auf dem Boden stehend, bebend und zu mir emporgestikulierend: „Das will doch auch keiner." Dann wieder ich in großer Erregung: doch. Das haben Sie doch gerade gesagt. Und außerdem will ich Ihnen einmal etwas sagen. Ich arbeite seit vielen Jahren beratend und psychotherapeutisch, es liegt nicht immer gleich ein Dachschaden vor, wenn sich jemand eigensinnig verhält. - Plötzlich wechselt die Szene und wir sind in einer großen Konferenz. Ich erhalte riesigen Beifall, als ich vom Recht auf Eigensinnigkeit spreche, auch und gerade in schwierigen Situationen. Ich wache auf und muss lachen, wie ich im Traum mit dem Professor kämpfe. Ich denke an die wilden Zeiten als Achtundsechziger, an das Aufbegehren gegen die Arroganz der Herrschenden. Da wurde die Hand zur Faust. Aber, ich wusste mich damals zu beherrschen und weiß es auch heute. Unglaublich. Es ist eine Unverschämtheit, wie der im Brustton übelster professoraler Herrlichkeit im Traum Deine Entmündigung vornehmen will. Dabei will der mich als seinen Handlanger missbrauchen. Sorry, aber, wenn ich an diesen Traum denke, wird mir schlecht vor Wut. Mein Gott, was rege ich mich auf. Naja, in dem Traum schwingt die merkwürdige Begegnung mit ihm nach. Wenn ich dem Professor in der Realität ein ernsthaftes und sogar kompetentes Engagement unterstelle, bleibt die Frage, wieso er das mit so wenig Fingerspitzengefühl Dir gegenüber vertritt. Der Mann ist doch auch nicht mehr der jüngste! Lehrt ihn denn die Lebenserfahrung nicht, dass die eigene Überzeugung immer am Anderen eine Grenze finden kann? Tja, so ist das mit der Toleranz im Alltag. Es braucht wohl mehr dazu als nur einen höheren Bildungsabschluss. Jetzt will ich aber wirklich nicht mehr daran denken. Dabei komme ich nur schlecht drauf. Das kann ich überhaupt nicht gebrauchen. Wenn ich Dich anschaue, machst Du einen etwas mitgenommenen Eindruck auf mich. Naja, wen wundert das. Das ist schon heftig. Klar ist, das muss ich noch einmal sagen, dieser Kerl ist kein Verbündeter. Der ist soweit davon entfernt für uns ein Freund des Lebens zu sein, wie ich davon entfernt bin, zum Unternehmer in der Rüstungsindustrie zu werden. Ich verstehe es einfach nicht, wieso der nicht den Schneid hat, wenigstens vernünftig mit Dir zu reden. --- Eine kleine Pause, in der wir uns zunächst ernst anschauen und dann den Blick nach draußen in die helle warme Sonne richten. --- Weißt Du, mir will das mit dem Antiepileptikum immer noch nicht einleuchten. Ich spüre eine große Abneigung gegen diese Pillen. Dass ich kein Auto mehr fahren soll, ist schon heftig genug. Ich fand übrigens den leitenden Onkologen vor zwei Jahren gar nicht so schlecht. Vor allem gab es noch die operierende Ärztin, die inzwischen nicht mehr da ist. Die guten Leute gehen weg. Nicht nur hier. Ach, am liebsten möchte ich mich damit überhaupt nicht beschäftigen. Wenn Abhauen helfen würde, dann jetzt und sofort. Weg von all diesen Neurologen und Onkologen, von G3, Chemo und all den dazugehörigen Mitteln und Vorkehrungen. Weg von diesem Krankenhaus und einfach alles vergessen. Sollen die ohne mich beraten und operieren. Sollen die behandeln, wen immer sie wollen. Mich lieber nicht. - Sie hält kurz inne, ich sehe, wie ihr Gesicht stärker Farbe bekommt. Ich nehme den Stab auf. - Für Dich als klassische Homöopathin muss es doch ein Gräuel sein, schon wieder in den Klauen der Schulmedizin zu landen. - In der Tat. - Sie seufzt. Lacht mit einer Mischung aus Verlegenheit und Aufbegehren. - Eigentlich will ich damit überhaupt nichts zu tun haben. Wollte das auch schon vor zwei Jahren nicht. Übrigens, meine Patienten dürfen das nicht erfahren, was mit mir los ist. Ich bin schließlich die Alternative für ganz Viele, die aus schulmedizinischer Sicht nichts als hoffnungslose Fälle sind. Fälle mit Symptomen, bei denen Hopfen und Malz verloren sind. Jetzt lande ich in den Klauen dieser weißkitteligen Geier. - Sie lacht mit ein wenig Bitternis. - Das ist einfach nur schrecklich. Du darfst auf keinen Fall etwas zu meinen Patienten sagen. - Sie guckt mich streng und flehend zugleich an. - Gertrud, ich rede doch gar nicht mit Deinen Patienten. Ich werde nicht zur Plaudertasche mutieren. Keine Sorge. Aber, all Deine Freundinnen und Bekannten, meinst Du wirklich, die sollen alle nichts wissen oder wenn sie etwas wissen, dann bitte nichts erzählen? Wie soll das möglich sein? Jetzt schweigst Du und schaust vor Dich hin. Gefällt Dir nicht, was ich da sage? - Dann kommt die Entgegnung. - Wie soll mir das schon gefallen. Ich sehe ja, dass Du recht hast. Ach, was ist das alles eine Sch … Komm lass uns abhauen. - Sie schaut mich herausfordernd an. - Warum nicht! Aber, dann lässt Du Deine Patienten alleine. Das wirst Du kaum wollen. - Schon wieder muss ich Dir recht geben. Aber, das ist eigentlich ganz egal. - Sie legt die Hände in den Schoß und nickt als gäbe sie mir zu verstehen, dass sie nicht weiter sprechen wolle. - Der leitende Onkologe hat sich jedenfalls gehütet, Dir irgendeine Option nahezulegen. „Frau Schmidt, Sie wissen ja, wir können nicht mehr heilend handeln in ihrem Fall. Ich finde, es kann nicht darum gehen, sich auf irgendeine Statistik oder dergleichen zu beziehen. Die Frage ihres Mannes ist ja verständlich, aber in Ihrer Situation … Sie fragen, was wir Ihnen anbieten können." Der leitende Onkologe spricht die ganze Zeit mit verhaltener, leiser Stimme. Es wirkt, als wenn er den Ernst der Situation damit unterstreicht und gleichzeitig so etwas wie eine intime Gesprächssituation herstellt. Nein, das muss ich korrigieren, „herstellt" ist falsch. Das suggeriert zu viele Anklänge an Authentizität. Was soll ich sagen? Auch, wenn es seltsam klingt, sein Verhalten wirkt bemüht, ein Stück weit wie eine Simulation. Das hält mich nicht davon ab, an die Aufrichtigkeit seines Engagements zu glauben. „Es ist natürlich nicht so, dass wir nicht für Sie da sind. Mit mir können Sie alle Schritte besprechen. Im Vordergrund stehen im Moment die Hirnmetastasen, die in der Lunge können wir derzeit noch vernachlässigen. Bei der Behandlung der Hirnmetastasen beraten wir uns eng mit dem Kollegen von der Neurologie." – Aber, was kann der denn anbieten, außer dem Standardrepertoire, welches bei Hirnmetastasen heißt: wenn möglich Operation, anschließend Bestrahlung. Wenn keine Operation möglich, dann nur Bestrahlung. - Solche Gedanken gefallen ihm scheinbar nicht. „In Ihrer Situation geht es darum, dass Ihnen eine größtmögliche Lebensqualität erhalten bleibt. Das sollte bei allen Maßnahmen im Vordergrund stehen." Wer will ihm da widersprechen? Das Thema vom Ende steht im Raum. „Die verbleibende Lebensspanne ist in ihrem Fall nicht sicher prognostizierbar. Das ist sehr individuell zu betrachten. Es ist bei Ihnen, was Sie für sich als sinnvoll erachten. Es muss ihre Entscheidung sein." - Wir beide wissen doch, dass der Ball bei Dir ist, Gertrud. Er macht jetzt das, wofür Du immer eingetreten bist, er lässt die Entscheidung bei Dir. - Sie schaut mich mit großen Augen an. - Ja, das stimmt. Irgendwie ist es merkwürdig. In dieser Situation macht es mir überhaupt keinen Spaß, eine Entscheidung zu treffen. Warum kann nicht alles einfach wieder gut sein? So, wie es vor der Diagnose war. Du denkst jetzt bestimmt, dass ich ausweichen und der Realität entkommen will. - Ich muss lachen. - Das brauche ich doch nicht zu denken. Das sagst Du doch schon selbst. Ich finde das auch nicht prickelnd, dass wir hier im Krankenhauscafé sitzen und an einem schönen Sommertag sortieren müssen, wer mit uns ein Freund des Lebens ist und wer nicht. Und Eines ist doch klar, wer auch immer für oder gegen uns sein mag, in erster Linie kommt es auf Dich an und dann noch auf meine Hilfe. Ich kann es Dir nicht abnehmen, mit Deiner veränderten Situation zurechtzukommen. Das wissen wir beide. Aber, ich kann in dieser Situation da sein. - Jetzt schaut Gertrud entspannter und berührt. Sie seufzt. Darin scheint ein vorsichtiges Loslassen zu sein. - Walter, ich bin froh, dass Du da bist. - Wie zwei, die sich von einem lähmenden Schrecken erholt haben, verlassen wir das Café.

Funktionieren, Metastase, Ekstase

Es kommt mir so merkwürdig unwirklich vor, wie mein Leben seit meiner Letztzeitbegleitung verläuft. Einerseits bin ich erschüttert und fassungslos, zugleich widerständig und kämpferisch. Zweiundfünfzig Jahre. Das soll nun das Ende sein. Das will nicht in meinen Kopf und schon gar nicht in mein Gefühl. Ich hoffe, dass es nicht mehr als ein vorübergehender Albtraum ist. Andererseits gehe ich meinen gewohnten Tätigkeiten nach. Berate Menschen in für sie emotional belastenden Situationen, pflege mein Hobby, das Theaterspielen, schreibe, esse und trinke, treffe Freunde. Alles ganz normal. Schrecklich normal. Unpassend normal. Aber auch: stützend normal. Für Gertrud gilt das genauso. Wir machen einfach weiter. Wir funktionieren sogar hervorragend. Insbesondere als wir bei dem Notar sitzen und das Testament aufgesetzt und die Patientenverfügung und Vorsorgevollmacht erstellt werden.

Die heruntergelassenen Jalousien machen die Sonne erträglich. Der moppelige Hund mit hängender Zunge in der Ecke vermittelt zusammen mit dem korpulenten Rechtsverständigen eine familiäre Behaglichkeit. Der Mann des Rechts ist wohlgelaunt und verteilt Komplimente: „Sie sehen doch wirklich gut aus. So richtig lebendig und lebensfroh." Das hört Gertrud gerne. Mit einem Lächeln nimmt sie das Kompliment zu sich. Aber sie sagt auch: Leider habe ich eine Diagnose, die meine Erscheinung in eine Täuschung verwandelt. - Mit Galgenhumor fährt sie fort. - Ich bin, man kann es mit Fug und Recht so sagen, eine Mogelpackung. - Sie lacht. Wir lassen uns die gute Laune während dieses Treffens nicht nehmen. Auch der Satz aus der Vorbemerkung zu Vorsorgevollmacht und Patientenverfügung kann unsere Stimmung nicht wirklich trüben. „Ich bin durch eine schwere Krankheit gezeichnet, an der ich kurzfristig sterben könnte, wenn nicht ein Wunder geschieht. Bei Errichtung dieser Urkunde habe ich buchstäblich den Tod vor Augen." Mit Leichtigkeit werden die einzelnen Punkte durchgegangen und abgehakt. Wir waren auch sehr gut vorbereitet. Das waren wir zwar bei unserem über ein Jahrzehnt Jahre zurückliegendem Meeting bei dem Notar auch, aber die Spannung zwischen uns war unvergleichlich größer. Damals besiegelte ein Ehevertrag formal unsere Beziehungsprobleme. Wir verzichteten wechselseitig auf Ansprüche aller Art, Erbschaften eingeschlossen. Damit entließen wir uns einvernehmlich in die Unabhängigkeit. Ein langer, kräfteraubender Kampf war an sein Ende gekommen. Unser Ehevertrag trug in gewisser Weise auch die Signatur eines Trennungsdokumentes. Wir lebten als Familie weiter zusammen, später hatte ich eine Zweitwohnung, die dann zur Hauptwohnung wurde. Unser Sohn zog zu mir. Die Kinder wurden zu Erben eingesetzt, ich zum Testamentsvollstrecker, der über die angemessene Verwendung der Erbschaft bis zum siebenundzwanzigsten Lebensjahr wachen sollte. Wir konnten uns völlig unkompliziert verständigen. Analoges gilt für die Patientenverfügung. Wir ernten die Früchte unserer Selbst- und Beziehungsarbeit. Wenn das Leben eine Wüstenwanderung ist, dann sind wir heute in einer Oase voller grüner Pflanzen und sprudelndem Wasser.

Nun sitzen wir draußen in der Sonne mitten in der Stadt im Café. Die Menschen flanieren leicht bekleidet über den Platz. Heute können wir viele entspannte Gesichter und lockere Körper beobachten. Auch der Duft der unterschiedlichen Parfüms stimuliert eine breite Palette von Empfindungen. Manchmal möchte ich die Nase zuhalten, manchmal kann ich gar nicht genug aufnehmen von dem angenehm betörendem Parfum. - Auch, wenn wir nur Café au lait und Cappuccino trinken, lass uns anstoßen, Walter. Das haben wir großartig gemeistert. Wir haben funktioniert wie in unseren besten Zeiten. Weißt Du noch, als Frank und Ursula zu Besuch kamen und wir zusammen kochten und das Haus richtig in Schwung brachten? - Ich stimme ihr gerne zu. - Ja, da hast Du recht. Lange ist es her. Es gab bei uns immer Momente, da konnten wir wunderbar funktionieren. Ich denke an Weihnachten und an Geburtstagsfeiern. - Du meinst, wir haben es gelernt, uns zusammenzureißen. Ja? - In der Tat, das meine ich. Auch wehren wir uns nicht mehr dagegen, dass es manchmal richtig gut ist, wie eine gut geölte Maschine alles zuverlässig abzuarbeiten. Naja, ein bisschen älter und gelassener sind wir auch geworden. Du schaust ein wenig skeptisch? Rede ich Blech? - Nein, überhaupt nicht. Ist nur merkwürdig, jetzt diese Rückschau zu halten. So richtig alt sind wir ja auch noch nicht. - Da stimme ich Dir voll zu. Noch ist keine Gefahr gegeben, dass wir, von Weisheit durchdrungen, den Göttern mehr ähneln als Menschen. Na, habe ich das nicht schön gesagt? - Ich werbe spielerisch um ihre Anerkennung. Sie gibt sie mir nicht sofort. - Was willst Du hören? - Ich liefere eine Antwort, die sie kaum überraschen kann. - Was Positives natürlich. In diesem Wunsch gleichen wir uns doch wie ein Ei dem anderen. - Jetzt bekomme ich eine Antwort mit einem leichten Schuss Ironie. - Okay, das hast Du großartig gesagt. - Nun wieder ich. - Sag` einmal, ist doch toll, wie wir hier jetzt zusammensitzen, wenn man bedenkt, wie wir uns einst die Kante gegeben haben? - Sie darauf. - Was heißt hier Kante geben? Du, Walter, warst echt von besonderer Härte! - Gertrud, dieses wunderbare Kompliment kann ich Dir zurückgeben. Gut, dass Du lachst. Früher wäre die Gefahr groß gewesen, dass ein Wettstreit entstanden wäre, wer von uns schlimmer, kantiger, böser usw. ist. - Sage einmal, Walter, bist Du immer noch der Meinung, dass wir eine Chance als Paar gehabt hätten? - Gertrud, ich bin immer noch dieser Meinung. Ich weiß, dass Du das anders siehst. Lass mich allerdings hinzufügen, dass es für uns zwar möglich gewesen wäre, aber nur unter größter Anstrengung. Für mich ist es so, dass zu viel grundlegendes Vertrauen zerstört worden ist. Wenn das überhaupt wieder herzustellen wäre, dann bräuchte es dafür sehr viel Zeit. - Wir blicken für einen Moment beide in eine andere Richtung. Das neue Mineralwasser wird gebracht. Wir stoßen an. Gertrud formuliert den Trinkspruch. - Auf diesen Tag mit seinen wunderschönen südländischen Sonnenstrahlen im Norden Deutschlands, in Bielefeld! – Ich fahre fort. - Jetzt kommen mir schöne Erinnerungen. Apropos südländisch. Weißt Du noch, wie wir in Ibiza-Stadt saßen und all die verrückt gekleideten Leute bestaunten. – Darauf Gertrud. - Klar doch. – Ich fahre fort. - Jetzt fällt mir etwas Interessantes ein. Bitte, nimm es leicht. Wir waren auf Ibiza in Pauls Haus. Und jetzt das Schärfste: Du glaubtest, dass der Meister über eine Kraft verfüge, die störenden Mücken wegzumeditieren. - Walter, Du warst doch genauso wie ich von unserem Meister über alle Maßen angetan. - Stimmt. Bei aller Verehrung für seine psychologische Kompetenz glaubte ich dennoch nicht so sehr an ihn als einen König der Mücken. - Also, König der Mücken. - Sie prustet mit dem Wasser, sie muss lachen. - Naja, war trotzdem sehr schön in seinem Haus und im Pool. - Ich pflichte ihr bei. - Das kann man wohl sagen. Das war eine wunderbar bunte, verrückte Zeit. Liegt jetzt ungefähr 25 bis 30 Jahre zurück. Wahnsinn. Damals haben wir in Frankreich in Schlössern gearbeitet. In der schönsten Sommerzeit. Was wir für tolle Sachen gemacht haben. Wirklich, nicht jeder arbeitet in Schlössern. Guck mich nicht so zweifelnd an. Es war doch so. Wir glaubten nicht nur, etwas Besonderes zu sein, wir waren es. - Jetzt muss ich lachen und stecke sie an. Ich komme in Fahrt. - Unsere Kinder waren sogar dabei. Ich sehe immer noch Alexander, wie er bei einer Vorführung mit ganz großer Hingabe und Ernst ein Pausenpferd spielt. Lena gelingt es, während einer Rede, die unser Meister vor einer großen Gruppe hält, ihm die Schau zu stehlen, indem sie einfach quer durch den Raum krabbelt. Es war ja alles super wichtig, was damals geschah. So erschien es unserem damaligen Denken und Fühlen. Wir waren doch gerade mitten im Zentrum des Hurrikans oder des Weltgeschehens oder im Auge des Zyklopen. Wir als die erste Trainergeneration einer neuen Psychotherapieschule. Wow! Wir durften in der Wanne des Meisters im Schloss baden. Beinahe hätte uns die Königin von England eingeladen und der Präsident der Vereinigten Staaten hatte doch schon wegen einer Therapiestunde angefragt. Das war unsere große Zeit. Weißt Du, wenn wir heute an diesem schönen

Tag draußen sitzen, dann ist es für mich die wichtigste Erkenntnis, dass wir damals in allen Verquerheiten, Verblendungen und Verrücktheiten von einer unglaublichen Lust auf Leben getragen wurden. Ach was, infiziert worden sind. Lebensenergie war das Zauberwort und die umwerfende Erfahrung, die uns beseelte. Wir waren etwas neben der Spur, aber nur von heute aus gesehen. Es gibt immer eine positive Lebensbewegung!!! Das gefällt mir bis heute. Du konntest die scheußlichste, niederschmetterndste, erschütternste, aussichtsloseste Erfahrung gemacht haben, es wurde nach der positiven Lebenskraft geforscht. Ist das nicht in der Homöopathie ähnlich? - Sie zögert etwas. - Hm, in gewisser Weise ja. Du erzählst mir das jetzt bestimmt, um mir Mut zu machen. - Offen gesagt. Es fiel mir einfach so ein. Habe überhaupt nicht überlegt. Ich glaube, nicht nur Du brauchst Mut, ich brauche ihn auch. Nicht einen Mut, um vom Fünfmeterbrett zu springen. Den hätte ich nicht. Ich meine den Mut, sich dem Leben anzuvertrauen. Wir haben heute bei dem Notar die notwendigen Formalitäten erledigt. Damit brauchen wir uns jetzt nicht mehr aufhalten. Der Weg ist jetzt ganz frei für das Lebensja. Der Notar ist ein Verbündeter, weil er uns geholfen hat, dass wir das Formale schnell hinter uns bringen konnten. Außerdem hat er uns in einer angenehmen Atmosphäre empfangen. Wir waren auch in Hochform. - Genau, Walter, und in Hochform wollen wir bleiben. Nichts leichter als das. --- Die sich wiederholende Ironie in ihren Ausführungen ist etwas Neues. Ironie, jedenfalls meine, mochte sie lange Zeit überhaupt nicht. Ich registriere das still und hoffe, dass es ihr guttut. Mir gefällt das. Ich höre ihr weiter zu. --- Egal, wie bescheiden es mir zwischendurch geht, ob die Angst durch die Eingeweide kriecht oder die Melancholie in der Zimmerecke hockt und mich einfangen will, es wird mir ein Leichtes sein, weiterhin wie eine durchtrainierte, erfahrene Reiterin alle Lebensgangarten zu bewältigen. - Sie lacht aus vollem Herzen und fährt fort. - Ich fühle mich gut. Der Notar hat es doch auch gesagt, wie lebendig ich wirke. Nix Metastase, Ekstase.

Vollmacht

Es ist das erste Mal in meinem Leben, dass ich der Bevollmächtigte in einer Vorsorgevollmacht mit Patientenverfügung bin. An die Stelle von jemand anderem zu handeln, ist für einen Menschen wie mich, der dazu neigt, die eigene Autonomie zum größten Heiligtum zu er- und verklären, nicht nur eine Herausforderung, sondern sogar eine Zumutung. Wenn ich an Gertrud denke mit ihrer charmanten und manchmal auch provozierenden und nervenden Eigensinnigkeit, dann ist diese Vollmacht ein unmögliches Konstrukt. Außerdem: Diese Verfügung lässt es nicht zu, sich vor dem Sterben und dem Tod wegzuducken. Klar, ich kann mir einreden, dass wir das einfach machen, weil es nun einmal gemacht werden muss. Dass wir es hinter uns bringen und dann ganz schnell wieder vergessen. Das klappt ganz gut, solange ich geschäftig unterwegs bin. Komme ich zur Ruhe, merke ich, dass mich das Thema vom Ende doch einholt. Da kann ich noch so heroisch für Verdrängung und Tabuisierung eintreten. Ich bin gerade dabei, mich diesbezüglich selbst zu widerlegen. „Keine lebensverlängernden Maßnahmen." Was für eine grausame, verachtenswürdige Formulierung für einen Lebensliebhaber! Eine Kapitulation. Ein Abschied von allem, was einst wichtig war. Eine ultimative Beendigung der Party, wie Gertrud es nach dem Erhalt der Schreckensdiagnose formulierte. Ein scheinbar unausweichliches, mich schmerzendes Nein zum Ja! Wenn es denn diesen, angeblich unausweichlichen Moment des Abschieds geben soll, dann stellt sich allerdings die Frage, was in der Situation das Beste ist. Das muss ich zähneknirschend einsehen. Ist es wirklich gut, das Leben um ein paar Tage oder Wochen mit künstlicher Ernährung zu verlängern? Macht es Sinn, die Zeit der Schmerzen auszudehnen? Ist es sinnvoll, egal unter welchen Bedingungen, am Leben festzuhalten? Wenn es denn so ist, dass es einen Zeitpunkt gibt, der das Sterben definitiv einleitet, wieso wehren wir uns dann noch dagegen? Ist es nicht völlig widersinnig, dann noch aufzubegehren? Ich, das heißt zu diesem Zeitpunkt mein Kopf, kann auf diese hier gestellten Fragen nur mit einem mir widerwillig abgerungenem ja antworten. Gleichzeitig hoffe ich, mit dieser Realität nicht konfrontiert zu werden. Eigentlich will ich davon nichts wissen. Am besten lege ich die Patientenverfügung in die unterste Schublade und denke nicht mehr daran. Gerade in diesem Moment, das ist ein Geschenk des Universums, fällt mir Martin Luther ein, der noch einen Apfelbaum pflanzen wollte am Vorabend des Weltunterganges. Was heißt das denn Anderes, als die Zeit des Lebens auf dieser Erde solange wie möglich auszukosten. Da sage mir noch einer, dass die Menschen im Mittelalter nur danach lechzten, ins Jenseits zu verschwinden. Bravo Luther. Wieder ein Verbündeter. Das tut gut.

Sollte Gertrud nicht mehr handlungsfähig sein, dann habe ich eine umfassende Vollmacht für alle Geld- und Vermögensangelegenheiten. Das macht bei ihrer Diagnose, vernünftig betrachtet, auf jeden Fall Sinn. Wobei mir die Vorstellung, dass ich über ihre Konten verfüge, genauso Magengrummeln bereitet wie die medizinische Vollmacht. Ich weiß, dass ihre finanzielle Unabhängigkeit ihr ganz wichtig ist. Ich weiß auch, welch große Bedeutung es für sie hat, über ihre finanziellen Potenzen autonom verfügen zu können. Sie arbeitet dafür viel und es ist oft auch sehr anstrengend. Ich werde ihre Autonomie solange wie irgend möglich respektieren. Das verspreche ich mir und ihr. Ihre Mutter suchte manchmal stundenlang nach irgendeinem unauffindbaren Pfennig. Diese Seite lebt auch in Gertrud. Es sind Liebe und Sorge zum Geld, die sie wie ein Geschwisterpaar durch ihr Leben begleiten. Was sie nicht daran hindert, plötzlich einen Einfall, oder muss ich in ihrem Sinne sagen, eine Eingebung bekommt, um sich etwas zu kaufen. So quälend und gezwungen sie um jeden Cent ringen kann, so frei und unbeschwert kann sie ihn loslassen, wenn sie unabhängig von allen Vernunftgründen sich geradewegs, wie von Zauberhand gelenkt, in die attraktivsten Boutiquen entführen lässt. Sie liebt es zu shoppen.
Auch wenn Gertrud immer wieder glaubhaft versichert, dass sie mir in finanziellen Dingen vertraut, ist diese Vollmacht für mich eine hochsensible Angelegenheit. Sollte sie gebraucht werden, bedeutet sie einen Verlust wesentlicher Lebensqualität und Autonomie, wahrscheinlich sogar den unausweichlichen Weg von Sterben und Tod. Womit ich schon wieder an dem Ufer anlege, das auf meiner Route besser gar nicht vorkommen sollte, nicht einmal in Sichtweite. Es macht mir Angst, auf das Ende zu schauen. Ich fühle mich unbehaglich. Ich glaube, ich habe Hunger. Ein schönes leichtes Essen. Pilzragout mit Reis und Salat. Einen Rotwein dazu, der Herr? Das Stimmungsbarometer steigt.

Loslassen

Die Metastasen bremsen mich aus. Eigentlich sollte das Haus, in dem Gertrud mit unserer Tochter Lena lebt, verkauft werden. Da sich in dem Haus ebenfalls ihre homöopathische Praxis befindet, musste sie sich überlegen, wie sie Leben und Arbeit zukünftig neu organisieren will. Zu unseren Vereinbarungen im Ehevertrag gehörte, dass das Haus auf keinen Fall vor dem 18. Geburtstag unseres Sohnes Alexander verkauft werden sollte. Es sei denn, wir kommen einvernehmlich zu einer anderen Lösung. Alexander ist inzwischen 18 und unsere Tochter Lena 21. Gertrud wollte seinerzeit gerne diese Festlegung. Sie ging davon aus, dass sie und die Kinder in dem Haus leben würden, egal was geschehen würde. Es kam anders. Alexander ist ausgezogen und wohnt seit mehr als zwei Jahren bei mir. Ferner sollte die Abmachung bezüglich des Hauses auch ein Schutz für ihre Mutter sein, die damals bei uns lebte. Oma Ida verließ uns allerdings schon vor etlichen Jahren und hat Quartier im Altersheim genommen. Sie ist dement, aber scheinbar immer noch gerne auf dieser Erde. Es versteht sich für mich von selbst, dass der Hausverkauf jetzt nicht weiter vorangetrieben wird.
Ich sehe die große Erleichterung im Gesicht von Gertrud, als ich ihr sage: Mache Dir keine Sorgen wegen des Hausverkaufs. Das lassen wir jetzt am besten. - Sie nickt und bestätigt. - Ich wollte das jetzt auch nicht mehr. Ist, wie Du auch schon gemerkt hast, keine einfache Aktion. Irgendwie will das Haus nicht so recht weg von mir. - Hm, - grunze ich und meine Stirn zieht sich in Falten. Ich denke, noch ganz schnell, dass ich hier vorsichtig sprechen muss. Das ist ein heißes Pflaster. - Sie nimmt es mir dankenswerterweise ab, zu antworten. - Du denkst jetzt bestimmt, es liegt auch an mir, wenn ich hier nicht wegkomme. - Sie atmet tief durch. - Es fällt mir wirklich nicht leicht, diesen Ort zu verlassen. Ich glaube, ich merke erst jetzt, wie gut dieser Platz für mich ist. Ich kann Leben und Arbeit optimal verbinden. Habe viel Raum. Bin im Grünen und in knapp 15 Minuten in der Stadt. Gut, jetzt, da Alexander ausgezogen ist, wird es ein bisschen groß für zwei Personen. Aber billiger wird es woanders auch nicht. Leider eher teurer. – Ja, du kannst gut rechnen, Gertrud. - Geht mir durch den Kopf. Dann halte ich mich nicht länger zurück. - Das finde ich richtig gut, dass Du das sagst. Ist doch schon seit Langem meine Meinung. Ich verstehe

auch, dass das nicht einfach ist für Dich. Es ist aber schön für mich, dass Du die Vorteile einmal benennst. - Ich denke: Mehr sage ich dazu nicht. - Ich hüte mich, meinen Standpunkt zu wiederholen, dass wir an diesem Punkt einen Interessenkonflikt haben. Für Sie ist es gut, das Haus zu nutzen, für mich ist es schlecht, dass immer noch Geld von mir in diesem Haus steckt. Teure Reparaturen würden für mich ohnehin keinen Sinn machen, sondern nur Ärger in mir hervorrufen. Ob *sie* nun am Haus oder das *Haus* an ihr klebt, ist aufgrund der veränderten Situation absolut belanglos. Für mich ist es unumgänglich, mich von meinem Verkaufsvorhaben zu lösen.

Es fällt mir leicht, den Hausverkauf zu canceln, damit die Situation für Gertrud möglichst stressfrei ist. Mich stört allerdings, dass die hässliche Diagnose mit Namen Hirnmetastasen eine solche Macht bekommt, dass ich schlagartig bereit bin, meine Position aufzugeben. Für einen, der sich darin übt, eine selbstbestimmte Lebensakrobatik einzuüben, ist das schon „ein Schlag ins Kontor", wie man früher bei mir Zuhause in Norddeutschland sagte. Nun bin ich inzwischen kampferprobt und meine zu wissen, dass es nicht die Ereignisse an sich sind, die uns zu schaffen machen, sondern unsere Einstellung zu ihnen. Wenn ich mir das noch einmal klar mache und dann meine und unsere Entscheidung sehe, bin ich zufrieden. Es kommt jetzt schließlich in besonderer Weise darauf an, die positiven Lebenskräfte zu begünstigen. Vor allem auch für Gertrud. Die Akrobatik der Eigensinnigkeit findet immer im Feld mit Anderen statt. Das klingt so scheinbar selbstverständlich, sogar banal. Praktisch ist das keineswegs leicht. Insbesondere Gertrud und ich hatten in der Jugendzeit unserer Beziehung viele Kämpfe, in denen wir noch nicht so trainiert waren, um Ich und Du, Meins und Deins, gut austarieren zu können. Alle die klugen Sprüche von „Win-Win-Situationen" oder „koexistenter Beziehung" klingen berauschend toll. Aber, sie zu leben, ist etwas anderes. Davor scheint nicht einmal das hohe Alter zu schützen. Selbst Achtzigjährige streiten sich (habe ich als Augen- und Ohrenzeuge erlebt), lösen Beziehungen auf (hörte ich von einem glaubwürdigen Freund) und greifen sogar zur Waffe und werden zu Mördern (habe ich gelesen). Wenn ich mir das anschaue, dann ist es vielleicht wirklich gut, dass Gertrud und ich früh damit angefangen haben, unsere Selbstbestimmungsübungen immer reflektierter zu praktizieren. Solche Klugheit wurde mir nicht in die Wiege gelegt. Ich hatte zu lernen, mich dafür in die Riemen zu legen. Nicht nur Tage, Wochen und Monate, sondern Jahre. Tugenden des Nachgebens und Verzeihens sind dann die Steigerungsstufe Richtung Champions League im menschlichen Miteinander. „Rückfälle" in überwunden Geglaubtes so stinknormal wie Kaffeetrinken.

Wer weiß, wie die Geschichte mit den Metastasen weitergeht? Es muss doch nicht notwendigerweise so bleiben, dass sie unser Feind sind. So unglaublich das auf den ersten Blick erscheint, ausschließen möchte ich das nicht. Manchmal verlierst du Freunde im Leben, manchmal werden sie zu Feinden. Das tut weh. Manchmal können Feinde zu Freunden werden. Das ist beglückend. Vielleicht haben wir Glück! Glück ist nicht davon abhängig, ob *ich* es mir *vorstellen* kann. Glück fällt einem zu. Wenn ich mir selber zuhöre, sage ich: Walter, du kannst so schön träumen. Das klingt so gut, dass Du dich in Deine eigenen Sätze verlieben kannst. Ja, klar, - antworte ich mir. - Was spricht dagegen, wenn es mir hilft, dem Schwung des Lebens zu folgen? - Des Öfteren frage ich mich: Wie kann ein Mensch den neuen Tag freudig begrüßen, wenn ihm keine schönen Worte und aufbauenden Geschichten ermuntern? Mir jedenfalls würde etwas fehlen. Ich brauche solche Stimulanzien.

Familiäre Differenzen

Diplomatisch ausgedrückt, ist unser Sohn Alexander ein zwischen Gertrud und mir nicht immer ganz leicht zu behandelndes Thema. Die Spannungen zwischen ihr und ihm wurden durch seinen Einzug bei mir zwar gemindert, aber nicht vollends gelöst. Ich höre seitdem allerdings immer wieder den Satz von ihr: Warum macht er keinen Kontakt mit mir? - Meine Rückfragen sind auch nicht besonders originell: Wie lange geht das denn schon so? - Vierzehn Tage habe ich nun schon nichts von ihm gehört. - Ich rudere in den Gesprächen mit ihr teilweise kräftig umher, um sie nicht zu verletzen. - Ich verstehe ja, dass das für Dich schwierig ist. Ich habe aber Zutrauen, dass sich das wieder ändern wird. Drängeln hilft da nicht. - Sie dann wieder: Aber, das tut mir weh. Ich halte das nicht aus. - Ich rudere dann weiter mit ähnlichen Sätzen. Jedenfalls finde ich keinen, der sie zufriedenstellt. Sie kommt dann und wann bei mir vorbei, um mit Alexander zu reden. Manchmal geht es für eine Weile gut. Manchmal klappt es nur für wenige Minuten. Auch für mich ist es wahrhaftig nicht immer leicht mit meinem Sohn. Es gibt viele Auseinandersetzungen. Ich erfahre, dass es für ihn sehr schlimm war, dass ich das Haus verlassen habe. Er ist verletzt und wütend. Wir brauchen ungefähr fünfzehn Monate, bis es uns gelingt, konstruktivere Gespräche zu führen. Mein Sohn hat nicht nur seine Mutter überfordert, er hat auch seinen Vater an dessen Grenzen gebracht. Hin und wieder denke ich an mein Pubertätsverhalten. Ich habe meinen Eltern auch Einiges zugemutet. Das hilft, um in all den Kämpfen weiterhin meine Liebe zu spüren. Was ich jetzt sagen werde, ist aufgrund des bisher Ausgeführten eigentlich klar. Tochter und Sohn reagieren auf die tödliche Krankheit ihrer Mutter ganz unterschiedlich. Die Tochter ist tief erschüttert. Lena teilt die Nähe mit ihrer Mutter, ist für sie da. Auch wenn es zwischen Mutter und Tochter nicht immer leicht ist. Sie hofft aus tiefstem Herzen, dass ihre Mutter ihr erhalten bleibt. Alexander hingegen grenzt sich ab. „Ich will mich dadurch nicht runterziehen lassen", ist seine Maxime. Er hält Distanz. Er legt allerdings Wert darauf, dass ich ihm wichtige Veränderungen mitteile. Zu dieser Familie gehört es, dass sie sich mit all diesen Spannungen und Konflikten von Zeit zu Zeit trifft. Gemeinsam essen und reden sind Standard, manchmal wird auch ein Video zusammen geschaut. In der Regel bei mir. Das kann unterhaltsam, fröhlich, spannungsreich, vergnüglich, ernst, konfliktuös oder langweilig sein. Es ist vorher nur schwer prognostizierbar, welche Stimmungen dominant sein werden. Ich mache meinen Kindern gerne das Kompliment, dass sie exzellente Stimmungsgestalter sind.

Hoffnung heilt?

Gertrud, Lena und ich sitzen gut gelaunt im Auto, um nach Aachen zu fahren. Gertrud hat über ihren Freund und buddhistischen Priester Gerard Name und Adresse von einem Heiler erfahren. Mir ist, als würden wir einen gemeinsamen Kurzurlaub machen. Das Wetter ist fantastisch. Blauer Himmel, fast keine Wolken. „So Mami, jetzt unternehmen wir eine kleine Reise", kommt es gut gelaunt aus Lena heraus. – Ja, mein Kind, lassen wir es uns gut gehen heute. – Sagt die Mami und der Papa versucht einen Scherz. - Nach Aachen, da lernen wir eine neue Stadt kennen. Wollten wir da nicht schon immer einmal hin? „Papa, Du bist

ein süßer Quatschkopf", frotzelt die Tochter. – Ich darauf. - Naja, bis
Köln haben wir es ja schon öfter geschafft. Heute sind wir so mutig und
fahren ein Stück weiter. – Auch Gertrud ist in allerbester Stimmung. -
Mit dem Dom von Köln kann der in Aachen zwar nicht mithalten, aber
was soll es, man kann ja auch nicht jeden Tag im Nobelrestaurant essen. – Nein, Gertrud, wir doch nur jeden zweiten. – Daraufhin Gertrud:
Im Gegensatz zu früher sind wir richtig bescheiden geworden. – Dann
mischt sich die Tochter wieder ein: „Euer Luxusleben muss vor meiner
Zeit gewesen sein. Eigentlich schade." Auf der Fahrt gönnen wir uns an
der Raststätte unsere Lieblingskaffees, also Café au lait und Cappuccino, dazu Croissant und Brötchen.

Immer wieder ist mir die Erläuterung des Onkologen zu den Metastasen
präsent. Ich höre, wie er ausführlich begründet, dass die Beschaffenheit
der Scans keinen anderen Schluss zulasse, als dass es sich um Metastasen handele. Nur bei Krebs hätten die Bilder dieses Aussehen. Andere
Erkrankungen kämen deshalb nicht infrage. Der Mann erhält für sein
gründliches Arbeiten meine volle Anerkennung. Wobei ich sagen muss,
dass die Wucht dieser Argumentation einiges an Durchatmen erfordert,
um vor diesem Sachverhalt nicht unversehens in die Knie zu gehen.
Wen wundert es, dass er auf die Aussage von Gertrud, sie wolle eventuell einen Heiler aufsuchen, mit der Rückfrage reagiert: „Was versprechen Sie sich davon?" - Hoffnung, sagt sie, Hoffnung auf Heilung. –
Höflich, aber bestimmt formuliert der Schulmediziner: „Wir machen
Ihnen keine unverantwortlichen Versprechen, wir bleiben auf dem Boden der Realität." Ich meine, eine gewisse Schärfe in den Worten zu
hören. Ich halte es für angemessen, diese Gedanken, die ich schon einmal mit Gertrud besprochen habe, nicht erneut zu kommunizieren. Heute heißt es: Schulmedizin, auch wenn es Dir nicht gefällt, wir probieren
Alternativen aus! Ich baue mich mental auf, indem ich mir sage, dass es
wichtig ist, keine Chance verstreichen zu lassen. Ich akzeptiere es, wie
ein Wundergläubiger unterwegs zu sein. Für mich gilt als oberste Maxime, dass Gertrud für sich herausfindet, welchen Weg sie gehen will.
Natürlich rede ich mit ihr. Aber, letztlich ist es bei ihr, herauszufinden,
was für sie stimmt. So wie der Onkologe es formuliert hat.

Der Heiler arbeitet mit großer Akribie und Ausdauer. Ganze Stöße von kleinen Zetteln liegen vor ihm. Er pendelt sie durch, um schädliche Informationen zu löschen. Es gibt ein golden blinkendes Metall, das Gertrud in der Hand hält, sodass sie alle relevanten Informationen aus ihrem Unbewussten ans Pendel liefert. Mich beeindruckt, wie gleichmäßig, ja fast langweilig sich diese Arbeit vollzieht. Der Heiler ist der Meinung, dass Krebs eine Folge der verseuchten Umwelt ist. Er ist ein freundlicher, wortkarger Mann, der schon acht Jahrzehnte auf dem blauen Planeten vollbracht hat. Gertrud scheint an ihm und seiner Arbeit Gefallen zu finden. Schwärmerisch fragt sie, ob sie seine Methode nicht auch erlernen könne. Ich denke. - Das tut ihr gut hier. - Sie kommuniziert so flirtiv mit dem alten Mann wie in ihren besten, frischen Jugendtagen. Keine Hürde scheint zu groß, um ihr Methodenspektrum um seine „Bioresonanz" zu erweitern. Der Mann findet die Homöopathie nicht schlecht, aber wie sollte es anders sein, seine Methode toppt die Weisheiten des ehrwürdigen Herrn Hahnemann, des Begründers der Homöopathie. Als der Mann erzählt, dass er früher als Schumacher gearbeitet habe, rundet sich mein Bild von ihm ab. Er ist sicherlich ein geduldiger und zuverlässiger Handwerker. Das flößt mir Vertrauen ein. Die Behandlung ist kein Hokuspokus, kein seltsamer Zauber. Sie scheint nach festen Regeln zu verlaufen. Sein Selbstbewusstsein ist groß. Mit wegwerfender Handbewegung führt er aus, dass die Schulmedizin nichts ausrichten kann.

Den Mittag genießen wir im Zentrum von Aachen, bevor am Nachmittag noch eine weitere Behandlung stattfinden soll. Der Dom interessiert uns weniger, aber die Straßen in seiner Nähe, die gefüllt sind mit Restaurants, die zum Aufenthalt im Freien einladen. Hier sitzen die Menschen essend und trinkend und erfreuen sich offensichtlich an der wunderbaren, freundlichen Sonne, deren Wärme zusammen mit einem leichten, zarten Sommerwind die Haut zärtlich umspielt. Wir finden einen angenehmen Platz, der eine Sicht in beide Richtungen des Sträßchens gestattet. Wir bestellen Scampis, Nudeln und Pizza. Kultur wird uns ebenfalls geboten. Musiker spielen Geige und ein junger Mann singt sogar klassische Arien. Gelassen und fröhlich bewegen sich die Menschen durch die Gasse mit den kulinarischen Genüssen für Leib und Seele. Mit jedem Happen, den ich esse, entspanne ich mich tiefer und genieße die mittägliche Idylle. Es fehlt nur noch, dass nach dem Essen eine Liege herbeigeschafft wird, um sich für einen Moment ablegen zu können. Meinen Begleiterinnen scheint es ähnlich zu gehen. Wir erleben ein Stück heile Welt. Das tut gut.

Den Nachmittag verbringen Gertrud und Lena beim Heiler, während ich mich ins Freie begebe, mich etwas bewege und lese. Um 18 Uhr gehe ich, wie vereinbart, zu dem Heiler. Die Behandlung ist schon in der letzten Phase, für mich eine Art Entspannung, angekommen. Einigermaßen verblüfft höre ich, dass nun alles in Ordnung sei. Gertrud sei gesund. Immer wieder wird mir der Satz durch den Kopf gehen: „Sie haben keinen Krebs." Er sagt das für uns so selbstverständlich und gefestigt, dass wir ihm gerne glauben mögen. In einem Nebensatz spricht er auch davon, dass der Körper jetzt (nur noch!) annehmen müsse, was auf der geistigen Ebene an Heilung schon vollzogen ist.

Wir freuen uns auf den Abend bei Elvira im Bergischen Land. Gertruds Uraltfreundin wohnt mitten im Grünen. Wir werden bei ihr übernachten, bevor wir am nächsten Tag die Heimreise antreten. Elvira wird uns ein wenig beköstigen. Sie versteht es hervorragend, leckere Gerichte und Salate zu zaubern. An diesem wunderschönen Sommerabend sind wir von einer großen Hoffnung erfüllt. Gertrud fühlt sich ausgesprochen wohl. Sie betont immer wieder: Das hat mir richtig gut getan. – „Meinst Du, dass Du wieder gesund werden kannst, Mami?" - Ja, mein Kind, das ist schon möglich. - Wir denken darüber nach, dass die Schulmedizin sich vielleicht doch vertan hat mit der tödlichen Diagnose. Wir wissen natürlich, wie genau und präzise der Onkologe seinen Standpunkt begründet hat. Man könnte meinen, dass er unsere Schwärmerei schon geahnt hätte. Solche Gedanken schieben wir an diesem Abend ganz schnell zur Seite. - Wenn es wirklich so ist, dass der Heiler alle bedrohlichen Informationen gelöscht hat, und dass das die Ursache für den Krebs ist, ja, wenn es wirklich so ist, dann …, - räsonniere ich, - ja, dann gibt es eine große Hoffnung. - Ich fühle mich einfach gut, - lässt Gertrud fröhlich verlauten. Sie lacht. - Das ist ein toller Abend. Da können wir zuversichtlich nach vorne schauen. - Leute, - fährt sie euphorisch fort, die Schulmedizin gibt den Menschen oft zu früh auf. Das weiß ich aus meiner Arbeit. – Dann wieder ich. - Dieser Heiler ist einfach beeindruckend. – Dann ein kurzer kritischer Gedankenblitz von mir. - Okay, dass er seine Methodik für die beste hält, kann ja nicht überraschen. Aber, ein bisschen dogmatisch wirkt er doch. – Du musst doch zugeben, er flößt einem Vertrauen ein, sogar Dir, - formuliert Gertrud. – Er ist in der Tat ein Original und wirkt sehr zuverlässig. Hätte ich mir Schuhe anfertigen lassen, ich wäre zu ihm gegangen, - ergänze ich. – Und Du Lena, Du doch wohl auch? – „Weißt Du Papa, ich kann mir eher vorstellen, dass der bei Schuhen Deinen Geschmack trifft." Jetzt lachen Gertrud und Lena. - Was wollt ihr mir denn damit sagen? – Lena reagiert schnippisch und fröhlich: „Ja, Papa, da kannst Du jetzt einmal ein bisschen darüber nachdenken." Ich nehme es auch leicht. – Genau Lena, das ist eine spannende Frage, da brauche ich mehr Zeit. Das kann ich nicht einfach hier aus dem Stegreif oberflächlich beantworten. – Gertrud sekundiert ihrer Tochter mit leichter Ironie. – Merkst Du, Papa nimmt das sehr genau.

Unser Lobgesang auf den Heiler stößt bei Elvira auf Skepsis und Neugierde. Da Gertrud schon einen Termin für Lena bei ihm vereinbart hat, meint sie, könnte Elvira doch vielleicht auch einmal eine Behandlung für sich buchen.

Unsere anhaltenden Huldigungen des Heilers lassen uns in einer großen, schier unerschöpflichen Wanne voller Hoffnung schwimmen und in uns ein angenehmes Hochgefühl entstehen. Wir genießen es, unter alten Obstbäumen zu sitzen. Die Holzscheite auf der Feuerstelle fesseln unsere Aufmerksamkeit und lassen uns spüren, dass dieser Tag ein großes Geschenk ist.

Zufrieden gehen wir ins Bett und erholt wachen wir alle am nächsten Morgen auf. Wir machen einen Rundgang durch Wiese und Bach und kräftigen uns durch das Singen einiger Mantren. Das wiederholte Singen einer Liedstrophe intensiviert für mich das Erleben von Inhalt, Klang und Rhythmus. Das folgende Mantra lässt uns in der ländlichen Umgebung sehr schnell ein Gefühl dafür entwickeln, dass wir eingebunden sind in die Natur.

The river is flowing, flowing and growing, the river is flowing back to the see. Mother earth carry me, your child I will always be, mother earth carry me, back to the sea.

Das folgende Mantra betont für mich die Beziehung von Selbersein und gleichzeitiger Verbindung mit den Anderen. Die im Mantra betonte Spannweite menschlicher Existenzweise zwischen Himmel und Erde drückt einen wichtigen Aspekt meiner Lebensausrichtung aus.

So wie ein Baum, einzeln und frei
So wie ein Wald, brüderlich sei
Hoch in den Himmel, frei zur Sonne hin
Tief in der Erde fest verwurzelt stehn

(Sämtliche deutschen Mantren in diesem Buch sind von Karl Adamek)

Nach dem gemeinsamen Mittagessen fahren wir bei guter Stimmung zügig zurück in die Stadt am Teutoburger Wald.

Unsere gute Stimmung möchte ich gerne festhalten, jedoch spüre ich, wenn ich auf meine leisen Schwingungen achte, dass ich mich hin und hergerissen fühle. In der Diagnose „Hirnmetastasen" schwingt etwas Endgültiges, Unverrückbares mit. Eigentlich hast du mit dieser Diagnose keine Chance. Du kannst dem menschlichen Schicksal, das Sterben und Tod bedeutet, nicht entkommen. Das ist es, was der Onkologe mit seiner messerscharfen Beweisführung hinsichtlich der Qualität des Hirnscans deutlich gemacht hatte. Das ist Realität1. Dagegen der Heiler. Er sieht, dass alle Krankheiten von der geistigen Ebene ausgehen und auch von da aus bekämpft werden müssen. Also löscht er die todbringenden Informationen und sorgt dafür, dass eine geistige und vitale Regenaration stattfinden kann. Alles ist okay. Das ist die Realität2. Ich pendel zwischen beiden Realitäten. Befürchte, dass Realität1 sich durchsetzt, und hoffe, dass Realität2 gewinnt. Als sei ich es, dessen Leben bald ans Ende kommen könnte, flattere ich zwischen Hoffen und Bangen.

Nokan – Das Geheimnis und das Ja

„Nokan – die Kunst des Ausklangs" soll ein ganz besonders guter Film sein. Laut Wikipedia sagt Alex Attimonelli über diesen Film:

„Nokan – Die Kunst des Ausklangs gelingt das Kunststück, aus dem Tabuthema Tod ein mit liebevollem Humor gespicktes Lehrstück über das Leben zu machen. Speziell die ergreifend würdevollen Szenen der Nokan-Zeremonie schlagen im Herzen des Zuschauers eine versöhnliche Saite an, die noch lange nachschwingt."

Zum Anschauen dieses Films lädt Gertrud in das Filmtheater Lichtwerk im Ravensberger Park in Bielefeld ein. Die Eingeladenen wissen von Gertruds Krankheit. Ungefähr 50 Freundinnen und Freunde kommen, einige nehmen Wege von hundert oder gar einigen hundert Kilometern auf sich.

Bevor der wirklich beeindruckende Film angeschaut wird, gestaltet Gertrud einen sehr nachhaltig wirksamen Auftritt. Ich sehe eine Lebendigkeit bei ihr, die sie oft hatte, wenn sie vor und mit Menschen sprach, egal ob sie als Trainerin für psychorganische Therapie wirkte oder in Kindergärten und an vielen anderen Orten Menschen die Vorzüge der Homöopathie näherbrachte. Mit relativ entspanntem Gesicht, gekleidet in dezenten Farben, das markante, leicht spitze Kinn nach vorne schiebend, mit den Augen Kraft und Lebendigkeit ausstrahlend, spricht die gut einen Meter und siebzig Zentimeter große Frau mit klarer, deutlicher Stimme. - Ich freue mich, dass ihr alle gekommen seid. Das ist für mich ein riesengroßes Geschenk. Ich brauche ja nicht drum herum reden. Ihr wisst ja alle von meiner Diagnose. Wie man sich doch irren kann. Ich dachte doch, meine Beschwerden seien nichts Anderes als eine Erstverschlechterung nach der Einnahme von homöopathischen Mitteln. Ja, Gertrud, da hast Du dich verdammt noch mal so etwas von getäuscht. Das hat mich schon kalt am …, ihr wisst schon, erwischt. – Tränen steigen in ihr hoch. – Ich will hier nicht heulen heute Abend. Ich will mich freuen, dass ihr da seid. Das ist das Größte, dass wir hier zusammen sein können. Als eine Patientin von meiner Diagnose gehört hatte, sagte sie zu mir: „Frau Schmidt, Sie haben ganz vielen Menschen geholfen. In Ihnen steckt so eine riesige Lebenskraft. Wenn es irgendjemand schaffen kann, den Krebs zu besiegen, dann Sie." – Sie ringt mit den Tränen. – Sie fährt fort. Diese Worte haben mich sehr berührt. Sie haben mir richtig gut getan. Ich weiß, dass die Situation sehr ernst ist. Ich bin froh, dass meine Familie für mich da ist, vor allem, dass Walter mir beisteht. Die, die mich schon länger kennen, wissen, wie oft ich geklagt und gejammert habe, dass ich so alleine bin. Immer wieder hat mich dieses Gefühl eingeholt. Ich will Euch etwas sagen. Dass Ihr alle hier seid, zeigt mir, dass ich überhaupt nicht alleine bin. Ich muss einfach nur richtig hinschauen. Dann kann ich sehen, wie sehr Ihr für mich da seid. Ich bin Euch sehr dankbar dafür. Ich verspreche Euch, ab heute werde ich nicht mehr über mein Alleinsein jammern. Ab heute werde ich nicht mehr vergessen, dass Ihr alle da seid. – Sie strahlt. – Noch habe ich Hoffnung. Vielleicht habe ich Glück. Wenn ich diesen Krebs überlebe und begriffen habe, wie es geht, diese tödliche Krankheit zu überwinden, dann werde ich viele Menschen heilen können. Ich werde dann mit aller Kraft als Heilerin für Krebskranke da sein. Weit über Bielefeld hinaus wird sich mein Wirkungsradius erstrecken. Nun wünsche ich uns allen ein gutes Filmerlebnis.

Ich bin sehr beeindruckt von Gertruds Ansprache. Für mich ist sie in diesem Moment von einer fast jugendlichen Energie durchdrungen. Ich habe nicht damit gerechnet, dass sie das mir nur allzu bekannte Thema von ihrem Alleinsein so stark betonen würde. Sagt sie uns damit in dieser Situation nicht vor allem, wie sehr sie uns in naher Zukunft brauchen wird? Ihr Realismus bezüglich ihrer Krankheitsdiagnose hält sie nicht davon ab, für sich eine große Zukunftsvision zu entwickeln. Mich beflügelt die Fantasie, dass wir alle, während sie ihre Vision vorträgt, nichts sehnlicher wünschen, als dass ihr Tagtraum sich erfüllen möge. Wenn sie voller Schwung und Verführungskraft spricht, wollen die Anwesenden gerne mit ihr zusammen in ein positives Morgen schauen. Durch sie könnten in Bielefeld Heilungswunder geschehen, die die Welt bisher nicht für möglich gehalten hat. Wie sagte doch der Heiler im Hinblick auf die Wirksamkeit seiner Geistheilung: „Jetzt muss der Körper es nur noch annehmen!" Was die Vision von Gertrud betrifft, denke ich ein bisschen à la Udo Lindenberg: Eh, Universum, mach das jetzt klar. Du kannst das doch.

Wir sitzen als Familie zusammen im Kino und schauen einen Film, der für mich sehr beeindruckend und berührend ist. Der Film zeigt ein traditionelles Ritual aus Japan, das für mich voller Lebensbejahung ist. Wenn ein Mensch gestorben ist, wird er aufgebahrt und im Kreise seiner Angehörigen wird der oder die Tote für seine oder ihre letzte Reise gekleidet und geschminkt. Dieses Ritual kann sich über Stunden hinziehen. Es ist beeindruckend, mit welcher Präzision jede Handbewegung von denen durchgeführt wird, die den Toten in ihre Obhut nehmen. Ein Bild von der verstorbenen Person dient den „Reisebegleitern", um den zu Verabschiedenden genau nach diesem Bild zu schminken. Die Zeremonie wird mit großer Achtsamkeit vollzogen. Es wird nicht gesprochen. Der Film zeigt, dass es jedoch Fälle gibt, in denen die Angehörigen sehr emotional reagieren, bis dahin, dass sie anfangen, sich untereinander zu streiten. Am Ende der Zeremonie gleicht der Tote dem mitgebrachten Bild von dem lebendigen Menschen, der er einst war. Die Arbeit der Begleiter ist gelungen, wenn der tote Mensch noch einmal wie ein lebendiger anwesend ist. Von dem wie lebendig wirkenden Menschen verabschieden sich die Angehörigen. Das ist für die Beteiligten ein sehr bewegender Moment. Beim Schauen des Filmes bin auch ich von diesem Moment tief berührt.

Die Erfahrung dieses Augenblickes beinhaltet einerseits Schmerz, weil ich mich von einem konkreten Gesicht des Lebens verabschieden muss. Andererseits behalte ich als letztes Bild vom Verstorbenen seine Lebendigkeit fest. Es ist, als verstärke ich noch einmal das Bild dieses Menschen in mir. In dieser Bestärkung sehe ich eine Kraftquelle für die Lebenden. Sie blicken auf ein Bild des Lebens. Dieses Ritual ist für mich eine so enge Verzahnung von Leben und Tod, wie ich sie bisher noch nicht wahrgenommen habe. Das Erschaffen eines Bildes vom lebendigen Menschen für den Moment des endgültigen Abschieds drückt für mich im Ritual ein ganz starkes Ja zum Leben aus. Dieses Ja zum Leben bleibt, auch wenn der Verstorbene beerdigt oder verbrannt wird. Ich kann in diesem Ritual auch ein Sinnbild des menschlichen Schicksals sehen: Das rituelle Herstellen des lebendigen Gesichtsausdrucks ist wie ein Erblühen zum Leben. Die Blüte, egal ob sie jugendlich frisch oder stärker gealtert wirkt, verschwindet. Mir scheint, dass in diesem Ritual die Essenz unseres Daseins ausgedrückt wird. Für mich rührt dieses Ritual an das letztlich unfassbare Geheimnis unseres Lebens.

Die Tätigkeit als Begleiter für die letzte Reise hat Rückwirkungen auf diejenigen, die diese Tätigkeit ausüben. Die Konfrontation mit den verstorbenen Menschen ruft vor allem eine Sehnsucht nach Leben hervor. Der ältere Mann im Film liebt den Genuss guter Speisen und Getränke, der junge Mann Sexualität und Liebe.

Das Akzeptieren des großen Geheimnisses unseres Daseins und die tägliche Bejahung des Lebens sind für mich die entscheidenden Anregungen, die ich aus diesem Film für mich mitnehme. Ich sage Gertrud, dass ich ihr dankbar bin, dass sie diesen Abend ermöglicht hat. Das freut sie. Dann sagt sie noch: Wir sind nicht an dem Punkt der Reisebegleitung wie im Film. Wir können noch die Gaben dieser Erde genießen. – Ich ergänze. - Gott sei Dank, dass es so ist. Der Film zeigt mir allerdings auch, dass die Konfrontation mit dem Tod, den Blick für den Wert unseres Daseins intensivieren kann. Manchmal scheint es so zu sein, dass der Blick auf das Ende uns erst empfänglich macht für das, was hier an Reichtum für uns vorhanden ist. – Als wir uns nach diesen Worten verabschieden, spüre ich einen angenehmen inneren Frieden.

Lebensqualität und Heilung

Ich sollte nicht zu sehr merken, dass ich lieber Filme wie Nokan anschaue, als zum Arzt zu gehen und mich mit Fragen von guter Medikamentation auseinanderzusetzen. Der Gang zu den Ärzten ist ein Muss, bei dem keine Freude aufkommen will. Auf die von mir so bezeichnete Realität1 kann ich gerne verzichten. Wenn ich mich als Begleiter schon lustlos zum Kontakt mit den Medizinern zwinge, wie mag es dann erst für Gertrud sein? Sie kann doch eigentlich nur eine abgrundtiefe Abneigung empfinden. Ist ihr etwa speiübel? Wir werden sehen. – Denke ich. Es ist nämlich gelungen, einen Termin bei einem Neurologen zu bekommen, der gut sein soll. Eine Freundin von Gertrud kannte jemanden, der jemanden kannte, der von jemandem von diesem Arzt gehört hat.
Der ruhig und besonnen auftretende Arzt scheint schon Einiges an Lebenserfahrung hinter sich zu haben. Wie alt mag er sein? Gut fünfzig, fast sechzig? Egal, er hat eine Vertrauen erzeugende Ausstrahlung. Er führt einige neurologisch Tests durch und studiert sorgfältig die Befunde zum Krankheitsbild. Das Thema Antiepileptikum wird erneut verhandelt. Der Arzt erklärt, dass es aufgrund der Hirnmetastasen zu einer Übererregung im Gehirn kommen kann und die Gefahr besteht, dass

dadurch epileptische Anfälle ausgelöst werden können. Er beteuert auch, dass Gertrud das Medikament nur in einer niedrigen Dosis einnehmen müsse. Damit reduziere sich die Gefahr von Nebenwirkungen ganz erheblich. Gertrud ist verständlicherweise in Sorge wegen unangenehmer oder gar schädlicher Nebenwirkungen.

Ich habe mir im Netz die Nebenwirkungen von Keppra, einem gängigen Antiepileptikum angeschaut. Trotz all meiner Abwehr gegen Realität1. Allein die große Anzahl von Nebenwirkungen ist in der Tat dazu angetan, dass einem gruselig werden kann. (Vgl. www.senego.de) Hier die Ergebnisse meiner Suche:

Sehr häufig: (mehr als 1 Behandelter von 10)- Nasopharyngitis (Entzündungen des Nasen-Rachen-Raumes); - Somnolenz (Schläfrigkeit), Kopfschmerzen. **Häufig:** (1 bis 10 Behandelte von 100)- Anorexie (Appetitlosigkeit); - Depression, Feindseligkeit oder Aggression, Angst, Schlaflosigkeit, Nervosität oder Reizbarkeit; - Konvulsionen (Krämpfe), Gleichgewichtsstörungen, Schwindel (Gefühl der Wackeligkeit), Lethargie, Tremor (unwillkürliches Zittern); - Drehschwindel; - Husten; -Bauchschmerzen, Diarrhoe (Durchfall), Dyspepsie (Verdauungsstörungen), Erbrechen, Übelkeit; - Rash (Hautausschlag); - Asthenie (Schwächegefühl)/Müdigkeit. **Gelegentlich:** (1 bis 10 Behandelte von 1000)- Verminderte Anzahl an Blutplättchen, verminderte Anzahl an weißen Blutkörperchen; - Gewichtsverlust, Gewichtszunahme; - Suizidversuch und Suizidgedanken, mentale Störungen, anormales Verhalten, Halluzination, Wut, Verwirrtheit, emotionale Instabilität/Stimmungsschwankungen, Agitiertheit; - Amnesie (Gedächtnisverlust), Beeinträchtigung des Gedächtnisses (Vergesslichkeit), Koordinationsstörung/Ataxie (mangelnde Koordination der Bewegungen), Parästhesie (Kribbeln), Aufmerksamkeitsstörungen (Konzentrationsstörungen); - Diplopie (Doppeltsehen), verschwommenes Sehen; - anormaler Leberfunktionstest; - Haarausfall, Ekzem, Juckreiz; - Muskelschwäche, Myalgie (Muskelschmerzen); - Verletzung. **Selten:** (1 bis 10 Behandelte von 10000)- Infektion; - Verminderte Anzahl an roten und/oder weißen Blutkörperchen; - Suizid, Persönlichkeitsstörungen (Verhaltensstörungen), anormales Denken (langsames Denken, Unfähigkeit sich zu konzentrieren); - unwillkürliche und nicht unterdrückbare, krampfartige Anspannungen von Muskeln, die Kopf, Rumpf und Gliedmaßen betreffen; Schwierigkeiten, Bewegungen zu kontrollieren, Hyperkinesie (Überaktivität); - Pankreatitis (Entzündung der Bauchspeicheldrüse); - Leberversagen, Hepatitis (Leberentzündung); - Blasenbildung der Haut, im Mund, an den Augen und im Genitalbereich, Hautausschlag.

Informieren Sie Ihren Arzt oder Apotheker, wenn eine der aufgeführten Nebenwirkungen Sie erheblich beeinträchtigt oder Sie Nebenwirkungen bemerken, die nicht in dieser Packungsbeilage aufgeführt sind.

Der Arzt nimmt Gertruds Bedenken ernst. Er sagt, dass der Beipackzettel vollständig zu sein habe, aber deshalb nicht davon auszugehen sei, dass alles, was möglich ist, auch geschehen müsse. Er versteht auch, dass die Beipackzettel oft weniger aufklärend als verstörend wirken können. Er wiederholt noch einmal seine Argumente. „Bei der niedrigen Dosis, die Sie bekommen, ist eigentlich nicht von besonderen Nebenwirkungen auszugehen. Dennoch sollten Sie schauen, ob sich Veränderungen bei Ihnen zeigen. Dann können Sie mich anrufen und jederzeit vorbeikommen." Gertrud ist nach wie vor nicht wirklich davon angetan, ein Antiepileptikum einzunehmen. Der Arzt versucht auch, einen Zugang zu ihr zu bekommen, indem er ihr Misstrauen gegenüber der Medizin und den Ärzten anspricht. Sie bestätigt dieses. Er erklärt erneut, dass er nicht vorhabe, ihr zu schaden. „Es geht um ihre Lebensqualität, Frau Schmidt. Epileptische Anfälle sind nicht nur unangenehm, sondern lösen Schäden im Gehirn aus." Das Eis scheint ein wenig zu schmelzen. Ich merke, dass ich von diesem Arzt angetan bin. Er nimmt sich Zeit. Er bringt sehr viel Geduld auf. Ich denke: Das sollten eigentlich alle Ärzte machen. Besonders, wenn es um solche heftigen Diagnosen wie bei Gertrud geht. - Ich höre die Stimmen all der Ärzte, die sagen: „Das täten wir gerne. Aber die Zeit haben wir nicht und angemessen bezahlt werden wir dafür auch nicht."

Der Linderung von Symptomen und der Erhöhung von Lebensqualität dient auch die Gabe von Cortison. Hierzu führt Gertrud mit dem Arzt ebenfalls ein Gespräch.
Auf der Website www.krebsinformationsdienst.de habe ich mich dazu schon vorher schlau gemacht.

Abschwellende Therapie

Viele Probleme, die Patienten mit Hirnmetastasen haben, entstehen nicht durch die Tumorzellen selbst, sondern durch die sie umgebende Schwellung, dem sogenannten Hirnödem: Das Ödem fordert Platz und drückt auf gesundes Gewebe.

Als erste Maßnahme und wichtigste Maßnahme werden daher oft hoch dosierte Kortikosteroide ("Kortison") verschrieben. Sie bessern die Symptome durch ihre abschwellende und entzündungshemmende Wirkung. Auch als Begleitmaßnahme zu anderen Behandlungsverfahren haben Kortikosteroide einen Stellenwert. Die Wirkung setzt oft schon innerhalb weniger Stunden ein: Die verschiedensten Symptome, die durch eine Hirnschwellung oder ein Schwellung um den Tumor ausgelöst wurden, bessern sich oder gehen manchmal sogar ganz zurück. Dann kann die Dosis an "Kortison" meist wieder reduziert werden. Als Faustregel nutzen Fachleute: So viel Steroide wie nötig, so wenig wie möglich. Dies trägt dazu bei, Nebenwirkungen der Steroidbehandlung in Grenzen zu halten."

Die Ausführungen des Krebsinformationsdienstes klingen plausibel. Nicht nur für medikamentenmisstrauische Patienten stellen sich allerdings genauso wie beim Antiepileptikum Fragen zu den Nebenwirkungen. Spürbar sind häufig Schlafprobleme, längerfristig ist zu befürchten, dass das Immunsystem angegriffen wird. Außerdem erkennt man am aufgedunsenem Gesicht (manche sagen „Mondgesicht"), dass jemand Cortison nimmt. Gertrud ist es nicht egal, wie sie aussieht. Vor allem, weil sie befürchtet, bei ihren Patienten ein abschreckendes Bild zu vermitteln. Im Gespräch mit dem Neurologen führt sie aus, dass sie die Linderung der Symptome durch das Cortison spüre. Was sie zu der Frage veranlasst: Kann das Cortison nicht abgesetzt werden? - Das kommt nach Ansicht des Arztes allerdings nicht infrage. „Sie dürfen sich durch die größere Beschwerdefreiheit nicht blenden lassen. Leider wirken die Metastasen weiter." Sie sieht ein, dass dem wohl leider so ist.

Wir verabschieden uns freundlich von dem geduldigen Arzt. Ich nehme die Rezepte in die Hand. Die Arztpraxis befindet sich in einem Neubaukomplex, in dem Ärzte unterschiedlicher Fachrichtungen tätig sind.

Eine Apotheke befindet sich ebenfalls auf dem Areal sowie ein Café, das wir zielstrebig ansteuern.

Gertrud sitzt am Tisch und rührt stumm in ihrem Kaffeepot. Sie ist erschüttert. Sie schluckt. Sie will nicht von starken Gefühlen überwältigt werden. Auch ich merke, dass mich die Konfrontation mit Realität1 merklich angreift. Gertrud tut mir sehr leid. Eigentlich hat der Arzt keine neuen Informationen gegeben. Wir wussten schon alles. Zumal ich sogar noch vorher im Internet recherchiert hatte. Während wir noch schweigend dasitzen, denke ich: Diese Realität1 wirklich an sich heranzulassen, ist wohl nur scheibchenweise möglich. Wenn überhaupt. Und: Es ist eine große Kunst, aufrecht zu bleiben, wenn Realität1 deine Gefühle erreicht. Abgetrennt vom eigenen Fühlen lässt sich vortrefflich räsonnieren. – Das war eine ordentliche Klatsche. Das sitzt. – hustet Gertrud aus sich heraus. - Dieser Arzt ist ja im Prinzip ganz in Ordnung. – Ja. – Pflichte ich ihr bei. Der Arzt hat seine Sache gut gemacht. Wenn alle Ärzte so wären … - Ich weiß es doch, dass es um meine Lebensqualität geht. Dennoch hat diese Rede von der Lebensqualität auch etwas Beschönigendes und Vernebelndes an sich. Eigentlich müsste es heißen: „Sie kriegen noch ein paar Wochen Zeit und dann war es das. Alles ist wieder so beknackt wie gehabt." Ich könnte schreien. Der Scheiß verschwindet doch nicht wieder, der wird nur unsichtbar gemacht. Lebensqualität heißt doch nichts anderes als das Wegdrücken des Verrottens. Du zerfällst, aber brauchst es nicht zu merken. Toll! – Sie ist sichtlich böse. Ich kann ihr beipflichten. – Du sagst es drastisch Gertrud. Wer leben will, hat keine Lust, eine Arie auf den schönen verfaulenden Kadaver zu hören. Es geht in der Tat nicht um Heilung, sondern um Linderung von Symptomen. Egal, ob es sich um Cortison oder um das Antiepileptikum handelt. – Was bleibt mir noch? – Hebt sie an. - Der Arzt hat ja recht, wenn die Metastasen so schlimm wüten, ist es für mich wirklich besser, nicht alles zu merken. – Es ist schon merkwürdig, Gertrud, Du hast in Deinem Leben – und ich auch – viel dafür getan zu merken. Jetzt kommst du plötzlich an einen Punkt, an dem du lernen musst, dass das nicht immer gut ist. Okay, es ist nicht so, dass du nichts merken sollst. Aber von einem Teil des Fühlens verabschiedest Du Dich besser. – Noch habe ich Zeit. Das ist das Gute. Und jetzt will ich noch einen Kaffee mit Dir trinken. - Sie fängt sich wieder. – Ach,

Walter mit den Gefühlen ist das so eine Sache bei mir. Wenn ich mich gekränkt oder verletzt fühle, packen sie mich, manchmal überwältigen sie mich dann sogar. Wenn es nicht gerade so heftig ist, kann ich mich, ohne es mitzukriegen, wunderbar von ihnen abspalten. Du weißt es doch, dass es so ist. – Stimmt. – Werfe ich ein. - Von außen sieht es manchmal aus wie ein Pendeln zwischen großem Drama und absoluter Coolness. – Du redest manchmal von unseren Verbündeten. Ist dieser Arzt nun einer, der für uns ist? – Fragt sie mit einem zweifelnden Unterton. – Lass es mich etwas grundsätzlicher sagen. Zunächst scheint die Schulmedizin nicht ein Verbündeter für das Leben zu sein, weil sie in Deinem Fall nicht heilen kann. Auf den zweiten Blick zeigt sich, dass das eine zu simple Sichtweise ist. Die Schulmedizin tut alles, um Leben zu erhalten. Sie kämpft für die Verlängerung um Tage, Wochen und Monate. Jede gewonnene Stunde ist für sie ein Gewinn. Wenn auf der Zeitachse nichts mehr zu holen ist, will sie helfen, dass deine letzte Zeit hier möglichst angenehm sein kann. Vor allem mit wenig Schmerzen. Das ist in besonderer Weise das Anliegen der Palliativmediziner. Jetzt nenne ich dir noch ein weiteres Argument: Jede Stunde gewonnener Zeit schenkt Dir Hoffnung, dass doch noch ein Wunder geschieht. – Ach ja. – Seufzt sie. – Das Wunder. Das wäre es. – Dann fahre ich fort. - Ich finde, dass solche Ärzte wie dieser Neurologe auch Deiner Seele guttun, weil sie Dich achten und respektieren. Du bist bei ihnen nicht einfach ein Fall oder eine Art Symptombündel, das nach Schema F schnell in die Ablage gearbeitet wird. Vielmehr wirst Du als ein Mensch ernst genommen, der seine Fragen und Bedenken äußern kann. Wer weiß, bei den komplexen Zusammenhängen von Körper und Seele, ob das nicht auch positiv und sogar heilsam wirkt. Ich jedenfalls glaube das. – Sie lächelt mich an. Wir verlassen die Lokalität.

Freiheit zum Gehen und Bleiben

Ja, das Wunder. – Geht es mir durch den Kopf. – Das Wunder gehört zur Letztzeitbegleitung wie der Kaffee zum Frühstück. Hoffnung und Wunder, - so erscheint es mir, - gehören unzertrennlich zusammen. Wem, wie Gertrud, eine tödliche Diagnose gestellt wird, dem wird auf drastische Weise vor Augen geführt, dass seine Autonomie ein Gefäß aus schönem, allerdings leicht zu beschädigendem Glas ist. Eine verborgene, aus dem Nichts heraus wirkende Größe bestimmt über das Leben. Das mögliche Wunder mindert Gefühle des verhassten Ausgeliefertseins. Vielleicht war das schon immer eine Qualität des Wunders, - schießt es mir durch den Kopf. Die Menschen in früheren Zeiten waren lebensklug. – Aber, was verstehe ich wirklich davon? Nur soviel, dass es jetzt zu meinem Leben dazugehört. Das Wunder ist ein Verbündeter des Lebens. Ich kann jeden Krebspatienten verstehen, der auf das Wunder hofft. Diese Hoffnung ist keineswegs unvernünftig. Sie hilft, sich selber Kraft zu geben. Sie ist ein Lebenselixier. Mir erscheint es von daher völlig absurd, dass irgendwelche Grabenkämpfe zwischen Schulmedizinern und Geistheilern stattfinden. Gertrud hat einen starken Lebenswillen. Der alleine reicht nicht. Sie hat die von mir erwähnten biografischen Ressourcen. Das ist gut, aber garantiert keinen automatischen Lebensgewinn. Sie hat Freunde und sie hat mich. Das alles ist ebenfalls gut und hilft sehr, die Tage gut zu überstehen. Aber, was ist das alles in ihrer Situation ohne die Hoffnung auf das Wunder? Niemand hat meines Erachtens das Recht, diese Hoffnung lächerlich zu machen oder von oben herab in den Schmutz zu ziehen. Noch vor ein paar Wochen hätte ich diese Gedanken so nicht formulieren können. Die von mir schon erwähnten Realisten, die angeblich ganz genau Bescheid wissen, sollten sich schämen. Sie rauben Zuversicht und damit Lebenskraft. Sie sind Lebens-Diebe, deren Kriminalität nicht nur ignoriert, sondern sogar noch durch sozialen Status und Ansehen belohnt wird. Ein guter Bekannter erzählte mir, dass sein Bruder, der als Arzt selbstverständlich dem schulmedizinischen Realismus verfallen war, sehr schnell zum Wunderfreund wurde, als er selber durch den Krebs gezwungen wurde, in den Todesabgrund zu schauen. Ich erlebe immer wieder den Zwiespalt zwischen Hoffen auf das Wunder und Erstarren und Erschauern vor der tödlichen Diagnose. Dieser innere Zwiespalt schüttelt mich. Der vermeintlich aufgeklärte Walter, der jeden Spiritismus und alles sogenannte Übernatürliche ablehnt, trifft auf einen magischen Walter, der auf eine Wunderkraft hofft, ohne dass er wirklich weiß, wo die herkommen soll. Dieser magische Walter denkt manchmal, dass die Gertrudsche Homöopathie auch eine Art Magie ist. Etwas, das wirkt, ohne dass du letztlich verstehst, warum es wirkt. Immer wieder höre ich Geschichten von Menschen, denen die Homöopathie auf geradezu wundersame Weise geholfen hat. „Placeboeffekt" ist das hässliche und abwertende Wort, dass für diesen Sachverhalt von arroganten Realisten erfunden wurde. Der sogenannte Realist ist von dem Zwang besessen, eine Erklärung haben zu müssen. Wenn er keine finden kann, dann ballert er Unverstandenes wenigstens mit einem Etikett zu. Beispiel: Placeboeffekt. Bei Krebskranken heißt ein häufiges Etikett „Spontanheilung". Realisten halten das Nichtwissen nicht aus. Das wiederum kann ich durchaus verstehen, weil jede Eindeutigkeit zu einem inneren Spannungsabbau führt. Mir wäre es auch lieber, wenn ich sagen könnte, dass ich ganz genau durchblicke, wie es sich mit dem Gertrudschen Krebs verhält. Wer mich tagsüber sieht, wie ich meine Dinge betreibe und mit Gertrud die Angelegenheiten regele, die zu erledigen sind, der wird mir meine innere Zerrissenheit nicht ansehen. Jetzt klingelt das Telefon. – Ja. Hallo, gut in den Tag gekommen? - Hm, ja, ach, nun, ja, es ist okay. Und selbst mein Gefährte? – Bin ganz gut dabei. Bin wach und habe Appetit und gute Gedanken durchströmen das Hirn. Du hast etwas zögerlich geantwortet. Bedeutet das etwas? – Ach, weißt du, was soll ich sagen? Die letzte Nacht war ganz okay. Dennoch geht das alles nicht spurlos an mir vorüber. – Naja, das wäre aber auch mehr als erstaunlich. Ich wundere mich schon, wie gut Deine Stimmung trotz des Attentats in letzter Zeit ist. – Du kennst ja auch die Momente, in denen es anders ist. – Ja, das stimmt. Aber letztlich knickst du nicht ein. Du bleibst aufrecht. Du fällst nicht ein tiefes Loch. Das alles wäre doch denkbar. – Mir hilft dabei, das dürfte Dich nicht wundern, auch der Buddha. – Natürlich wundert mich das nicht, Gertrud. Es wäre merkwürdig, wenn das nicht der Fall wäre. Zumal du dich nach langem Zögern jetzt doch der Sangha angeschlossen hast. – Ich sage mir jetzt, dass ich gehen und bleiben kann. – Gehen und Bleiben. – Wiederhole ich. – Bleiben und Gehen. Das klingt gut. – Ja, so ist es. Mir gefällt das. Es ist für mich ein sehr hilfreiches Mantra. – Mir fällt dazu Freiheit ein. – Genau, Walter, Freiheit. Das ist entscheidend. Nichts muss festgelegt werden. Weder in die eine noch in die andere Richtung. Ob Veränderung oder Stillstand, ob neuer oder alter Ort, alles ist möglich, aber es muss nicht sein. – Klingt so als stehst du sogar ein wenig über den Dingen. – Vielleicht. Wichtiger ist mir, dass ich mir die Freiheit nehme, mich nicht zu verwickeln oder gar mit einer Sache zu verkleben. – Verstehe, dass bedeutet das Nicht-Anhaften, wenn ich richtig sehe. – Dann füge ich hinzu. - Also, ob Leben oder Tod, beides kann geschehen. - Genau, oder eben nicht geschehen. – Was mich interessiert, ist Folgendes: Hilft Dir dieses Mantra? – Sie lacht. - Du glaubst mir nicht? – Jetzt muss ich lachen. – Ich bin schlicht neugierig. Und: Wenn etwas hilft, mit der Situation zurechtzukommen, dann ist das doch gut. - Ich finde schon, dass es hilfreich ist. Natürlich kann ich nicht sagen, dass jetzt alles einfach ist und ich nur noch mit Leichtigkeit durchs Leben gehe. Aber, es ist ein schöner Wegweiser, der mir zeigen kann, wo es geistig für mich langgeht. – Das kann ich nachvollziehen. In einem Führungskräftetraining traf ich einmal auf einen Mann, der die Runde wiederholt mit dem Spruch begrüßte: „Mental sind wir schon ganz schön fit." – Sie lacht. – Ob ich mental schon ganz schön fit bin. Nicht einmal das ist sicher. – Okay, aber ich kann mir vorstellen, dass es schon guttut, die Runden, die unsereins hier dreht, einfach nicht mehr so ernst zu nehmen. Für mich ist solch eine Einstellung, zu der ich in erleuchteten Momenten fähig bin, durchaus ein Gewinn. – Sie lacht. - Naja, Du und Deine Erleuchtung. - Ja, Gertrud. Ich und meine Erleuchtungen. Es sind mehrere. Aber daran will ich mich nicht klammern. Denn, du weißt ja, klammere ich mich an eine, verpasse ich garantiert die nächste. Schluss jetzt mit meinem spirituellen Weg. Noch eine Frage an Dich: Was ist mit dem Wunder? – Naja, was soll ich sagen, also, warum nicht. – Also, du gibst die Hoffnung nicht auf? – Warum sollte ich? Nein. Aber es gilt, dass nichts geschehen muss. Es kann passieren oder eben nicht. – Du bist da ganz offen. – Ob ich das nun bin oder nicht bin? Wer weiß? Es ist mein Mantra, das mir hilft. – Okay, ehrlich gesagt, ich bin beeindruckt, wie Du mit Deiner Situation umgehst. Damit wir uns nicht falsch verstehen, schicke ich voraus, dass ich das Folgende ganz positiv meine. - Ein gläubiger Christ würde zu dieser Freiheit kommen, indem er sein Schicksal, wie es bildhaft heißt, in Gottes Hand legt. – Roshi sagt immer, dass wir uns unsere eigene Tradition angucken sollen. – Dein Roshi ist ein kluger Mann. Ich muss jetzt ein wenig arbeiten. Bis später. – Alles klar, bis nachher.

Safari

Was kann ich anderes tun als zustimmen? Ich bin ein milder Letztzeitgefährte, der so gut er kann, alles mitträgt, was für Gertrud wichtig ist. Man weiß ja nie, was wirklich hilfreich ist. Vielleicht sogar für das

Wunder … Für Überraschungen war Gertrud schon immer gut. Sie bleibt sich da treu. - Ich möchte mit Euch eine Safari machen und „the big five" sehen. Ich wünsche mir, dass Du mitkommst. – Sie wartet meine Reaktion ab und guckt mich erwartungsvoll an. Dann fügt sie noch hinzu. – Finanziell ist das kein Problem, mein Bruder unterstützt uns. – Wenn das für Dich wichtig ist, kann ich nicht Nein sagen. Es wird für uns als Familie sicherlich eine ganz besondere Erfahrung sein. – Antworte ich ohne Zögern mit innerer Verwunderung. - Ja, das glaube ich auch. Mir liegt sehr daran, dass wir alle noch einmal etwas zusammen unternehmen. – Das machen wir dann in Deiner Freiheit, zu gehen und zu bleiben? – Wir lachen beide. – Klar doch, es ist in jedem Fall eine gute Unternehmung. Du schaust ein bisschen überrascht, Walter. – Das dürfte Dich doch kaum wundern. Ehrlich gesagt, ich hätte es nie für möglich gehalten, dass Dir diese Idee kommt. Was mich betrifft, ich habe null Ahnung, was ich mir unter dieser Safari vorzustellen habe. – Eine Kollegin von „Homöopathie ohne Grenzen" hat letztes Jahr eine in Afrika gemacht. Das klang sehr gut. – Okay. – Sage ich. – Dann also auf nach Afrika.

Wer sind denn eigentlich die „big five" und was ist eine Safari? Ich mache mich bei Wikipedia schlau und weiß jetzt, dass Elefant, Nashorn (Spitzmaulnashorn, Breitmaulnashorn), Büffel, Löwe und Leopard die „big five" sind. Diese Tiere habe diese Zuschreibung erhalten, weil sie bei der Jagd die meisten Schwierigkeiten und größten Gefahren bereiteten. Jagd und Ernest Hemingway sind Assoziationen, die mir zu diesem Thema sofort einfallen. Männer, die mit der Knarre in der Hand losziehen und sich beweisen, dass sie mutige Kerle sind, indem sie sich den Gefahren der Wildnis stellen. Für mich als Antimilitaristen rufen diese Assoziationen gemischte Gefühle hervor. Aber, heute handelt es sich bei touristischen Safaris nur noch um ein Fotoshooting der als gefährlich eingestuften Tiere. - Das lese ich als eine Art Beruhigung. - Der Killerinstinkt scheint gezähmt und umgelenkt auf den Gebrauch von harmlosen Waffen wie Fotoapparaten und Filmkameras. Besser Fotoshooting als Abknallen. – Denke ich. – Besser sportliche Wettkämpfe als Panzer und Bomben.
Die Organisation der Safari muss schnell gehen. Gertruds safarierprobte Kollegin hilft dabei. Sie spricht mit einem Spezialanbieter für solche

Unternehmungen. Natürlich sind nicht alle Reisepässe up to date. Die müssen im teureren Expressverfahren auf den Stand gebracht werden. Kleidung ist ein weiteres Thema. Robustes Schuhwerk ist ein Muss. Also, auf in die Stadt und eingekauft. Die Temperaturschwankungen können groß sein, sodass Ober- und Unterwäsche für alle Fälle organisiert werden muss. Wir fahren im August und müssen keine Impfungen vornehmen lassen. Gegen Malaria hat Gertrud einen speziellen Tee, den wir regelmäßig trinken müssen. Meine persönliche Vorbereitung besteht vor allem darin, in den verbleibenden vierzehn Tagen früh aufzustehen und mich eine Stunde mit zügigen Schritten um den Obersee zu bewegen. Mich leitet der unwiderstehliche Impuls, mich noch ein bisschen fitter zu machen. Ich erfahre, dass wir über Südafrika fliegen und in Sambia und Simbabwe unterwegs sein werden. Drei Camps werden wir aufsuchen und ein Hotel an den Victoriafällen. Ob das mit der Logistik immer klappen wird? Ich weiß so schlecht Bescheid über Land und Leute, wie noch niemals in meinem Leben. Meinem Naturell entspräche es eher, mich frühzeitiger zu informieren und vorher Einiges zu lesen. Das entfällt diesmal. Mich beschäftigt noch die medizinische Notfallversorgung. Schließlich werden wir mitten im Busch sein und können nicht einfach, wie in Bielefeld, einen Palliativmediziner kommen lassen, wenn Hilfe für Gertrud notwendig sein sollte. Dafür gibt es in Afrika die „flying doctors". Man kann eine entsprechende Versicherung abschließen. Mein Sicherheitsdenken trifft bei Gertrud auf taube Ohren. Sie will davon überhaupt nichts wissen. Hat nicht einmal Lust, mit mir darüber zu diskutieren, um pro und kontra zu erörtern. Nach dem dritten Anlauf streiche ich die Segel. Ich denke. - Irgendwie werden wir schon durchkommen. Falls sie sich fürs Gehen entscheiden sollte und dies wider Erwarten schon in Afrika geschehen sollte, müssen wir auch damit zurechtkommen. - Es wäre übertrieben zu behaupten, dass mich diese Überlegungen ganz beruhigen.
Der Besuch beim Palliativmediziner gilt einem Abklären der medizinischen Seite. Ihr Kampf gegen das Antiepileptikum wird von einem gewissen Erfolg gekrönt. Der Arzt und Gertrud handeln aus, dass sie zunächst ein Akutmittel nutzen könne, falls ein epileptischer Anfall auftreten würde. Sollte das allerdings der Fall sein, sollte ab dann auch regelmäßig ein Mittel eingenommen werden, damit keine Wiederholungen stattfinden. Diese Maßnahme ist mit dem Neurologen abge-

stimmt. Cortison und Antiepileptika (akut und dauerhaft) gehören unabdingbar ins Reisegepäck. Kleinere „Beigaben" an Schmerzmitteln sowie ein Schlafmittel selbstverständlich auch. Der Palliativmediziner meint, dass es wirklich gut ist, die Reise sofort zu machen, denn nach den schulmedizinischen Erkenntnissen werde sich Gertruds Zustand sehr rasch verschlechtern. Die Konsultationen mit dem Palliativmediziner verlaufen in einer guten Atmosphäre. Der Mann nimmt sich genügend Zeit, um auch das Für und Wider einzelner Schritte zu besprechen. Er fragt auch aktiv nach, wie die Bewältigung des Alltags aussieht, ob dort eventuell weitere Hilfsmaßnahmen erforderlich sind. Er wünscht alles Gute für die gemeinsame Safari.

Afrika die Erste: Zeitenreise

Münster-Osnabrück ist ein überschaubarer Flughafen. Wir kennen ihn. Hier wirkt alles vertraut und gemütlich. Fast so grün und klein wie in dem Dorf an der Nordseeküste, in dem ich, unterstützt vom Küstenwind, durch meine Kindheit und Jugend stürmte. Wir als Familie verjüngen uns im Flughafengebäude. Wie vor zehn Jahren müssen die Kinder noch etwas essen und trinken. Kakao, Cola und leckere Pommes. Dabei schauen wir auf das Rollfeld und nehmen die einzelnen Maschinen genau ins Visier, um zu schauen, ob unsere schon dabei ist. In München ist alles größer, moderner, voller Hightech und vielen superschicken Läden und Bistros. Nach einem endlosen Walk durch glitzernde Glaslandschaften erreichen wir die entsprechen Zugänge zu unserer Maschine nach Johannisburg. Der Nachtflug ist trotz Decke und Schlafbrille eine ätzende, unangenehme Angelegenheit. Mein Sohn und ich hängen nebeneinander in den Sitzen und berieseln uns mit unterschiedlichen Video- und Musikprogrammen. Wir schaffen es nach ein paar Rempeleien, unsere Kopfhörereinstellungen nachbarschaftsfreundlich zu gestalten. Aber, es gibt ja nicht nur uns. Irgendwo scheint hier immer etwas los zu sein. Das sind nicht nur die Kinder, die sich bemerkbar machen. Gertrud scheint das mit dem Schlaf unter bescheidenen Bedingungen am besten hinzubekommen. Am Morgen schauen meine müden, trüben, abgewirtschafteten Augen in einen prächtigen Sonnenaufgang. Wäre ich körperlich nicht so marode, wären mehr Genuss und Freude drin. Der Airport in Johannisburg: wieder Hightech und Glas mit der entsprechenden Werbeweitläufigkeit. Ein Megatempel für alle Shoppingpilger. Für Lahme und Fußkranke ist diese futuristische Welt nichts. Geduldig bringen wir alle Kontrollen hinter uns. Am frühen Nachmittag landen wir in Lusaka. Dieser Flughafen ist wieder mehr von gestern. Nicht ganz das dörfliche Münster-Osnabrück, aber doch weit weg von München oder Johannisburg. Das Entscheidende ist jedoch, dass wir mühelos zu dem Kleinbus gelangen, der uns mit einigen Anderen zusammen weiter bringen wird. Vom Flughafenausgang bis zum Kleinbus wollen uns immer mehr Menschen männlichen Geschlechts helfen. Besonders Lena, mit ihrer schlanken Figur und den blonden Haaren, wirkt wie ein unwiderstehlicher Magnet. Im Kleinbus stehen für uns Getränke und Chips bereit. Wir werden gut betreut. Schnell lassen wir die Stadt hinter uns und durchqueren ein paar Vororte. Das alles sieht für mich aus wie irgendwo am Rande von Dortmund und Bielefeld. – Hier können sich nur genauso ordentliche Leute wie in Germanys Ein- und Zweifamilienhäusern eingerichtet haben. - Daran habe ich keinen Zweifel. Aber dann ändert sich die Szenerie schlagartig. Es scheint, als fahren wir einfach nur noch gerade aus auf einer Linie, die schnurstracks in die Unendlichkeit führen muss. Links und rechts nur noch Busch. Darin hausen offensichtlich Menschen. Wir sehen Blechhütten, Holzhütten, Steinhütten. Hütten, die gepflegt wirken und solche, die völlig heruntergekommen oder auch verlassen sind. Immer wieder stehen Menschen in bunter Bekleidung an der Straße und bieten Gemüse, Obst, Kleidung, Gerätschaften an. An der Straße im Busch gibt es alles, was für das Leben wichtig ist. Vor ein paar Stunden waren wir noch in der Zukunft in Johannisburg. Und jetzt? In welcher Zeit befinden wir uns? Während ich im Kleinbus neugierig räsonniere, lassen wir uns beim Anblick fremder Zeiten gekühlte Getränke und Chips schmecken. Die jungen Frauen, die mit uns fahren, kennen sich besser aus als wir, sie sind schon länger unterwegs. Sie erzählen von den Unterschieden zwischen einzelnen Nationalparks. Soviel differenziertes Wissen rauscht durch mich hindurch. Außerdem will ich selber rausfinden, wie ich die einzelnen Stationen unserer Unternehmung empfin den werde. Die Frauen mit dem Safari-Know-How wollen auf dem Sambesi mit kleinen Booten fahren. Sie lieben es sportlich. Sie schwärmen von der Natur und den Tieren. „It is great. It is wonderful." Dann müssen wir eine Grenze passieren. Bisher lief das mit den Visa immer ganz locker. Es war nichts anderes als Zettel austeilen, unterschreiben und wieder abgeben. Plötzlich ist alles anders. Wir werden in der Halle von einem Schalter zum anderen geschickt. Unser Guide erweist sich bei Rückfragen auch nicht als sonderlich hilfreich. Nach einem mehrmaligen, die Nerven strapazierenden Hin und Her und zwischen verschiedenen Schaltern mit dem dazugehörigen Einfügen in die jeweilige Warteschlange, das sich über ca neunzig Minuten erstreckt, werden unsere Anträge plötzlich geprüft. Warum gerade jetzt, bleibt uns verborgen. Wir atmen auf. Wir müssen nachbessern. Hier wird nichts locker gesehen. Jede Zeile muss ausgefüllt werden. Jeder Punkt an der richtigen Stelle platziert sein. Dies ist schon eine Karikatur von Bürokratie. - So muss es früher bei den Großeltern gewesen sein, als die Beamtenschimmel in Germany noch gut im Futter standen. - Denke ich. Endlich scheint alles in Ordnung zu sein. Wir bekommen Scheine und Stempel und dürfen unser Geld abdrücken. Wir kommen später als gedacht an den Fluss. Aber, das ist kein Problem. Hier ist Gelassenheit Trumpf.

Zu siebt sitzen wir Touristen im Boot. Zwei Männer werden uns auf dem Sambesi zum ersten Camp bringen. Bald erglüht die rote Abendsonne und sehr schnell verdunkelt sich alles. Abendfrische folgt rasch der Tageswärme. Gerne hüllen wir uns in die bereitliegenden Decken. Zu unserer Linken stehen Menschen, die kaum bekleidet, das eine Mal Wäsche waschen und ein anderes Mal Fische fangen. Das alles wirkt sonderbar idyllisch. Wir gleiten leise über das Wasser. Kein anderes Boot ist zu sehen. Licht nur am Ufer, an dem Menschen ihren Alltag leben. – Wie viele Jahrhunderte oder gar Jahrtausende mag das schon so sein? – geht es mir durch den Sinn. Im Sambesi gibt es Krokodile und Nilpferde. Wir merken davon nichts. Wir fahren wie selbstverständlich durch die heraufziehende Nacht. Es gibt nur unser Boot, die Gleitgeräusche auf dem Sambesi, einige Silhouetten am Ufer und ein alles einhüllendes Schwarz. Die Fahrt dauert. Ein bisschen unheimlich ist es mir manchmal schon. Die Nachtatmosphäre hat unsere kleine Bootsgesellschaft in ihr Schweigen hineingenommen. Endlich fahren wir ans Ufer. Legen wir hier an? Völlig überraschend springt direkt vor uns ein tonnenschweres, sich kaum von der Nachtschwärze unterscheidendes Nilpferd ins Wasser. Kurzes Erschrecken und ein verhaltener

Schreckenslaut sind unsere Antwort. Dann sehen wir Scheinwerfer am Land. Es geht alles sehr schnell. In wenigen Minuten haben wir das Boot verlassen und sitzen das erste Mal auf dem Jeep. In der Dunkelheit ist kaum etwas zu erkennen. Wir fahren durch die Buschnacht. Wie aus dem Nichts tauchen dann Lichter vor uns auf. Aufgeregt schaue ich dahin. Dann halten wir. Wir werden empfangen mit warmen, feuchten Tüchern und können uns ein wenig frisch machen. – „Boh, das ist ja echt scharf.", sagt Alexander, als wir in das große Zelt eintreten. Mein Blick fällt auf Sofas, Sessel und Schränke, die mich an englische Filme erinnern. – Kolonialzeit. - Fällt mir ein. Uns werden Getränke angeboten. Wir können in bequemen Sesseln Platz nehmen und werden sofort umsorgt. – So geht also Safari. – Denke ich. – Dann dürfen wir in unsere Zelte. Wir erfahren, dass sie in der Nähe des Flusses stehen und am Tag einen wunderbaren Ausblick bieten. Wir können in der Dunkelheit nur mit einem Guide zu unseren Quartieren. Die Camps haben keine Zäune und werden nicht abgeschottet. Wir erfahren, dass es ein Gutes Miteinander von Mensch und Tier gibt, vorausgesetzt der Mensch verhält sich entsprechend. – Das ist etwas völlig anderes als dieses Machogebaren à la Hemingway. - Geht es mir durch den Kopf. Dann geleitet uns ein Guide mit dem Gewehr über der Schulter zu den Zelten. Dass mich jemand in dieser Weise zu meiner Schlafstatt führt, ist ein absolutes Novum für mich. Daran muss ich mich erst noch gewöhnen. Wir richten uns in unserem Busch-Zuhause ein. Einem Appartement mit allem Komfort zum Sitzen, Liegen, Entspannen, Waschen und Duschen. Die Zelte sind kleine Häuser, in denen wir aufrecht gehen können. Zur vereinbarten Zeit werden wir wieder vom Guide abgeholt und können an der großen Tafel Platz nehmen. - Kolonialzeit. – Das Wort spaziert wieder durch meinen Kopf. Ein farbiger Mann rückt schweigend unsere Stühle und hilft uns, Platz zu nehmen. Dann steht er aufrecht und ernst in der Ecke. – Wachsfigurenkabinett. - Kombiniert mein Hirn. Im Laufe der Tage komme ich mit diesem Mann ins Gespräch. Es tut gut zu merken, dass er ein ganz normales, lebendiges Wesen wie du und ich ist. Wir werden köstlich bewirtet und pflegen small talk. Reichlich müde begeben wir uns ins Bett. Ein Betthupferl, eine Gutenachtgeschichte und ein Wärmstein sorgen für ein behagliches Gefühl unter der dicken Daunendecke. – Ach, die Daunendecke, sie entführt mich in meine Jugendzeit, als ich bei Onkel Herbert und Tante Frieda auf dem

Hof mitarbeitete. Dazu gehörten im kühlen norddeutschen Herbst voluminöse Decken mit Gänsedaunen und der unentbehrliche Wärmstein. Dieser Service ist im Busch sehr, sehr angenehm, denn nachts pirschen sich die Temperaturen ganz stark in Richtung null Grad. Die Tage sind im Maximum zwischen zwischen fünfundzwanzig und dreißig Grad auf ideale Weise wohl temperiert. Zu kämpfen haben wir mit der Temperaturamplitude. Zum Einschlafen höre ich geistliche Musik von Mozart. Damit runde ich die Zeitenfülle der letzten vierundzwanzig Stunden ab. In meinem Kopf existiert auch die Krankheit von Gertrud. Ich bin mir sicher, wer auch immer uns Vier an diesem letzten Tag gesehen hat, wird nicht im Entferntesten daran gedacht haben, was der Anlass unserer Reise ist. Das ist unser Geheimnis. Gertrud ist kommunikativ und genießt es sehr, mit den Menschen in Kontakt zu treten. Es ist eine wirklich gute Welt, in der wir uns befinden. Mozarts Musik unterstreicht das, besonders der hohe Gesang öffnet weite Räume und schenkt Frieden. Das Lebensja zeigt sich von seiner allerbesten Seite.

Afrika die Zweite: Extrem und existenziell

Der Guide weckt uns. Um 6:30 Uhr stehen wir draußen und essen bibbernd unseren Porridge. Während das offene Feuer vom vergangenen Abend kraftlos vor sich hin glüht, hangeln wir uns in der Morgenkühle mit den anderen Safaritouris in den Tag hinein. Wechselseitig bestätigen wir uns, dass es „wirklich" („really" wie es so schön auf Englisch heißt) frisch ist. Jeder neue, ungemütliche Morgen macht uns zu kleinen Helden, die sich von Müdigkeit und Frösteln nicht davon abhalten lassen, bald wieder auf Erkundungstour zu gehen. Ab sieben Uhr sitzen wir warm eingepackt auf dem Allrad. Die niedrigen Temperaturen, die so manches Mal nicht mehr als sechs Grad über Null erreichen und der frische Fahrtwind auf dem offenen Jeep geben uns das Gefühl, dass wir uns viel mehr abverlangen als Zuhause im behaglichen Bielefeld. Zusätzlich zu den ungemütlichen klimatischen Bedingungen werden Gertrud, Lena und Alexander auch noch durch frühes Aufstehen gezwungen, die Nacht zum Tage zu machen. Sie nehmen es meistens schweigend hin. Die Guides hingegen sind hellwach. Sie legen das Gewehr vorne über dem Armaturenbrett ab und starten zügig durch. Im Gelände schauen sie nach Spuren. Manchmal folgen sie diesen. Sie lauschen den

Geräuschen des Busches. Sie sind darin geübt, unterschiedliche Stimmen zu identifizieren. Sie erwecken unsere Liebe zu den vielen kleineren Tieren am Boden und auch in der Luft. Häufig ist es wie ein lebendiger Biologieunterricht. Zu Pflanzen und Tieren haben sie immer auch Bücher mit Abbildungen und Erläuterungen dabei, um ihre Beobachtungen und Ausführungen damit zu ergänzen. Vor allen Dingen zeigen sie uns, dass der Busch voller Überraschungen und unberechenbar ist. Das erfordert Vorsicht und Umsicht. Das Fahrzeug ist unsere sichere Insel, die nur nach der Erlaubnis durch den Guide verlassen werden darf. Der Guide hält immer erst Ausschau, bevor er diese Erlaubnis erteilt. „Solange du auf dem Fahrzeug sitzt, bist du kein Feind für die Tiere", erläutert einer der Guides, „wenn du allerdings auf zwei Beinen ins Gelände gehst, wirst du als Mensch erkannt. Dadurch kannst du zum Feind werden." Durch sein umsichtiges Verhalten zeigt uns der Guide, dass die Situation wirklich gefährlich ist. „Du musst immer wachsam sein, du kannst nichts erkennen und plötzlich bist du in Gefahr." Ein Guide erzählt uns wie zur Abschreckung die Geschichte von einem Touristen, der im sicheren Allrad sitzt und aus wenigen Metern Entfernung Bilder von den Löwen schießt. Er lässt sich aufgrund der scheinbaren Friedfertigkeit der Tiere dazu verleiten, das Fahrzeug zu verlassen. Es scheint problemlos zu sein. Als er aus einer ganz geringen Distanz einen weiteren Schritt macht, war das sein letzter. Wir spüren einen existenziellen Kitzel. Das Leben hier im Busch muss ständig verteidigt werden. Es ist keine Selbstverständlichkeit. Die Guides haben fast immer gute Laune. Es macht den Eindruck, als genießen sie es, in ständiger Wachsamkeit zu Kämpfern für das Leben zu werden. Todesfurcht oder Angst vor Gefahren können ihnen scheinbar nichts anhaben. Sie kommen mir vor wie perfekt durchtrainierte Lebensakrobaten. Sie brauchen keine philosophische Abhandlung darüber zu studieren, dass alles Erforschen des Lebens ohne die Auseinandersetzung mit dem Tod sinnlos ist. Der Guide braucht auch keinen Hamlet, der sich die Frage von Sein oder Nichtsein stellt und auch keinen Heidegger, der Sein tiefgründig im Horizont des Todes als menschliche Grundtatsache fixieren will. Wer in der ständigen Wachheit zur Erhaltung seines Lebens existiert, braucht auch keinen Sartre, der darüber aufklären will, dass das Faktum der Existenz ihrem Sinn vorausgehe. Ich ahne, dass das Leben im Busch in der dichten Bezogenheit von Leben und Tod geschieht. Beim Anblick eines mächtigen Krokodils aus zehn Meter Entfernung meint unser Guide: „Bei einem Krokodil musst du vorsichtig sein. Krokodile führen keinen Verhandlungen." Der Mann hat Humor. – Denke ich und spüre, wie fremd und bedrohlich mir diese Welt ist. Als wir einmal auf eine Herde Elefanten treffen, die unseren Fahrtweg überquert, bugsiert der Fahrer den Jeep nur langsam voran. Er respektiert die Elefanten, von denen einige durch Tröten hörbar machen, wer der Herr dieses Reviers ist. Als wir den gleichen Weg zurückkommen, liegt ein Baum quer über dem Weg. Das ist für den Guide eine ganz klare Geschichte: „Ich vermute, dass einer von den jungen Elefanten sich über uns geärgert hat. Dafür bekommen wir diese Quittung." Die Elefanten scheinen die eigentlichen Chefs im Busch zu sein. Nur um ihre Kleinen müssen sie fürchten, ansonsten haben sie keine weiteren Feinde. Uns wird ein karges Areal gezeigt, dass den Elefanten als Stätte für ihre Nahrung diente. Sie können zur Nahrungsaufnahme Bäume so „bearbeiten", sodass diesen nur noch das Sterben bleibt. Ein „abgeerntetes" Gebiet verlassen sie und suchen sich ein neues Stück Land. Da Nationalparks aber nur eine begrenzte Größe haben, bringt ein Anwachsen der Elefantenpopulation irgendwann das Tier auf den Plan, das der Elefant fürchten muss. Es ist der Mensch, der darüber entscheidet, wie viel Entfaltung diesem Tier zugebilligt wird. Uns dämmert, dass das Leben in der Natur aus der Perspektive eines europäischen Safaritouristen schön anzuschauen ist, aber gleichzeitig immer von Lebens- und Todeskämpfen bestimmt wird. Wenn wir einigen Büffeln auf der Nachtsafari so nah kommen, dass wir sie schon riechen können, geht unser Puls sofort schneller. Meine Tochter sagt an einem besonders frischen Morgen: „Boh, Papi, ich konnte überhaupt nicht mehr einschlafen. Die Büffel sind an unserem Zelt vorbei zur nahen Wasserstelle gezogen!" Die tiefen Basslaute der Nilpferde hingegen beunruhigen sie nicht mehr. Alexander und ich erfreuen uns an einem Morgen an den Affen, die sich direkt vor unserem Hauszelt von den Bäumen herunterfallen lassen. Die Dienste der Bäume als sichere Nachtherberge sind mit dem Heraufziehen der Sonne beendet. Als wir beim Blick aus unserem offenen Zeltfenster zusätzlich einem Impala, das ich spontan mit unserem Dammwild vergleiche, direkt in die Augen schauen, blicken wir uns an und müssen schmunzeln. - Was für eine friedvolle Einheit von Mensch und Natur, - sage ich. – Da könnte man einen richtig kitschigen Heimatfilm drehen. - „Man muss dann allerdings vergessen, dass zwanzig Meter weiter im Sambesi vielleicht das Krokodil sitzt und geduldig auf Beute lauert", fügt Alexander hinzu. Auf dem Weg zum Frühstück erinnern uns die auf dem Fußweg zerbrochenen Hölzer daran, dass die Elefanten hier ein Zeichen ihrer Kraft hinterlassen haben. Eine Nachtsafari belohnt uns bei ausgeschaltetem Motor damit, dass wir in der Dunkelheit eine große Raubkatze in aller Gemächlichkeit einen schmalen Pfad majestätisch entlang schreiten sehen. Das Tier bewegt sich mit einer Leichtigkeit, als fühle es sich absolut sicher. Vorsichtig heftet sich unser Gefährt an die Spuren des prächtigen Raubtieres. In der Dunkelheit schimmern die Baumzweige silbern. Es ist, als fahren wir durch einen Zauberwald. Diese romantische Kulisse mit ihrer Stille und Konzentration berührt mich. Ich bin hellwach und gleichzeitig überwältigt von der Schönheit dieses Momentes. Zu den beeindruckenden Erfahrungen mit den Löwen gehört auch eine Liebesszene zwischen einem maskulinem und femininem Tier. Er kommt zu ihr, sie vollziehen für einige Minuten den Akt. Er geht wieder. Dann kommt er wieder. Sie machen das Gleiche wie vorhin. Das wiederholt sich etliche Male. Ich fantasiere, dass diese mehrmalige Begegnung im Akt dazu dient, dass dieses Paar sich seiner Einheit vergewissert. Bei den Löwen, so erfahren wir, soll es so sein, dass die Mutter entscheidet, wann es für den Nachwuchs an der Zeit ist, sich selber im Lebenskampf zu bewähren. Nicht alle sind dann stark und wach genug, um den ständigen Gefahren gewachsen zu sein. Das ewige „Stirb und Werde" wird im Busch immer wieder sichtbar. An einem Mittag erreichen wir mit unserem Jeep, der tiefe Furchen und Gräben so leicht bewältigt wie mein Golf die Autobahn, ein Gebiet voller Marabus. Diese Geierart verkörpert die Reize des Schönen durch eine vollendete Form des Hässlichen. Sie leisten einen wichtigen Beitrag im Kreislauf des Seins, indem sie zur Stelle sind, um die Überreste von Totem zu entsorgen. Sie helfen, dass die Noch-Lebenden nicht durch Krankheitserreger infiziert werden. Sie scheinen sich für uns nicht sonderlich zu interessieren. Bei ihrem Anblick kommt mir dennoch ein merkwürdiger Gedanke: Vielleicht lachen sie heimlich in sich hinein und denken: „Fühlt Euch nur sicher. Eines Tages seid auch ihr dran. Wir können warten."

Zu den kleineren existenziellen Kitzeln gehört der Körperkontakt mit einer gut einen Meter langen Schlange, die einer der Guides vom Dach des großen Essraumzeltes holt. Alexander nimmt die Herausforderung an, das Tier in seine Obhut zu nehmen. - Im Busch kann man doch eigentlich richtig dankbar werden, wenn man am Abend spürt, dass man diesen Tag wieder heil überlebt hat. – Sage ich in der abendlichen Runde am wärmenden Feuer. „So muss es früher bestimmt für die Bewohner hier gewesen sein", ergänzt Lena. „Wenn man nachts in der Dunkelheit durch den Busch fährt, kann man sich leicht vorstellen, dass die Menschen an Geister glaubten", ergänzt Alexander. „Was meinst Du denn", fordert Alexander Gertrud heraus. - Ach, ich finde es einfach nur schön, dass wir das hier miteinander erleben dürfen. - Der Blick in den Himmel offenbart uns eine Sternenfülle, die wir in Bielefeld noch nicht erlebt haben. - Geht es mir durch den Sinn. - „Deine Nachkommen sollen so zahlreich sein wie die Sterne am Himmel", fällt mir ein. - Dabei hat Abraham laut Bibel in den Himmel geschaut, so wie wir heute Abend. Gott hat nicht einfach gesprochen, sondern Abraham erleben lassen, was er ihm zusagte. – Denke ich. Beim Anblick der Sternenfülle ist mir, als bin ich mittendrin in einem großen Geschehen, welches ich nicht wirklich verstehe. Ich ahne zum ersten Mal in meinem Leben, dass Menschen von diesem Erleben tief beeindruckt sein können. Auf eine nicht weiter erklärbare Weise fühle ich mich in den Nächten am Feuer mit der unfasslichen Sternenfülle angenehm geborgen. Die überwältigende Natur erleben wir auch an den Victoriafällen, allerdings nicht als schützende Hülle. Die tief in die Schluchten hinabstürzenden Wassermassen mit dem darüber gewölbten Regenbogen lassen mich spüren, dass in der Natur eine Kraft und Gewalt wirkt, die mich schlagartig klein und winzig werden lässt. Das „Stirb und Werde" zeigt sich als kalter, gnadenloser Gewaltakt. Der wunderschöne Regenbogen darüber verführt dazu, die Gewalt auszublenden. Gertrud ist es gegeben, sich an diesem Ort einfach an den bunten Farben über den unerschöpflichen Wassermassen zu erfreuen.

Afrika die Dritte: kurios und erschreckend

Die Safaritouristen gieren nach den großen Tieren. Einigen merkt man die Enttäuschung sofort an, wenn sie aus dem Busch zurückkommen und fast deprimiert sagen: „Das war heute nichts." Neidvoll hören sie von einer anderen Gruppe, die sich anhaltend und mit Begeisterung über den Anblick von mehreren prächtigen Löwen auslässt. Mir hingegen gefällt eine morgendliche Wanderung durch den Busch, auf der wir einfach den Pfaden von Elefanten und anderen Tieren folgen. Auch wenn wir anschließend beim Lunch keine spektakulären Meldungen durchfunken können, gefällt es mir, Bäume und Pflanzen aus der Nähe anzuschauen und auch zu riechen und anzufassen. Da solche Gänge nur gemacht werden, wenn sich genügend Interessenten finden, muss ich mich damit begnügen, dass diese Veranstaltung nur zwei Mal durchgeführt wird. Ich gehöre zu einer unauffälligen Minderheit, die nicht von dem Bazillus infiziert ist, jeden Anblick großer Tiere wie eine Art Siegestrophäe nach Hause zu tragen.

Die Veranstalter geben sich Mühe, das Verlangen nach dem besonderen Erlebnis auf vielfältige Art zu befriedigen. An einem wunderschönen, von lauwarmem Sommerwind gesüßtem Nachmittag treffen sich völlig überraschend alle Geländefahrzeuge mitten im Busch, nur wenige Meter vom Ufer des Sambesi entfernt. Stühle und Tische stehen für unseren Empfang bereit. Sekt, Selters und Tee warten auf uns beim Anblick eines mächtigen Krokodils, das die Strahlen der Nachmittagssonne zu schätzen weiß. Solch ein Szenario schreit nach Erinnerungsfotos. Die Topüberraschung gelingt allerdings, als wir nach einer Nachtsafari mitten im Busch zur Erholung von den Tagesstrapazen einkehren. Alles ist perfekt vorbereitet. Wir können sofort an der gedeckten Tafel Platz nehmen. Mir gegenüber sitzt ein Vater mit seinem Sohn aus Tschechien. Wir plaudern übers Familienleben mit seinen Höhen und Tiefen und nehmen alles, so gut wir das können an diesem unbekannten, von Wildnis umfangenen Ort, mit Leichtigkeit und Humor. Ich lerne, dass Safaritourismus viel mehr sein kann als eine einmalige, besondere Angelegenheit. Zwei Männer aus Frankreich sind zum siebten Mal unterwegs. Sie wirken so gut informiert über Tiere und Pflanzen, sodass sie eigentlich selber Safariguides sein könnten. Einer von ihnen hat eine Kamera mit einem derart riesigem phallischem Objektiv dabei, sodass auch der kleinste, entfernteste bunte Vogel in seiner ganzen Pracht entspannt eingefangen werden kann. Ich bin von Ausstattung und Knowhow so beeindruckt, dass ich frage, ob sie hier professionell unterwegs sind. „Nein", bekomme ich mit einem Lächeln zur Antwort, „es ist unser Hobby. Wir sind einfach fasziniert davon."

Ein gut fünfzigjähriger Peter erzählt stolz, dass er auf die Ankunft seines eigenen Geländewagens warte. Aus Australien! Dann wolle er auf eigene Faust in den Busch. „Siehst Du, Papa, so geht es auch", sagt Alexander zu mir. – Allerdings. – antworte ich knapp. „Der Mann muss Schotter haben", fährt er fort. – Allerdings. – wiederhole ich. Zu den Besonderheiten trägt auch Gertrud bei, wenn sie morgens für alle, die wollen, eine Runde Antimalariatee anbietet. Mit dieser Aktion löst sie staunende Rückfragen und begeistertes Teetrinken aus. In den Unterlagen des Veranstalters lesen wir, dass man mit diesem Reiseangebot auch ökologisch und sozial engagiert sei. Man wolle in den Camps nach und nach auf Solarenergie umstellen. Wir können mit eigenen Augen sehen, dass dies wirklich geschieht. Außerdem verwende man einen kleinen Teil der Einnahmen zur Förderung von sozialen Projekten. – Also, siehst Du Gertrud. - Kommt es aus mir heraus. – Wir können uns mit dieser Reise richtig gut fühlen. – Naja, das aus Deinem Munde. – Entgegnet sie. – Du hast es doch nicht so mit dem Gutmenschentum. – Aber, irgendwie finde ich es auch lustig. Warum sollen solche vergnüglichen, extravaganten Reisen nicht auch einen guten Beitrag zur Zukunft der Menschheit leisten? – Schiebe ich noch schnell hinterher. – Und außerdem, Gertrud, du warst doch vor zwei Jahren mit „Homöopathie ohne Grenzen" in Sierra Leone, wie ist denn im Vergleich dazu diese Unternehmung? – Ach, weißt Du, das lässt sich nicht vergleichen. In Sierra Leone habe ich bitterste Armut und Hunderte von Kranken gesehen. Hier kriegen wir doch von den Problemen nichts mit. Außerdem ist Sierra Leone auch ärmer dran als Sambia und Simbabwe, soweit ich weiß. Die Menschen in Sierra Leona waren uns gegenüber dankbar und trotz allem erstaunlich gut drauf. – Das sind unsere Guides ja auch. – Lenke ich wieder zur Safari zurück.

Mitten hinein in unseren Genuss all der Andersartigkeiten und Besonderheiten platzt dann der Feind, den Gertrud nicht Zuhause lassen konnte. Als wir uns an einem sehr schönen, erstaunlich warmem Morgen vor dem Frühstück treffen, stürzen eine völlig aufgelöste, weinende Gertrud und eine reichlich verstörte Tochter auf mich zu. Ihren reichlich chaotischen Wortschwallen entziffere ich, dass in der Nacht ein epileptischer Anfall stattgefunden hat. Ein Zucken im Gesicht, das zwar nicht lange dauerte, (es ist nicht zu ergründen, was das genau heißt) aber in seiner Unkontrollierbarkeit Angst und Schrecken ausgelöst hat. Wir beschließen, dass wir diesen Vormittag im Camp verbringen. Es sind sehr besinnliche und entspannte Stunden. Wir schauen in die Natur. Lesen. Hören Musik. Wir sind in guter Weise miteinander. Was im Übrigen für die gesamte Safari gilt. Die innerfamiliären Kämpfe finden in Afrika nicht statt. Niemand macht Gertrud den Platz neben dem Guide im Allrad streitig. Das wäre unter anderen Bedingungen sicherlich nicht so friedlich vonstatten gegangen.

Das Thema Antiepileptikum findet eine Fortsetzung. Gertrud teilt mit, dass sie das Akutmittel in Deutschland vergessen habe. Sie habe jetzt von dem Keppra genommen. – Du weißt, dass es jetzt ein paar Tage braucht, bis es wirkt? – Frage ich besorgt. – Ja, schon. Etwas anderes kann ich jetzt nicht machen. - Wir ändern für die nächsten Tage die familiäre Quartierverteilung. Die Eltern beziehen ein Zelt, die Kinder ein anderes. Als Gertrud nach ein paar Tagen, – abgesehen von harmlos scheinenden Kurzabsencen war nichts passiert -, die Idee äußert, das Antiepileptikum wieder abzusetzen, fühle ich mich herausgefordert, mit ihr ernsthaft zu reden und ihr klar zu machen, dass ich von dieser Idee gar nichts halte. Ich weise sie darauf hin, dass die Gefahr eines neuen Anfalls bestehe. – Das Wunder der Heilung, Gertrud, wird sich nicht durch Keppra ausbremsen lassen. Wenn es geschehen soll, wird es stark genug sein, um sich durchzusetzen. Und außerdem: Denke doch an dein Mantra vom Gehen und Bleiben. Du weißt doch, dass nichts erzwungen werden kann. - Rede ich auf sie ein. Für mich alleine denke ich: Wenn diese Frau sich etwas in den Kopf gesetzt hat, dann kommt die davon nur schwer wieder runter. Sie ist so, das weiß ich. Aber an diesem Punkt schadet sie sich mit einer falschen Sturheit. Leider und verdammt noch mal!

Zu den kleinen Gertrudschen Überraschungen gehört es, bei stärkster Sonneneinstrahlung ohne Kopfbedeckung unterwegs zu sein. Die Tochter mutiert dann zur Mutter, die das Kind Gertrud zur Ordnung ruft. Die Stimmung auf der Safari ist so gut, sodass diese Nacherziehung mit einer gehörigen Portion Lachen und Humor über die Bühne geht. Wir kennen „unsere" Gertrud mit den Blüten ihrer Eigensinnigkeit. Ich denke. - Wenn das Universum ein Wunder vollbringen will, dann nicht nur gegen den Krebs, sondern auch gegen Gertruds widerborstige Haltung.

Wir fliegen in einer kleinen Maschine, die nur für uns und dem Piloten Platz bietet. Gepäckstücke und auch wir werden so angeordnet, dass das Gewicht wohlproportioniert verteilt ist. Die Organisation im Busch, vom Jeep auf das Flugzeug umzusteigen, klappt hervorragend. Selbiges gilt für die Landung. Zwischendrin einige Stunden Flug über die schier unendliche Naturweite. Nach anfänglichem Zittern, ob dieser kleinen Maschine wirklich zu trauen ist, genießen wir diesen Morgen mit seinem wolkenlosen Himmel.

Zur Ankunft in unserem letzten Camp steigen wir vom Flugzeug in den Helikopter. Der Veranstalter spart nicht mit Highlights.

Gertruds Appetit ist durch das Cortison beflügelt. Das wissen nur wir Vier. Für die Anderen ist sie eine stattliche, genussfähige Frau. Da Gertrud normalerweise ein sehr schmales Gesicht hat, bewirkt das Cortison bisher nur eine Gesichtsverschönerung. Im letzten Drittel der Safari findet allerdings eine bedrohliche Veränderung statt. Ihr wollen die englischen Worte nicht mehr so flüssig kommen. Wenn ich neben ihr sitze, ergänze ich ihre Sätze. Diese Performance gelingt uns ganz gut. Ich glaube, dass wir für Fremde wie ein gut eingespieltes, älteres Paar wirken, bei dem solche verschmelzenden und bevormundenden Verhaltensweisen als bereichernde Skurrilität sogar mit innerem Schmunzeln angenommen werden können. Ich merke, dass auch ihre Gänge beschwerlicher werden. Nach meinen Informationen sollte das eigentlich nicht sein. Das Cortison sollte eine längere beschwerdefreie Zeit garantieren. Mir stellt sich die Frage, was die Metastasen im Hirn eigentlich machen. Gertrud ist willensstark. Ich bin mir sicher, dass sie alles in ihrer Macht stehende tut, um die Safari zu einem guten Ende zu bringen. Ich befürchte allerdings, dass es in Deutschland bergab gehen wird.

Nachklang

In Johannisburg auf dem Flughafen haben wir genügend Zeit, um den einen oder anderen Shoppingtempel zu besuchen. Selbst ich, der an Einkaufszonen eigentlich nur ihre Cafés liebt, durchquert ein buntes, schön herausgeputztes Andenkenheiligtum. Während Lena und Gertrud mühelos bunte Tücher, Blusen, Shirts und vieles andere entdecken, sind Alexander und ich weit weniger von kreativer Entdeckerfreude durchdrungen. Nach längerem Suchen erstehe ich einige Sets, die den Esstisch zieren dürfen, wenn wir wieder in Deutschland ein gemeinsames kulinarisches Treffen zelebrieren. Beim Kaffee vor dem Abflug sind wir uns einig, dass das eine wunderbare und intensive Zeit war, die wir miteinander verbracht haben. Lena ist beeindruckt von der Vielfalt der Natur. „Ich kann mir gut vorstellen, wieder einmal nach Afrika zu fahren", sagt sie. Alexander schwärmt von den Guides: „Ich finde das einen echt interessanten Job. Du musst Ahnung von der Natur haben. Musst den Jeep beherrschen. Kannst immer draußen arbeiten, hast Kontakt mit Menschen." - Vielleicht wäre das etwas für Dich? - Ergänzt Gertrud. „Naja, das mag jetzt so klingen", antwortet Alexander. „Aber, ich sehe mich nicht als Guide in Afrika. Ich fand es auf jeden Fall toll, wie die alles gezeigt und erklärt haben." Lena frotzelt: „Ja, Papa, du bist ja nun nicht so ganz auf deine Kosten gekommen. Mit dem Laufen war ja nicht so viel." - Zweifellos Lena, ich musste lernen, dass der Safaritourist es eher bequem angehen lässt. - „So bequem war es nun auch wieder nicht", gibt Alexander zu bedenken. „Von morgens um sechs Uhr bis nachts um 21 Uhr, Pausen mit eingerechnet, auf Tour zu sein, ist mehr als nur am Pool zu liegen und zu dösen." - Stimmt Alexander, war auch nicht ganz ernst gemeint. - Sage ich. - Was mir gerade einfällt, ist unser Gang in langen Regenmänteln an den Victoriafällen. - Die wir nicht gebraucht haben, uns aber aufschwätzen ließen. - Fügt Gertrud hinzu. Ich fahre fort: Die aber mit ihrer Kapuze für Alexander und mich zu wunderbaren Mönchskutten wurden. – „Ja, das hat echt Spaß gemacht", fügt Alexander schnell hinzu. „Wie gut, dass wir hier in der Trockenzeit waren", gibt Lena zu bedenken. „Das magst du wohl sagen", ergänzt Alexander, „in der Regenzeit kannst du mit dem Jeep nichts mehr machen. Da ist dann fast überall Land unter. Da läuft auch nichts mit den Touries in den Camps." - Die Guides sind dann in der Stadt oder in ihrem Dorf. - Fügt Gertrud hinzu. „Die machen echt einen Spagat zwischen ihrem Zuhause und dem Leben im Camp. Wäre eigentlich interessant gewesen, darüber noch mehr zu wissen", sagt Alexander. Wir sind uns einig, dass wir eine außergewöhnliche Reise gemacht haben. Anstrengend war es trotz des Superservice. Wir schwärmen wieder einmal von breakfast, lunch, tea-time und dinner. „Schade, dass dieser Service vorbei ist!", formuliert Alexander so richtig von Herzen. Wir stimmen ihm zu.

Gertrud gibt sich tapfer, als ich sie nach ihrem Befinden frage. - Ist okay. Ich packe das schon. Du kennst mich doch. Ich laufe immer weiter. Gott sei Dank hat es keine weiteren epileptischen Anfälle gegeben. – Ja, das war ein heftiger Schreck, als Lena und du an dem Morgen auf mich zukamt. – Weißt Du, ich habe auch noch einige homöopathische Mittel genommen. Ich denke, das hat auch geholfen. – Nach einem Blick zu mir. – Brauchst gar nicht so skeptisch zu gucken. – Dann ich. - Ist doch gut, dass es keine weiteren Komplikationen gegeben hat. Und sonst, wie war es denn für Dich? – Sehr schön. Ich mag dieses Afrika. Es ist ganz toll, dass wir das miteinander teilen können. – Da kann ich Dir nur aus vollem Herzen zustimmen. Ich hatte ja überhaupt keine Ahnung, auf was ich mich da eingelassen habe. Ich bin dir sehr dankbar für diese Erfahrung. – Das freut mich, Walter, dass es so für dich ist. Ich war da nicht sicher, wie du es aufnehmen wirst. Ich habe den Eindruck, dass du richtig Spaß mit den Leuten hattest. – In der Tat, noch nie habe ich in so kurzer Zeit soviel small talk und manchmal sogar tiefer gehende Gespräche geführt. Für mich ist diese Safari eine so bunte Mischung an unterschiedlichen Eindrücken und Erfahrungen, dass das noch lange in mir nachwirken wird.- Dann wieder Gertrud: Das geht mir ähnlich. Wird sicherlich etwas brauchen, sich wieder auf den Alltag in Deutschland einzustellen. – Das denke ich auch. Wobei uns die guten Erfahrungen in positiver Weise begleiten können. Hoffe ich. – Auf jeden Fall, diese Lebensfreude der Menschen hier nehme ich mit. Das ging mir auch schon in Sierra Leona so. – Führt sie aus. Dann fährt sie fort. – Die Menschen lieben das Leben. Sie kämpfen dafür. Die Guides werden für mich noch getoppt von den Kranken und Armen in Sierra Leone. Sie schleppten sich unglaubliche Wege durch das Land, um Hilfe zu bekommen. Wunder sind bei denen an der Tagesordnung. Bis hin zu Auferstehungen. – Sie riskiert ein vorsichtiges Lachen. – Das steckt mich an. – Weißt Du, diese Afrikaner sind unsere Verbündeten. – Sie lacht. – Du wieder mit den Verbündeten. Du findest die offensichtlich überall.

Von nun an geht`s bergab?

Ich hatte mich leider nicht getäuscht. Gertrud erlebt einen Einbruch, der es in sich hat. Die kurzfristig in Schach gehaltenen Symptome kehren massiv zurück. Das Schreiben wird zur Qual. Das Worte-Finden und Sprechen verschlechtern sich täglich. Entsprechend schulmedizinischer Logik muss das Hirn gescannt werden, damit ein klares Bild bezüglich der Metastasen gewonnen werden kann. Gespannt warten wir nach der Magnetresonanztherapie auf den Befund und das Nachgespräch. Wir sprechen wenig. Ich erwarte nichts Gutes. So kommt es auch. Der Arzt zeigt uns die Aufnahme. Gegenüber dem Befund von vier Wochen haben sich die Metastasen um einhundertfünfzig Prozent vermehrt. Der Arzt wirkt ernst und sichtlich betroffen. Er redet nicht um den heißen Brei herum. Er fragt uns, ob wir einen Arzt hätten, mit dem wir das weitere Vorgehen besprechen möchten. Selbstverständlich werden wir mit dem Palliativmediziner reden. Aber zunächst macht es für Gertrud am meisten Sinn, einen Termin bei dem Neurologen zu bekommen. Ein sofortiger Termin wird für uns vereinbart. Als der Arzt zu mir beim Verabschieden sagt, dass er mir viel Kraft wünsche, weil keine leichte Zeit vor uns liege, gehen mir diese Worte wie ein Flash vom Scheitel bis zur Sohle durch den ganzen Körper. Dass ich viel Kraft brauche, dämmerte mir schon. Aber die Tatsache, dass es ein Anderer noch einmal benennt und dabei empathisch wirkt, schüttelt mich durch. Bisher war es auch noch nicht geschehen, dass ein Arzt mich als Begleitperson in dieser Weise angesprochen hat. Die guten Wünsche galten Gertrud, soweit die denn überhaupt eine Rolle spielten. Für mich ist klar, dass die guten Wünsche für mich den Tod-Ernst der Situation verdeutlichen. Der Neurologe schaut sich den Befund an und hört uns geduldig zu. Er sagt offen, dass er nicht erkennen könne, wie er helfen könne. Er fragt nach Beschwerden, vor allem, ob es Schmerzen gebe. Soweit er wisse, könne man eine Bestrahlung vornehmen oder sich dafür entscheiden, lediglich schmerzlindernde Medikamente zu nehmen, wenn es notwendig sein sollte. Gertrud wirkt sehr unsicher. Sie fragt, ob es gar keine Behandlungsalternative zur Bestrahlung gebe. Er verweist auf die neue Chefärztin der Neurologie, vielleicht habe die noch eine Idee. Auch dieser Arzt wünscht mir Kraft.

Ein paar Tage müssen wir uns gedulden, bis es einen Termin gibt.

Wir setzen uns nach dieser Konsultation in das uns schon vertraute Café. Essen mögen wir beide nichts, aber einen Kaffee gönnen wir uns. Gertrud legt los: so ein Mist. Jetzt hatte ich, abgesehen von den epileptischen Anfällen, eine richtig gute Zeit. Insgesamt fühlte ich mich doch richtig wohl. Das soll es nun schon wieder gewesen sein. Einiges deutete sich zwar in den letzten Tagen seit unserer Rückkehr an. Aber, dass es gleich so heftig kommen muss! – Nach einer kleinen Pause fragt sie mich: Hast Du das gedacht? – Die Heftigkeit hat mich genauso überrascht wie dich. – Erwidere ich. - Eine Verschlechterung befürchtete ich allerdings. Dieses Gefühl beschlich mich schon während der letzten Tage in Afrika. Irgendwie hoffte ich dennoch, dass es nicht so schlimm kommen würde. Mich erschrickt die Geschwindigkeit, mit der sich der Krebs ausbreitet. Dass er aggressiv ist, das wussten wir ja. – Dann wieder Gertrud: Jetzt habe ich wirklich das Gefühl, dass ich auch nicht mehr weiter weiß. Ich habe in Afrika auch noch einige homöopathische Mittel genommen. Das fühlte sich gut an. Das hier ist mit Sicherheit nicht eine harmlose homöopathische Erstverschlechterung. – Leider nicht. - Ergänze ich. Vielleicht weiß die Chefärztin noch eine andere Behandlungsmethode. Obwohl ich nicht sonderlich optimistisch bin. – Darauf Gertrud. - Ich auch nicht. Aber, was soll ich machen? Auf Bestrahlung habe ich überhaupt keine Lust. – Du musst das auch nicht jetzt entscheiden. – Fahre ich fort. – Ob jetzt oder später, es ist in jedem Fall eine Situation, die mir überhaupt nicht gefällt. Oh je, Gertrud, wo bist du nur gelandet. – Spricht sie mehr zu sich selbst als zu mir. – Dann ich: Ich frage dich einfach direkt, ist das beängstigend für dich, so massiv mit Sterben und Tod konfrontiert zu sein? – Hm, was soll ich dazu sagen. Wie Du weißt, habe ich oft Ängste. Immer wieder denke ich, dass nicht genug Patienten kommen und dass das Geld nicht reicht. – Was sich bisher immer als grundlos herausstellte. – Werfe ich schnell ein. – Sie fährt fort: Merkwürdigerweise oder auch nicht spüre ich keine Angst. Ich kann Dir auch nicht sagen, wie sich das für mich anfühlt, wenn ich wirklich sterben müsste. – Ich hake nach: Tod und Sterben scheinen Dir weit entfernt zu sein? – Ach, Walter, du willst es aber wirklich ganz genau wissen heute. Beim besten Willen: Ich weiß es nicht. Ich weiß nur, dass ich eigentlich keine Bestrahlung will. Ich habe keine Lust, wie damals nach der Bestrahlung mit Glatze herumzulaufen. Aber, ob das nun wirklich das Problem ist? Ich habe doch noch meine Perücken, die mir sogar gut stehen. – Dann wendet Gertrud sich mehr den körperlichen Bedürfnissen zu. Ein Milchkaffee und ein halbes Brötchen mit Käse scheinen ihr sichtlich gut zu tun.

Bei der Chefärztin gibt es offensichtlich einen festen Ablauf. Eine junge Ärztin befragt Gertrud zunächst nach ihrem Anliegen und ihrer Krankheit. Sie muss Fragen beantworten und ein paar Fragebögen ausfüllen. Das Prozedere verläuft einigermaßen kühl. Ich merke, dass es Gertrud überhaupt nicht gefällt, jemandem alles erzählen, der nicht ihre eigentliche Ansprechperson ist. Sie weiß, dass sie der Chefärztin gleich alles noch einmal mitteilen muss. So kommt es. Die Chefärztin hat keine neue Therapie anzubieten. Ihrer Meinung nach käme nur eine Bestrahlung infrage. Sie ist so hilfreich und vereinbart einen Termin bei dem entsprechenden Arzt, den Gertrud noch kennt von der Behandlung nach der Operation ihres Mamakarzinoms.

Der Strahlentherapeut hat eine äußerst positive Ausstrahlung. „Ja, Frau Schmidt, sagt er nachdenklich, „der Befund ist leider sehr heftig. Das brauche ich Ihnen ja nicht zu sagen. Sie wollen von mir sicherlich wissen, in welcher Weise Ihnen mit einer Bestrahlung geholfen werden kann. Also, ich denke, die Chancen stehen nicht schlecht, dass wir die Metastasen eindämmen können." Was bedeutet das für mich? – Fragt Gertrud. „Hoffentlich, dass es Ihnen besser geht. Davon gehe ich aus." Dann bringe ich mich ein. - Sie gehen davon aus, dass die Sprach- und Schreibschwierigkeiten sich beheben lassen? Ich als medizinischer Laie frage mich, ob da nicht möglicherweise schon Schäden im Gehirn entstanden sind, die sich nicht mehr beheben lassen. - „Als Mediziner bin ich vorsichtig, Ihnen zu viel zu versprechen. Auf jeden Fall sollte es keine Verschlechterung des jetzigen Zustandes geben, wenn ein weiteres Wachstum der Krebszellen verhindert wird. Ich gehe allerdings davon aus, dass auch eine Besserung des jetzigen Zustandes erreicht werden kann. Ob alle Symptome verschwinden, vermag ich nicht mit Sicherheit zu sagen." - Das wäre für eine gewisse Zeit ein Gewinnen von Lebensqualität. – Sage ich. „Es ist ein Gewinn von Lebensqualität. Das ist sicher. Ein Vorteil ist auch, dass die Einnahme von Cortison dann heruntergefahren oder ganz eingestellt werden kann. Wie Sie wissen, ist das nicht nebenwirkungsfrei. Darüber hinaus gewinnen Sie Lebenszeit, Frau Schmidt. Sie wissen ja, dass unbehandelte Hirnmetastasen Ihnen nur noch wenig Lebenszeit lassen. Leider hat die Bestrahlung auch nur eine begrenzte Wirkung. Leider lassen sich die Metastasen nicht komplett auslöschen. Wir wissen auch nicht, an welchen Stellen sie sich in ihrem Körper noch ausbreiten werden." Gertrud seufzt hörbar. – Oh je, jetzt muss ich wieder eine Entscheidung treffen. – Dann kommt aus ihr ein verlegenes Lachen heraus. Von irgendwoher in ihrem Inneren erfasst sie noch ein heiteres Entscheidungsabwehrmanöver und sagt fast scherzhaft in Richtung Arzt: Können Sie das nicht für mich entscheiden? – „Ich kann Sie schon verstehen, das ist keine leichte Situation für Sie. Aber, die Entscheidung kann ich Ihnen nicht abnehmen. Sie können auch noch überlegen und sich gegebenenfalls später wieder bei mir melden." – Gertrud seufzt erneut. – Das Aufschieben bringt nichts. Ich wusste doch ganz genau, dass sich diese Frage heute stellen wird. – Dann schwingt sie sich kurz auf einen anderen Aspekt ein. – Fallen meine Haare aus? – Der Arzt bestätigt, dass das möglich ist. Dann fährt Gertrud fort. - Sie sind sicher, dass das etwas bringt? – Sonst würde ich Ihnen das nicht vorschlagen. Im Falle einer Behandlung würde der gesamte Kopf bestrahlt werden und die Punkte, an denen größere Metastasen sind, würden zusätzlich stärker bestrahlt." Gertrud seufzt erneut. – Was soll ich machen? Wenn ich etwas Lebenszeit und –qualität gewinnen will, habe ich keine andere Wahl. Also, ich mache es.

Gertrud drängt darauf, dass wir nach dieser Entscheidung unbedingt ins nahe gelegene
Café gehen müssen. Ich kann es nicht lassen und sage ihr mit innerem Schmunzeln - Unsere Kaffeesafari nimmt langsam richtig Fahrt auf. – Sie lächelt mich an. Ich habe den Eindruck, dass es ein wenig gequält wirkt. Aber beim Kaffeetrinken wirkt sie erleichtert. – Ihr Galgenhumor breitet sich aus. – Komm, lass uns Essen und Trinken. Noch haben wir Zeit. – Nach einer kurzen Pause. - Der Arzt ist in Ordnung. Das ging mir damals auch schon so. Der Gang in die niedrigen Kellerräume zur Strahlentherapie ist zwar alles andere als prickelnd, aber die Leute dort sind im Prinzip okay. Wir müssen dann noch klären, wer mich zu den einzelnen Terminen fahren kann. – Ich beruhige: Das schaffen wir schon. Organisieren konnten wir doch schon immer.

Mamis Einbruch

Unsere Tochter hat Geburtstag. Zu den Familienritualen gehört es, dass an einem Kindergeburtstag morgens alle miteinander frühstücken. Das bedeutet, dass Alexander und ich zu Mami und Tochter fahren werden. Gertrud bat mich zu helfen, damit wir an diesem Morgen alle zusammenkommen können. Ich kaufe Brötchen, Butter, soweit Ergänzungen erforderlich sind, auch Aufschnitt und Käse und vergesse auch Marmelade und Honig nicht. Alexander und ich sind rechtzeitig im Haus, sodass wir beim Eindecken des Tisches mit anpacken können. Tee und Kaffee sind schnell gekocht, sodass dem gemeinsamen Geburtstagsfrühstück nichts mehr im Wege steht. Der Wohnzimmertisch, an dem wir an solchen Tagen sitzen, erlaubt einen schönen Blick auf die Terrasse und auf das unverbaute, abgeerntete Getreidefeld. Dahinter kann der Blick ins Weite auf Baumgruppen schweifen und schließlich den großen Bogen des Himmels genießen. Wenn, wie an diesem Morgen, einmal nicht das ostwestfälische Grau alles dominiert, ist es eine Freude, in das strahlende Blau mit seinen kleinen weißen Wölkchen zu schauen. Wir geben uns Mühe, vor Lenas Erscheinen alles so gut, wie es uns möglich ist, herzurichten. Nur: All den vielen Schmuck, den Mami immer zu solchen Anlässen im Zimmer anbringt, haben wir nicht berücksichtigt. Als das Kind die Treppe herunter kommt und das Wohnzimmer betritt, bricht es einfach nur noch schluchzend aus ihr heraus: „Und das soll jetzt mein Geburtstag sein." Sie wird von ihren Gefühlen überwältigt. Sie ist erschüttert. „Hier fehlt doch alles, was dazu gehört!" Die Mami will etwas sagen, aber die starken Gefühle von Lena lassen sie nicht zu Wort kommen. Sie dringt auch nicht wirklich durch, als sie ihr erklärt, dass es ihr einfach alles zu viel ist. Sie will sich entschuldigen: Lena, ich kann einfach nicht. Ich hätte es gerne getan. - Alexander will auf seine Schwester zugehen, sie in den Arm nehmen. Das ist es nicht, was sie im Moment will. Mich trifft dieser Gefühlsausbruch völlig überraschend. Ich bin für einen Moment wie erstarrt. Mein inneres Kind konkurriert mit dem Kind in der zwanzigjährigen Tochter. - Ich habe mir doch echt Mühe gegeben. – Sage ich sehr verhalten. Ich rechne nicht damit, sie damit zu erreichen. Aber, sie hört meine Worte. „Ach, das weiß ich doch, Papa. Trotzdem bin ich einfach total enttäuscht. Dies ist mein Tag. Es gibt überhaupt nichts

Schönes mehr." Dann setzt sie sich an den Tisch. Wir sitzen bedrückt beieinander. Schweigend trinken wir Tee und Kaffee und essen unsere Brötchen. Mir scheint, an diesem Morgen hat es uns als Familie voll erwischt. Mir geht durch den Kopf, dass es wirklich immer sehr schön war, wie Gertrud an den besonderen Tagen die Räume hergerichtet hat. Mir dämmert, wie viel Lena da gerade verloren geht. Ich muss mir eingestehen, dass ich das in der Planung dieses Morgens nicht auf dem Schirm hatte.

Langsam tauen wir wieder auf. Wir singen das Mantra vom „Ja zum Wandel". Sehr oft habe ich das Mantra in Singgruppen mit Freude mitgesungen. Angesichts der tödlichen Diagnose von Gertrud bekommen die Zeilen allerdings eine verstärkte Wirkung. Mir ist, als spüre ich erst jetzt den Gehalt dieser Worte.

Jetzt noch

Jetzt noch sind wir hier beisammen,
Grund zur Freude, Grund zum Glück.
Alles blüht und zieht von dannen,
keine Zeit kehrt je zurück.
Kindheit, Jugend, Reife, Alter:
Alles hat begrenzte Zeit.
Nur die Liebe tief im Herzen
Reicht bis in die Ewigkeit.

Nach einer Stunde trennen wir uns, um unseren Verpflichtungen nachzugehen. Wieder bei mir angekommen, bin ich sehr nachdenklich. Ich sorge mich um Lena. Ich sehe schon länger, dass die Situation für sie sehr heftig ist. Ich hatte ihr ein paar Zeilen als Gedicht geschrieben, um ihr Mut zu machen. Ich hoffe, sie damit zu erreichen.

Die Sonne

Wolken
verstellen
den Blick

Dunkelheit

macht
Licht vergessen

Kälte
scheint
Wärme auszulöschen

Winter
lässt
am Sommer
zweifeln

Leid
stellt
Freude ins Unrecht

Die Sonne
scheint
immer,
wärmt
immer

Der Sinn
vom Anfang
kann vom Ende
nicht
zerstört werden

Jeder Tag
beginnt
und endet

Die Sonne scheint

Die Sonne steht für mich als Symbol für das Licht, das uns alle leben
lässt. Für mich ist es wichtig, die Verbindung zum Licht und zur alles

durchdringen Lebensenergie nicht zu verlieren. Der Einbruch von Gertrud nach dem Afrika-Aufenthalt ist auch für mich eine Herausforderung, aufrecht zu bleiben und weiterhin die Verbündeten des Lebens zu finden, um gut durch diese besondere Zeit zu gehen.

Menschliches, allzu Menschliches

Gertrud bittet ihre Freundinnen und Freunde darum, sie nicht zu schonen, wenn jemand einen Konflikt mit ihr haben sollte. Sie möchte normal behandelt werden. Sie erzählt mir bei einer unserer Fahrten zu einem medizinischen Termin, dass eine Freundin ihr vorhalte, dass sie nur sich selber sehe und keinen empathischen Blick für jemand Anderen habe. - Sie fühlt sich offenbar sehr gekränkt, - führt Gertrud aus. Dabei finde ich, dass sie dermaßen stark mit ihren Sachen beschäftigt ist, dass sie mich überhaupt nicht mehr beachten kann. – Klingt sehr ähnlich, was Du da von Euch beiden berichtest. – Sage ich. - Was soll ich da machen? Ich weiß es noch nicht. Aufregen tut es mich schon. Ich finde, sie tut mir Unrecht. Ich bin immer wieder auf sie zugegangen und habe gefragt, wie es ihr geht. – Ergänzt Gertrud. - Vielleicht hat sie das anders wahrgenommen als Du. - Gebe ich zu bedenken. - Ich finde es nicht in Ordnung. – Sagt sie in gereiztem Ton.

Gertrud braucht Menschen, die ihr Zeit und Anwesenheit geben. Ich telefoniere eine Liste ihrer Freundinnen ab, um herauszufinden, wer sich auf feste, regelmäßige Termine einlassen kann. Für einige ist es unmöglich, regelmäßige und feste Termine zuzusagen. „Aber, du kannst mich gerne fragen, wenn etwas anliegt. Wenn es geht, komme ich." – Höre ich wiederholt. Ich sage in solchen Fällen. – Dankeschön für Dein Angebot. Wenn es erforderlich sein sollte, rufe ich Dich an. – Diese Planung ist zum größten Teil vorsorglich, aber der Abbau von Gertrud erfordert ein solches Handeln. Ich bin beeindruckt, wie eine Frau es trotz zwei Kindern und eigener Arbeit schafft, einen Termin anzubieten bei dem sie auch vierzig Kilometer fahren muss. Es schält sich heraus, auf wen wir zählen können. Einige Menschen sind von sich aus tätig und bieten sich zusätzlich an. Die Nachbarn zur Linken, ein älteres Ehepaar um die achtzig Lebensjahre, ist noch sehr rüstig. Sie schauen regelmäßig vorbei. Sie bringen des Öfteren auch ein Essen für

Gertrud und Lena. Ein anderes Ehepaar, das viel von Gertruds beraten-
den und homöopathischen Fähigkeiten profitiert hat, macht regelmäßig
einmal in der Woche Besuch und bringt ein Essen mit. Ich höre mehr
von diesen Helfern, als dass ich sie sehe. Durch sie gelingt es, ein Netz
zu knüpfen, das mir das Gefühl gibt, dass in guter Weise für Gertrud
gesorgt ist. Ich fühle mich verantwortlich, dafür zu sorgen, dass Gertrud
in dieser Zeit so gut wie möglich Zuwendung und Unterstützung erfährt. Es zahlt sich aus, dass es viele Menschen gibt, die sich ihr verbunden fühlen und gerne etwas für sie tun.

Gertrud überlegt, ihre Praxis zu schließen. Zunächst werden tageweise
Zettel an die Tür angeheftet, die darauf hinweisen, dass sie an diesem
Tag verhindert ist. Sie trifft die Entscheidungen sehr kurzfristig. Dann
entschließt sie sich, die Arbeit zunächst für eine Woche ruhen zu lassen. Sie hofft, dass sie dann wieder praktizieren kann. Ich übe mich
darin, sie mit ihrer Art der Situationsbewältigung anzunehmen. Sie
redet sogar mit einigen ihrer Kollegen und Kolleginnen, ob jemand die
Praxis übernehmen möchte. Zu einem Praxisverkauf kommt es jedoch
nicht. Wir setzen sogar einen Brief auf, um den Patienten mitzuteilen,
dass ihre Praxis geschlossen ist und an wen die Patienten sich wenden
können. Der Brief wird nicht abgeschickt. Mein Eindruck ist, dass sie
sehr an ihrer Praxis hängt und dass es sie sehr schmerzt, ihrer homöopathischen Tätigkeit nicht nachzugehen. Das bestätigt sie mir auch, als ich
sie daraufhin anspreche. Ihre innere Zerrissenheit trägt dazu bei, dass
die Frage des Umgangs mit der Praxis zu keiner nachhaltigen Veränderung führt. Auch in mir existiert eine Ambivalenz. Einerseits denke ich.
– Es ist unmöglich, dass sie die Praxis noch weiterführt. - Andererseits
sage ich mir. – Vielleicht geht es doch noch wieder etwas aufwärts mit
ihr. Warum sollte sie dann nicht, wenn es ihr möglich ist, mit einigen
Patienten arbeiten, zumal ihr das sehr viel zu geben scheint.

Wir hatten vereinbart, das Hospiz als Option für Gertrud zu erkunden.
Darüber hatten wir schon seit längerer Zeit miteinander gesprochen.
Gertrud hatte sich bisher auch kräftig für das Hospiz erwärmen können.
Als es jedoch darum geht, das Hospiz konkret in Augenschein zu neh-
men, zeigt sich bei ihr eine große Ambivalenz. Einerseits ist sie
„selbstverständlich" dafür, andererseits passen ihr wiederholt die Ter-

minvorschläge „leider" nicht. Zwischendurch meint sie, dass wir uns darum doch jetzt nicht kümmern müssten. Auch das Argument, dass eine Erkundung überhaupt keine Festlegung bedeute, überzeugt sie nicht. Schließlich fahren Gertrud, Elvira und ich zum Hospiz. Gertrud fühlt sich so angeschlagen, dass wir sie stützen müssen und ihr helfen, den Beifahrersitz einzunehmen. Elvira und ich sehen, dass der Weg zur Eingangstür des Hospizes das Überwinden einiger Stufen erfordert. Elviras Blick verrät mir, dass auch sie ahnt, dass das kein leichtes Hindernis ist. Wir Drei arbeiten uns die Stufen hoch. Wie geahnt, werden Gertruds Beine dort sehr schwach. Allerdings noch schwächer als vermutet, denn in ihrem Haus überwindet sie – wenn auch mit Anstrengung – täglich des Öfteren die Treppe von der Wohnetage ins Souterrain und zurück. Ich denke: Diese Beinschwäche mag wie auch immer verursacht sein. Aber sie passt zur Ambivalenz und Abwehr gegenüber dem Hospiz. - Wir werden freundlich empfangen und bewegen uns mit langsamen Schritten in den wintergartenähnlichen, hellen Raum mit freiem Blick auf den Garten mit viel Grün und prächtigen Bäumen. Bei einem Glas Wasser lassen wir uns über das Hospiz informieren. Die Mitarbeiterin ist freundlich und nimmt sich entspannt für uns Zeit. Dass die medizinische Versorgung durch die im Hause tätigen Pfleger und den regelmäßig zur Visite vorbeikommenden Arzt gewährleistet ist, klingt gut. Besonders gefällt mir, dass auch nachts jemand da ist. Die Zimmer sind ausreichend, aber nicht üppig, möbliert. Wer will, kann sich eigene Bilder aufhängen. Letzteres gefällt Gertrud. Besuch kann jederzeit empfangen werden. Die Bewohner des Hospizes sollen sich wohl fühlen. Außer der geregelten Betreuung gibt es auch ehrenamtliche Helfer mit verschiedenen Angeboten von Massage bis zum Miteinanderreden. Sollten Arztbesuche oder Ähnliches in der Stadt erforderlich sein, so kann das selbstverständlich auch vom Hospiz aus erledigt werden. Dann erfahren wir noch, dass das Hospiz kein Klub der Traurigen und Deprimierten ist. Vielmehr sei die Stimmung in der Regel gut, es wird oft gelacht. – Das klingt verdammt attraktiv. - Sage ich. - Aber, es überrascht mich! – „Das geht Vielen so", sagt die freundliche Mitarbeiterin, „das löst immer wieder Erstaunen aus. Vielleicht ist ein Grund dafür, dass in diesem Haus nicht gegen den Tod gekämpft wird. Das scheint eine befreiende Wirkung zu haben." Es wird die Frage an Gertrud gestellt, ob sie vorsorglich auf eine Warteliste gesetzt werden möchte. Es wird nachdrücklich versichert, dass sie das zu gar nichts verpflichte. Außerdem sollte der Weg ins Hospiz nur gemacht werden, wenn sie das wolle. Gertrud nimmt das Angebot an, nachdem sie sich noch einmal vergewissert hat, dass ohne ihre Einwilligung nichts geschehen könne.

Wir Drei arbeiten uns dann wieder zum Auto, Elvira und ich helfen Gertrud ins Auto und fahren ohne viele Worte nach Hause. In den kommenden Tagen und Wochen spricht Gertrud wiederholt davon, dass das Hospiz ein dunkler Ort sei. Ich kenne sie gut genug, um zu wissen, dass diese Aussage nur heißen kann, dass sie mit dem Hospiz derzeit überhaupt nichts zu tun haben möchte. Obwohl ich ihr wiederholt erkläre, dass es im Moment nicht anstünde, ins Hospiz zu gehen, dass es aber doch Sinn machen könnte, sich die Möglichkeit offen zu halten, bleibt sie bei ihrer Aussage. Sie lehnt es auch ab, andere Hospize anzuschauen, die ihr möglicherweise besser gefallen könnten.

Die Sprachstörungen nehmen leider rasant zu, sodass sie kaum noch Worte hervorbringen kann. Die Wortsuche verlangt manchmal sehr viel Geduld von allen Beteiligten. Ihr Wille nach Selbstgestaltung ist dennoch ungebrochen. Wiederholt sitze ich mit ihr zusammen und versuche zu erraten, was sie sagen will. Da sie auch nicht schreiben kann, bin ich darauf angewiesen, in irgendeiner Weise eine Eingebung zu bekommen, was ihr Anliegen ist. Sie kämpft um jedes Wort, manchmal gibt sie auf und bemüht mit einem Rest von Lachen den Humor einer Unnachgiebigen: „Scheiß doch der Hund drauf!" Dieser Hund hat verdammt viel zu tun. Ihr liegt auch daran, ihre Finanzen zu kontrollieren. Einmal brauche ich eine Stunde, um zu erraten, dass sie einen Kontoauszug sehen will, um mich eine Überweisung machen zu lassen. Diese Stunde ist für uns beide eine besondere Herausforderung. Ich finde es sehr anstrengend, dass sie den zu sagenden Satz einfach nicht zustande bringt. Mir ist, als wenn ihre Anstrengung und Anspannung sich auf meine Muskeln in Beinen, Armen und Gesicht übertragen. Jedenfalls bin ich heilfroh, als diese Stunde ein gutes Ende findet. Dann verfolgt mich noch das treue, aus Galgenhumor gezeugte imaginäre Tier. Dieser ständig scheißende Hund muss eigentlich ein Mittel gegen Diarrhö bekommen und auch ein paar Vitamine. – Denke ich. - Er kommt mir fürchterlich ausgelaugt und erschöpft vor.

Das Strahlen und die Eloquenz von Gertrud werden nach und nach verdrängt von spröden, mühsamen, rigide wirkenden Selbstäußerungen. Die Eigensinnige muss offensichtlich um ihre Eigenmächtigkeit ringen. Auf die Schläge der ihr zugefügten Entmachtung reagiert sie mit aller Kraft der Selbstbehauptung. Elvira muss es aushalten, dass mit ihr nur noch in Form von kurzen, knappen, schroffen Imperativen gesprochen wird. Alles Angenehme, Verspielte, Geschmeidige ist verschwunden. Elvira „soll" und „muss". Mit Gertrud sind keine entspannten Gespräche zu führen, geschweige denn Diskurse über ihr Verhalten zu praktizieren. „Gertrud will. Elvira soll." Das ist die kurze Selbstbehauptungsprogrammatik, in die sie sich und ihre langjährige Freundin hineinzwingt. Es gibt nur noch die Gefolgschaft für Gertruds Wollen. Elvira, die das ganz nah an sich heranlässt, erlebt diese Situation ihres Sklavendaseins schmerzhaft. Sie fühlt sich gekränkt. Die beiden Freundinnen gehen durch eine Beziehungskrise hindurch. Sie brauchen einige Zeit, um wieder gut miteinander zu sein.

Auch ich empfinde die Kommunikation mit Gertrud zu dieser Zeit „nicht gerade als besonders angenehm", wie ich es in schönfärberischer Untertreibung gegenüber Freunden ausdrücke. - Ich muss mir wirklich immer wieder sagen, dass ihre Situation sie an Grenzen bringt, sonst ist das nicht auszuhalten! – Geht es mir wiederholt durch den Kopf. -Ich kenne dieses Dominanzstreben an ihr, sage ich in einem Gespräch mit Elvira, - ich weiß, dass es dann am besten ist, mit großer Geduld zu reagieren. Du kannst dann nicht einfach darauf losreden. Dann wird es noch schlimmer. Es ist nicht leicht für mich, wenn ich merke, dass in solchen Momenten für mich überhaupt kein Raum ist. Wenn ich meine Zeit des Zusammenseins mit Gertrud begrenze, ist es einfacher. Für mich ist dann klar, dass ich mich in dieser Zeit ganz auf sie einstelle. Aber, jetzt befürchte ich, dass sie sich so elend fühlt, dass sie wie ein hilfloses Kind in reichlich verquerer Form um Zuwendung buhlt. Zu befürchten ist sogar, dass an ihrer Hardware im Gehirn Schäden entstanden sind, sodass sie gar nicht anders kann. – „Das wird wohl alles so sein, wie du es beschreibst", sagt Elvira, „aber für mich ist das definitiv zu viel gewesen."

Wir sitzen an einem Abend zu mehreren bei Gertrud in der Küche. Es ist eine gemischte Runde, in der die Gespräche schwanken zwischen

Rolex-Uhren, Prada-Handtaschen und der hellen und dunklen Seite des Buddha. Dieses Pendeln zwischen begehrter Materie und befreiendem Geist kann Gertrud nur als fast stumme Beisitzerin erleben. Sie, die uns alle an diesem Abend zusammenführt, wie ihr Freund Gerard treffend bemerkt, ist zur beklemmenden, stillen Teilhabe verdammt. Sie bemüht sich, wenigstens manchmal ein Wort einzustreuen. – Das muss hart für sie sein. - Denke ich. Sie tut mir leid. Denn ich kenne viele Runden, in denen Gertrud eine lebhafte Teilnehmerin oder sogar die dominante Performerin war. Das Bild von ihr in dieser Runde mit ihrem Absturz in das krasse Gegenteil dessen, was sie sonst lebte, ist erschütternd.

Wie bleibe ich aufrecht?

Vom Anblick des Verfalls von Gertrud komme ich nicht los. Als sich das Attentat auf sie vor einigen Monaten ereignete, war sie zwar ein wenig beschädigt, aber sie konnte noch strahlen und völlig selbstbestimmt ihr Leben gestalten. Sie und ich hatten in unserer langen Beziehungsgeschichte eine sehr gute Zeit erlebt, wenn nicht sogar die beste, die wir gemeinsam verbringen konnten. Wir lebten gegenseitigen Respekt und teilten viele herausfordernde und freudige Momente miteinander. Als Familie hatten wir in Afrika unser entspanntestes Zusammensein, das wir je hinbekommen haben.
Sind diese guten Erfahrungen ein schönes, letztes Aufblühen, bevor wir uns endgültig voneinander zu verabschieden haben? – Frage ich mich. - Es hört sich mit einer ordentlichen Distanz zum Thema Sterblichkeit bedenkenswert und sogar interessant an, wenn mit ernster Miene und bedächtigem Tonfall gesagt wird, wie flüchtig doch das menschliche Leben letztlich sei. – Geht mir durch den Kopf. – So wie jemand ohne großes Nachdenken sagt: „Da habe ich mal wieder an Tante Erna oder an Onkel Fritz gedacht", lässt sich bei guter Gesundheit und mit Abstand zu Sterbenden auch formulieren: „Ja, an das Sterben denke ich auch schon manches Mal." – Ich spüre, dass mir ein Stück Distanz verloren gegangen ist. Es ist nicht nur der Verfall, der mir nachgeht, es ist auch die Tatsache, dass das Begleiten von Gertrud zeitweise zu einer äußerst anstrengenden Betätigung wird. Es scheint wirklich so zu sein, wie ich es bei einer Lebenskunst-Lektüre aufgeschnappt habe, dass der Begleiter so verbunden ist mit der Person, die den Verfall erleidet, dass

er ihr Erleben ebenfalls ein Stück weit spürt. – Das kann die Chance für das Einüben in die eigene Sterblichkeit sein. – Habe ich irgendwo gelesen. – Das macht Sinn. – Denke ich. - Schließlich sind Sterben und Tod nun einmal unser aller und damit auch mein unabwendbares Schicksal. – Schießt es durch meinen Kopf. Für diese Einsicht fehlt mir derzeit allerdings die nötige distanzierte Besonnenheit, um mich damit wirklich anzufreunden. Es gibt sogar Momente, in denen ich diesen Satz verabscheue und als elendes Philosophengeschwätz in die Mülltonne trete.

Ich treffe Freunde und bewege mich mit ihnen durch die Natur. Das gefällt mir. Das sind die von mir so benannten Nokanwanderungen, denn in dem Film Nokan entdecken die Menschen, die sich permanent mit Sterben und Tod beschäftigten, in verstärkter Weise die Liebe zum Leben. Das entspricht mir. Ich atme die Luft, so kommt es mir jedenfalls vor, mit einer nie gekannten Intensität ein. Ich rieche das Gras, bestaune Blüten und Blätter und nehme das alles begierig in mich auf. Es tut einfach gut, auf diese Weise mit Freunden Zeit zu verbringen. Außerdem bekomme ich Anteilnahme und Anerkennung für mein Handeln. Dafür bin ich sehr dankbar.

Zwischendurch spreche mit meiner Tochter Lena. Ich höre immer wieder, dass die Situation für sie schwierig ist. Sie betont allerdings auch, dass sie bei der Mami sein möchte. Sie will ihre Mutter nicht alleine lassen und sie möchte auch nicht ohne ihre Mutter sein. Ich ermuntere sie, an ihrer Ausbildung dran zu bleiben, auch wenn es schwer ist, den Kopf immer freizubekommen.

So banal es klingt, - denke ich in den Stunden, die ich nur mit mir verbringe, - es ist wichtig in dieser Zeit, den eigenen Aufgaben nachzugehen. Das schafft ein Gegengewicht. Das ist eine verdammt einfache, aber doch wirksame Medizin. – Ich lausche meinen Gedanken, um aufrecht zu bleiben. - Du brauchst einfach noch ein wenig Gewöhnung, um mit den Folgen des Verfalls leben zu können. Diese Hassliebe ist noch jung und muss noch reifen. „Gut Ding will Weile habe", sagt der weise Volksmund. Eines Tages wird es Dir ganz normal vorkommen. So normal, wie Bücher lesen, was Du ja auch nicht immer konntest. Weglaufen hilft nicht. Du kannst in Deinem hitzigen Aufbegehren bis an den Nord- oder Südpol fahren, Deine neue Erfahrung nimmst du mit. Da ist eine Schwelle zu einem Raum überschritten, der ab jetzt für Dich von Bedeutung sein wird. – Diese mir zufliegenden Gedanken können bei mir ein Zuhause bekommen. Meine junge Erfahrung ist heftig genug, um mir auch nicht eine Sekunde lang vorzugaukeln, dass ich sie so einfach abschütteln kann wie reifes Obst von einem Baum, der nach Ernte ruft.

In manchen Momenten spüre ich das heftige Verlangen, auf irgendeine Macht zu schimpfen oder sie anzuklagen. Ich bin mir nicht sicher, ob das meine oder eigentlich Gertruds oder unsere Anklage ist, die ich vorzubringen habe. Ist mir letztlich auch egal. Meine Empörung sucht ein Ventil. - Du unbekannte Macht, du dich verbergendes Geschick, wozu soll das alles gut sein? Welchen Sinn macht es, einen lebendigen, strahlenden Menschen so niederzumetzeln als sei ein Krieg ausgebrochen, in dem solche hässlichen, lebensverachtenden, den Tod herbeizerrenden Mittel plötzlich völlig normal sind? He, du hinterlistige, dich feige versteckende Macht, was sagst du dazu? Ich höre nichts. Komme mir nicht mit der Ausrede, du hörst mich nicht oder ich spräche undeutlich. Ich begreife. Du hältst es nicht für nötig, eine Erklärung abzugeben oder einen Grund zu nennen! Nein, du brauchst das nicht. Du amüsierst dich, wenn ich hier wie ein irrsinniger Rätselrater umherlaufe und etwas zu verstehen versuche, was nicht zu verstehen ist, weil du es verbirgst. Ich finde das einfach nur zum Kotzen scheußlich. So stelle ich mir Menschsein nicht vor. Du musst doch zugeben, du großes Vernichtungsunternehmen, dass diese Gertrud noch viel zu jung ist. Und dann noch Eines: Was immer sie mit mir und ich mit ihr für Probleme hatte, in ihrer praktischen, heilenden Arbeit ist sie doch für viele Menschen eine Hilfe und ein Segen. Du schweigst und schweigst und schweigst und lässt mich reden, bis ich mich erschöpfe und zu Boden falle und dann kannst du lachen. Was ich noch sagen muss: Es gibt Kinder, vor allem eine Tochter, die ihre Mutter noch braucht. Zählt das gar nichts? Was soll das? Was ist das für ein sinnloses Draufschlagen und Vernichten? Nein, ich will nichts davon hören, dass es Einige noch viel schwerer haben. Es interessiert mich nicht, wer noch alles noch viel grausamer gemetzelt und niedergestochen wird. Nein, ich will nicht so pervers denken und Grausamkeiten miteinander vergleichen. Nein, ich will keine Pseudogerechtigkeitslogik nach der wir es hier immerhin ganz komfortabel hinsichtlich medizinischer Versorgung und menschlichem Umgang haben. Ich will nichts davon hören, dass uns Andere darum beneiden würden usw. usw. Nein, ich beharre darauf, dass ich diesen Anschlag, dessen Folgen tödlich sein können, nicht fassen kann und einfach nur anwidernd unpassend finde. Ich verrenke mich nicht vor mir selbst und puste irgendwo einen Un-Sinn in mein Hirn und die Welt, um das große Schweigen von Dir ekelhafter, Brechreiz provozierender Killerinstanz auch nur mit einem Wort schön zu reden.

Dampf ablassen muss einfach auch mal sein. – Denke ich. – Das kann ich nicht alles in mich hinein fressen. Vielleicht muss ich all die Schreie, die Gertrud nicht herausbringen kann, für sie hinausrufen. – Rechtfertige ich mein Handeln zusätzlich. Wenn der Zorn abebbt, kann ich von frommen Wünschen heimgesucht werden. – Mag dieser Verfall wieder verschwinden. Mag er nichts Anderes sein als ein hässliches Intermezzo. Vielleicht nur ein Lehrstück, eine drastische Zurechtweisung durch das Universum. Ich weiß zwar nicht wofür und warum, aber das kann sich noch zeigen. Vielleicht gibt es da irgendwo einen blinden Fleck. Niemand blickt ja schließlich ganz durch, was hier wirklich gespielt wird auf diesem Planeten. – Geht es durch mich hindurch, um dann den größten Wunsch zu formulieren: Am besten handelt es sich nur um einen kosmischen Irrtum, einen Irrläufer oder ein Irrlicht, das ebenso plötzlich wieder verschwindet, wie es gekommen ist. – Gertrud hatte es doch auch gesagt, als wir im Café saßen und über den medizinischen Kampf gegen die Folgen des Attentats nachdachten, dass sie einfach nur möchte, dass alles wieder gut ist. – Alles wieder gut ist. Alles wieder gut ist. - Wiederholt es sich in mir. - Was für ein frommer, unmöglicher Wunsch! – Höre ich eine Stimme sagen. – War denn je alles gut? Kann je alles gut sein? In Afrika auf der Safari war fast alles gut. So etwas ist gefährlich, es kann zu Hirngespinsten verleiten. Irgendetwas flüstert einem ein, dass es immer so sein kann oder noch schlimmer, dass es immer so sein muss oder dass einem das als Mensch im Allgemeinen und unsereins im Besonderen sogar zustünde. Aber, auch wenn nicht alles gut sein kann und einem das Gute nicht automatisch zusteht, so heftig wie das qualvolle Niedermetzeln von Gertrud, das wir uns ansehen müssen, muss es nun wirklich nicht sein. Was soll denn da an uns, den Begleitenden exekutiert werden, dass wir uns ein Reduzieren des Menschseins auf eine pures, leidvolles Dasein anschauen müssen? Was sollen wir sehen, wenn wir einen Menschen erblicken, der nicht sagen und schreiben kann? Was soll es, dass wir damit konfrontiert sind, dass jemand voller Gedanken, Gefühle und Wünsche ist, die nur in ihm kreisen können und er selbst dazu abgerichtet ist, stumm wie ein Fisch zu sein? In ruhigeren Momenten meiner Selbstbesinnung entdecke ich, dass die unmittelbare Konfrontation mit dem Verfall eines einem nahestehendem Menschen etwas völlig Anderes ist als all die vielen Nachrichten über Leid, Elend, Sterben und Tod, die täglich auf uns alle niederprasseln. Es scheint mir, dass diese vielen schlimmen Nachrichten uns eigentlich nicht erreichen. Ob das nun gut oder schlecht ist? Für unsere Lebensbejahung ist es positiv, denn wir bleiben aufrecht und können weiter machen. Durch das Attentat auf Gertrud komme ich in die Situation, etwas dafür zu tun, mein Aufrechtsein zu bewahren. Meine Lebensform ist keine Selbstverständlichkeit. Das Zerbrechen von Selbstverständlichkeiten erfahre nicht nur ich, sondern auch andere Letztzeitgefährten, insbesondere Elvira, als sie in großer Nähe zu Gertrud durch einen nur noch verzweifelten, tyrannischen Lebenswillen zur willfährigen, alle Autonomie opfernden Sklavin niedergestutzt werden soll.

Wunder von Bielefeld

Die Fahrten zur Strahlentherapie sind zwischen Routine, Langeweile, Öde und professioneller Freundlichkeit angesiedelt. Wer Strahlentherapie erhält, ist räumlich schon einmal unten angekommen. Nicht selten eine Entsprechung zur Befindlichkeit derjenigen, die hier meist schweigend und gelangweilt, manchmal vorsichtig stöhnend, darauf warten, wann sie an der Reihe sind, damit ihnen die Dosis verabreicht werden kann. Die, jedenfalls vorübergehend, die todbringenden Killermetastasen zurückdrängt. Die Schlacht zwischen moderner Medizin und tödlicher Krankheit soll hier mit einem Landgewinn für die moderne Medizin enden. Gertrud liebt es, auch während dieser Minisafari, mit den Begleitern und Begleiterinnen das nahe gelegene Café aufzusuchen. Da sie wenig sprechen kann, übe auch ich mich darin, ihre Zeichen zu entschlüsseln. Stelle ihr Fragen, die mit ja oder nein, mit Nicken oder Kopfschütteln beantwortet werden können. Erzähle Geschichten mit der Hoffnung, dass es ihr etwas geben kann. Übe mich in Geduld, wenn sie gerne etwas länger bleiben möchte, als ich es täte. Des Öfteren sitzen wir auch einfach schweigend beieinander, hin und wieder ein Zeichen gebend. Diese Ruhe im Zusammensein habe ich früher in unserem Miteinander oft vermisst. Gertrud war für mich meistens eine Antreiberin, die - übersteigert ausgedrückt – vor dem ersten Aufbruch schon den zehnten vornahm. – Schade. – Denke ich. – Dass es erst des Attentats bedarf, damit das möglich ist. – Ich sage ihr, dass es für mich gut ist, einfach so da zu sein. – Sie lächelt. – Mir scheint, dass es ihr auch gut tut.

Nach einigen Wochen geschieht das Unglaubliche. Die Worte lassen sich wieder finden und aussprechen. Nicht alle von jetzt auf gleich, sondern wie ein allmähliches Aufblühen, das seine eigene Zeit braucht. Es macht Freude, dieses Sichentfalten mitzuerleben. Das motorische Zentrum gewinnt ebenfalls an Kraft. Sie fängt wieder an zu schreiben und das Gehen fällt ihr leichter.

Wir Letztzeitbegleiter werden Zeugen eines Wunders von Bielefeld. Die von Gertrud nicht gerade geliebte Schulmedizin wird zur Vollbringerin einer kaum noch für möglich gehaltenen Besserung. In den Gesprächen miteinander tauchen immer wieder Aussagen auf, die das Staunen über das Geschehene ans Licht bringen. „Nein, das hätte ich nicht gedacht." „Unglaublich, wie fit Gertrud wieder ist." „Nicht zu fassen." „Nicht möglich, jetzt ist sie wieder die richtige Gertrud." „Wie die Gertrud da wieder aus dem Tal herausgekommen ist." „Ich sah schon ihr Ende." „Niemals hätte ich daran geglaubt, dass sie noch einmal so auf die Beine kommt."

Bei der Feier meines Geburtstages im Kreise der Familie genießen wir es, wieder die „alte" Gertrud zu erleben. Gut, ganz die alte ist sie nicht. Sie erschöpft sich schneller als früher, mag auch keine zu große geistige Anstrengung. Aber, wer weiß, so bestimmt die heimlichen Gedanken von ihr und ihren Begleitern, vielleicht kommt das auch noch. Das Mantra für unsere Zeit „Jetzt noch sind wie hier zusammen" singen wir mit tiefer Dankbarkeit dafür, dass wir das zu diesem Zeitpunkt noch feiern können. Wir wissen, dass das keine Selbstverständlichkeit ist. Darin sind wir uns einig.

Die letzte Zeile des Herzmantras „Wunden werden dann ---- Wunder --- irgendwann" sprechen für uns das aus, dessen Zeugen wir soeben geworden sind. Das „Irgendwann" hat sich soeben in Bielefeld ereignet. Damit bekommt die Hoffnung wieder Nahrung, dass es doch eine Chance geben kann. Wenn der Tod besiegt würde, dann könnte dieses kleine schulmedizinische Wunder durch ein noch größeres Heilungswunder vervollkommnet werden. Warum sollte Gertrud ihre Hoffnung auf das begrenzen, was die Schulmedizin zu hoffen erlaubt? Wenn irgendjemand von uns Letztzeitreisenden aus praktischer Anschauung das zu frühe Aufgeben der Schulmedizin kennt, dann sie. Wir sind mit solchen Gedanken wieder am Beginn unserer Reise, als wir uns nach dem Attentat vergewisserten, dass wir die Liebe zum Leben und zu dieser Erde nicht aufgeben. Das kleine Wunder von Bielefeld schenkt noch einmal Zeit, um erneut aus der Liebe zum Leben die Kraft der Hoffnung erwachsen zu lassen. In dem Sinne, dass die Liebe zum Leben und zur Erde die Basis für unsere Hoffnung ist, singen wir die dritte Zeile des schon erwähnten Herzmantras „Liebe soll allein Ziel und Weg mir sein." Wir machen uns Mut mit den ersten Zeilen dieses Herz-Mantras: „Ja, ich fühle Sinn, geb das Klagen hin. Und was vorher schwer, wandelt sich ins Mehr."
Wir lassen es zu, Hoffende zu sein, die bereit sind, wenn das „Mehr" zu uns kommen will. Gertrud erinnert sich ihres Mantras vom „Gehen und Bleiben". Für sie schließt das nach wie vor das große Wunder von Bielefeld ein.

Wie gut, dass ich die Praxis noch nicht aufgegeben habe. – Sagt mir Gertrud. – Ich bestätige. – In der Tat. Wir haben ja darüber gesprochen, dass es ein Für und Wider gibt. – Ich freue mich auf meine Patienten. – Fährt sie fort. – Du brauchst dich nicht zu sorgen, dass sie kommen. Dein klingelndes Telefon ist dafür ein deutliches Zeichen. - Einige werde ich noch anschreiben, dass ich wieder für sie da bin. – Fügt sie hinzu.

Können wir jetzt wieder „business as usual" machen? – Geht es durch meinen Kopf. Meine Antwort darauf: - Das können wir in gewisser Weise schon. Im Gewohnten finden wir ein Zuhause, das uns Stütze gibt. Gertruds Patienten brauchen nicht nur sie, sondern Gertrud braucht auch ihre Patienten. Dieses Brauchen ist nicht eines, das alleine auf einer Ebene von Ökonomie verstanden werden kann. Vielmehr geht es darum, die Zeit, die einem Menschen zur Verfügung steht, sinnvoll auszufüllen. Jedenfalls kann ich das für mich so sagen und ich meine, dass das auch auf Gertrud zutrifft. Gertruds gelebte Antwort ist die, dass sie im Tun dessen, was sie bisher tat, auch weiterhin für sich einen Sinn findet. „Business as usual" in dem Sinne, dass wir unser Gewohntes als das nehmen, das unserer Zeit Sinn gibt, ist für mich allerdings nur eine mögliche Antwort. Ich selber habe eine Krise in meinem Leben vor etlichen Jahren zum Anlass genommen, mein Gewohntes infrage zu stellen und zu einem großen Teil sogar aufzugeben. Ich ersetzte alte Gewohnheiten durch neue. Erschütternde Situationen offenbaren für viele Menschen eine Anfrage an die Gewohnheiten ihres bisherigen Lebens. Die Erschütterungen können Krisen in Beruf oder in Beziehung sein oder auch durch Krankheiten ausgelöst werden. Ob wir in solchen Erschütterungen eine Anfrage an unsere Gewohnheiten hören, kann meines Erachtens nur jeder für sich selber beantworten. Einige Menschen, die Gertrud in ihrer Letztzeit begleiten, wundern sich, dass sie ihre Krebserkrankung nicht als Anfrage an ihre Lebensausrichtung versteht. Als der Brustkrebs vor zwei Jahren auftauchte, hatte auch ich ganz stark das Gefühl, dies sei eine grundsätzliche Anfrage an sie, ob sie wirklich innerlich so mit sich sei, wie es für sie stimmig ist. Zu ihrem fünfzigsten Geburtstag sangen meine Freundin Undine und ich mit der Unterstützung all ihrer Gäste zu ihrem fünfzigsten Geburtstag ein Mantra, das nur aus ihrem Namen bestand. Wir bringen auf diese Weise zum Ausdruck, dass wir ihr wünschen, mit sich sein zu können, was immer das für sie heißen mag. Ferner heißt unser Gesang, dass wir sie alle damit in unserer Mitte annehmen. In den persönlichen Gesprächen zwischen Gertrud und mir ging es in den vergangenen Jahren auch immer wieder um Veränderungswünsche ihrerseits. Wiederholt sprach sie davon, dass sie gerne in einem Projekt mitarbeiten würde, das beispielsweise in Indien für die Menschen hilfreich wäre. Manchmal litt sie auch darunter, dass sie keine Schulmedizin studiert hatte. Das Projekt der „Homöopathen ohne Grenzen", das sie nach ihrer erstmaligen Krebserkrankung in Sierra Leone mit anderen Kolleginnen und Kollegen durchführte, war für sie ein Schritt in diese Richtung. Daraus zu folgern, dass das ihre Richtung sein müsste, wenn es denn wirklich um Veränderung bei ihr gehen sollte, halte ich nicht ohne Weiteres für stichhaltig. Der Weg des Eigenen verlangt für mich ein sehr aufmerksames Spüren nach Innen. Es kann geschehen, dass wir nicht mitbekommen, was unsere innere Stimme uns sagen will. Auch, wenn wir auf dem Wege des Eigenen schon länger unterwegs sind. Möglicherweise wird es dann sogar besonders schwierig, weil wir uns einbilden, wir wüssten Bescheid, wo es langgeht. Bescheid wissen ist etwas, das hervorragend dazu verleiten kann, unsere Offenheit für das Neue zu verlieren. Wer sagt, dass sich alle unsere Erfahrungen, auch die heftigen und krisenhaften, entschlüsseln lassen müssen? Ich für mein Teil möchte nicht der durchaus attraktiven Versuchung erliegen, hier zum Wissenden zu werden.

Dass Gertrud sich derzeit dafür entscheidet, ihrem Gewohnten zu folgen, respektiere ich als ihren Weg. Sie ist diejenige, die ihren Weg geht und sie ist es, die einzig ihre Stimme hören kann. Ihr Matra vom „Gehen und Bleiben" verschließt die Türen nicht, die dem Wunder eine Chance geben.

Kugelschreiber, Moral und neue Heilungschancen

Dieser Heiler ist unmöglich. Was habe ich mich über den geärgert. – Kommt es aus Gertrud heraus, als wir uns über ihre viertägige Reise nach Aachen unterhalten. Ich kontere. – Ich war wohl nicht umsonst skeptisch. Ich habe dir von vornherein offen gesagt, dass er zwar ein ordentlicher Kerl ist, aber dem Krebs offensichtlich nicht beikommt. – Nein, das meine ich nicht. Vielmehr bin ich mit dem in eine merkwürdige Geschichte geraten. Der meinte doch glatt, ich hätte ihm seinen Kugelschreiber geklaut. – Ich muss lachen. - Sorry Gertrud. Aber ich kann nicht anders. – Lach` du nur. Du denkst bestimmt: Ach ja, die Gertrud. Die nimmt es mit der Moral sowieso nicht so genau. – Das habe ich bis jetzt noch nicht gedacht, aber mir fällt der Satz unseres früheren Meisters Paul ein. – Du meinst den mit dem Pferd, das über alle Zäune springt. – Ja, genau, den meine ich. Und das ist doch eine

Seite von Dir. Zäune, vor allem solche, die moralische Grenzen bedeuten, gefielen dir doch noch nie. – Aber ein wertloser Kugelschreiber. Ich bitte Dich. – Ich wieder. – Du meinst, das wäre unterhalb Deines Niveaus. – Wie Du das jetzt wieder ausdrückst. Übrigens, ich habe doch wirklich keine Lust, wegen eines wertlosen Kugelschreibers schlechtes Karma aufzuhäufen. – Okay. – Sage ich. – Das mit dem Karma kann ich verstehen. Warum sollst Du Dir Deine Zukunft wegen einer solchen Lappalie vermiesen. – Sie jetzt mit energischer Stimme. – Sage einmal, interessiert Dich überhaupt, was wirklich los gewesen ist. – Na klar doch, leg einfach los. – Also, ich habe aus Versehen den Kugelschreiber eingesteckt und dann ließ der in der nächsten Sitzung einfach nicht locker, mir Moral zu predigen, dass es so nicht ginge. – Ich darauf. - Verstehe, das sind genau die Reden, die du überhaupt nicht magst. – Sie ganz schnell. – Und in diesem Fall auch überhaupt nicht angemessen finde. – Ich dann wieder. – Aber, er hat nicht behauptet, dass der Krebs von unmoralischem Verhalten herrühren kann. Du weißt es doch auch, es gibt Leute, die durchaus so denken. Krankheiten sind dann eine Folge von Fehlverhalten. Das religiöse Wort dafür heißt Sünde. – Ergänze ich. – Gesagt hat er das nicht so. Wir blieben einfach in unserem Streit stecken, weil ich das nicht so auf mir sitzen lassen wollte, was er mir da in die Schuhe schob. Dieser alte Mann, so nett wie der sein kann, so sturköpfig verhält er sich auch. – Ich frage neugierig. - Und, wie habt ihr Euren Zwist zu einem guten Ende geführt? – Gar nicht. Er hat dann einfach weiter gemacht mit der Behandlung. – Weißt Du, was mich jetzt noch interessiert: Willst du wieder zu ihm fahren, um dich noch weiter behandeln zu lassen? – Im Moment habe ich noch keine Lust. Aber, bei Bedarf würde ich ihn schon wieder konsultieren. - Ich muss ihr einfach noch sagen. – Ist natürlich Deine Entscheidung. Aber, so richtig nachvollziehen kann ich es nicht. - Gertrud wechselt das Thema. - Wir müssen jetzt erst einmal wieder zur Hyperthermie. Ich finde, das kann auf keinen Fall schaden. – Ich pflichte ihr bei. – Die Wärme mögen die Krebszellen nicht, auch wenn es keine Garantie für Heilung gibt, solltest Du das machen. Bis Gütersloh ist fahrtechnisch angenehm kurz. Da sind wir nur Stunden und nicht Tage auf Tour. Übrigens finde ich den Arzt ganz in Ordnung. – Gertrud darauf. – Ich kenne ihn nun schon länger, mir redet er manchmal zu viel. – Mir ging es so, dass ich es als wohltuend empfand, dass er sein Vorgehen erklärte.

Auch seine Hinweise auf Infusionen zur Stärkung des Abwehrsystems fand ich recht einleuchtend. – Sie darauf. - Ich nehme die Sachen auch alle wieder. Ich finde sie auch gut. – Auf jeden Fall, bis das Wunder vielleicht doch geschieht, helfen sie, dass du dich fitter fühlst und damit einfach mehr vom Leben hast. – Gertrud fährt fort. – Das ist wohl so. Nur, leider zahlt die Kasse nicht alles. – Darauf ich mit einem Lachen. – Gertrud, ich muss wieder lachen. Sorry. Aber bedenke doch einmal Folgendes. Zum Einen bist du, wie ich gesehen habe, geschäftstüchtig genug, um mit Johannes über Preise zu verhandeln, zum Anderen ist es doch nun wirklich nicht Dein Problem, für diese Behandlung ein paar Hundert Euro auszugeben. – Gertrud darauf. – Meine Einnahmen verringern sich aber derzeit. – Ich dann. – Ja, und? – Sie darauf. – An das ersparte Geld möchte ich nicht. – Ich überlege kurz, wie ich reagieren soll. Dann sage ich. – Okay, dann ist da jetzt ein wirklicher Engpass. – Dann fahre ich fort. – Engpass hin oder her, ich finde das ganz schön, wenn ich Dir, während du während der Hyperthermie auf dem Wasserbett liegst, von Zeit zu Zeit ein Mantra singen kann. Von mir aus können wir das gerne einmal wieder machen, wenn Dir danach ist. – Gertrud - Fand ich auch ganz gut. Ich komme auf Dein Angebot bei Bedarf gerne zurück. Übrigens, ich habe jetzt auch wieder einige Male auf dem Kissen gesessen und meditiert. – Und? Ist Dir das nicht zu anstrengend. – Anfänglich ist es schon eine Überwindung. Das ist aber ganz normal, das hatte ich ohne die Krankheit jedoch auch. Wenn ich auf dem Kissen bin, tut es mir wirklich gut. Ich merke, wie ich herauskomme aus all den Alltagsgedanken und mehr innere Ruhe gewinne. Praxis, wie die Buddhisten sagen, ist wirklich das A und O. Wenn da nicht immer wieder diese Ausreden wären, die mich inkonsequent werden lassen! – Ich hake nach. – In Deiner jetzigen Situation finde ich es schon bemerkenswert, dass du dich auf das Kissen setzt. Ich denke, ganz so einfach wie in den Zeiten, als du total fit warst, kann es doch eigentlich nicht sein. – Nein, das ist es nicht. Ich kann auch nicht solange sitzen wie früher. Aber, auch kurze Einheiten von dreißig Minuten machen für mich Sinn. – Ich meine einen gewissen Stolz in ihrem Gesicht entziffern zu können. – Gertrud, ich finde es mehr als erstaunlich, wie aktiv du schon wieder bist. – Das finde ich richtig gut. – Erwidert sie. – Jetzt kann ich wieder alles selber in die Hand nehmen. Ich bin so froh, dass dieser Zustand der absoluten Hilflosigkeit wieder vorbei ist. Du glaubst es nicht, niemand, der das nicht selber erlebt hat, kann sich vorstellen, wie schlimm das ist, wenn du dich überhaupt nicht mehr mitteilen kannst. Es ist die Hölle. Dabeizusitzen, während sich alle locker verständigen und völlig blockiert zu sein, wünsche ich wirklich niemandem. Du kannst dann überhaupt nicht gebrauchen, dass die Anderen dich in irgendeiner Weise infrage stellen. Du fühlst dich sowieso schon wie das Allerletzte. Dann kommen auch schon einmal Überreaktionen heraus. Du brauchst viel ruhige und freundliche Zuwendung. Ich bin wirklich froh, dass ich aus dieser Nummer wieder heraus bin. – Hast du Angst, dass dieser Zustand sich wieder einstellen könnte? – Frage ich sie. – Daran, dass das Wiederkommen kann, denke ich überhaupt nicht. Das blende ich aus. Du weißt doch, wie gut ich Dinge abspalten kann. Angst kenne ich nicht. Ich nutze jetzt die Zeit, um die Chancen für das Wunder zu steigern.

Friedhof, Beerdigungsinstitut und spirituelles Üben

Der Himmel ist strahlendblau während die Kleinfamilie einschließlich meiner Freundin Undine auf dem Sennefriedhof vor den Toren Bielefelds die Urnengräber begutachtet. Wir schauen auf einen Baum, der von Platten mit eingravierten Namen umgeben ist, die in die Grasfläche eingelassen sind. Es gibt einen Platz, an dem für alle hier Ruhenden Aufmerksamkeiten deponiert werden können. Entgegen der Ordnung befindet sich vereinzelt auch auf Platten eine Blume oder ein kleiner Engel. Begeisterung bei keinem von uns. Nicht, dass mir der Platz nicht gefällt. Aber, hier zu stehen und sich vorzustellen, dass die Gertrud, die mit uns zügig durch die Landschaft strömert, bald hier liegen und eine „letzte Ruhe", wie es traditionell und beschönigend heißt, finden soll, löst in mir eine gewisse Beklemmung aus. Lena sagt deutlich, dass ihr dieser Platz nicht gefällt. Hier ist ihr einfach zu wenig Raum, um nur für ihre Mutter eine Blume oder Ähnliches hinzulegen. Stelen kommen erst recht nicht infrage. Die sogenannten Wahlurnengräber, die das bieten, was Lena sich wünscht, gefallen ihr auch nicht. Irgendjemand von uns gibt dann noch zu bedenken, dass der Sennefriedhof sich doch weit außerhalb der Stadt befinde. Im Vergleich zum Friedwald, der eine Stunde entfernt ist, sei er zwar schneller zu erreichen, aber vielleicht ließe sich doch noch eine bessere Lösung finden. Gertrud erweist sich als umsichtige Planerin und erzählt uns, dass ihr von einigen Freundinnen der Johannisfriedhof empfohlen worden sei. Der liege wunderbar zentral in der Nähe des Botanischen Gartens. Es sei leicht, wenn jemand in der Stadt sei, schnell einen Abstecher zum Friedhof zu machen. Der lustlose Gang von uns Fünfen schreit nicht gerade nach weiteren Friedhofsbegehungen. Ich würde am liebsten nach Hause fahren und mich auf den Balkon setzen. Aber, dem Verlangen der tapferen Gertrud mag ich nicht widersprechen. - Was ist schon mein bisschen Unlust im Vergleich zu ihrer Situation? Jemandem, der einem hinterhältigem Attentat entkommen ist, das immer noch tödlich enden kann, kann nicht widersprochen werden. – Denke ich und bekomme sofort durch meinen Sohn das Gegenteil demonstriert. „Leute, mir fällt gerade ein, dass ich noch unbedingt was für die Schule erledigen muss. Das ist der totale Stress. Ihr könnt noch weiter machen, aber es wäre gut, wenn mich einer nach Hause bringt." Alexander erntet versteinerte Blicke und eine empörte Schwester: „Gerade heute musst Du ausnahmsweise für die Schule arbeiten. Ich fasse es nicht. Du wusstest doch Bescheid." Alexander will sich nicht umstimmen lassen. Mit einer Mischung aus Zorn und Unterwürfigkeit bettelt er darum, ihm zu helfen, damit er sich auf seine nächste Klausur vorbereiten kann. Also fahren wir so, dass Alexander mit der nächsten Straßenbahn nach Hause fahren kann. Dann bewegen wir uns zum Johannisfriedhof. Die weitläufige, großzügige Parklandschaft mit den vielen alten Gräbern hat einen verführerischen Charme. Hier ist es schön. Ein wenig stört der Ostwestfalendamm mit den ständig vorbeisausenden Autos. „Aber, vielleicht haben wir Glück und finden einen Platz, der etwas ruhiger ist", gibt Undine zu bedenken. Wir fragen einen Mann, ob er wisse, wo sich die Urnengräber befinden. Er zeigt uns den Weg.

Die Wahlurnengräber sind klein, liegen am Rande des Friedhofs. Es handelt sich offenbar um eine neue Anlage, denn es gibt erst zwei belegte Grabstellen. Die Anlage wirkt überhaupt nicht integriert, eher ein bisschen wie ein lieblos behandeltes Kind. Damit versteht sich von selbst, dass dieser Platz nicht infrage kommt. Wir beenden unsere Friedhofsgänge ergebnisoffen. Gertrud möchte gerne mit uns Kaffee trinken. Das bringen wir mit sehr durchwachsenen Stimmungen auch noch hinter uns. Ich denke mit Grausen daran, dass möglicherweise nun noch weitere gemeinsame Gänge unternommen werden müssen.

Gertrud und ich begeben uns zum Bestattungsunternehmen, das von zwei Frauen geführt wird. Ich ahne, dass viele Details besprochen werden, so wie ich es beim Tode meines Vaters erlebt habe. Ich kenne die Bestatterin, mit der wir sprechen, schon seit etlichen Jahren. Hatte mir bei der Eröffnung auch ihr Unternehmen angeschaut. Das erleichtert die Situation. In der Tat werden viele Einzelheiten besprochen oder sollte ich besser sagen, abgearbeitet? Eine Urne soll es sein, die bemalt werden kann. Dies können die Kinder machen, wenn sie wollen. Es zeigt sich, dass sie nicht wollen. Gertrud möchte nach ihrem Tod in ihre buddhistische „Robe" gekleidet werden. Wir sprechen darüber, wie kompliziert das ist und dass die Bestatterin gegebenenfalls bei ihrem buddhistischen Priesterfreund Informationen bekommen kann. Ich bin damit einverstanden, die Gestaltung der Abschiedsfeier zu übernehmen, insbesondere die Rede zu schreiben und zu halten. Ich werde auch klären, wie ihre buddhistischen Freunde an der Gestaltung des Abschieds teilnehmen können. Auch möchte sie, dass das Ave Maria gesungen wird. „Sollte es Gelegenheit geben, sich am offenen Sarg zu verabschieden?", fragt die Bestatterin. Gertrud überlegt eine Weile. Angedacht ist, dass es die Möglichkeit geben sollte. Geklärt wird auch, nach welchen Modalitäten die Einladungskarten zur Abschiedsfeier erstellt und versendet werden. Auch das Detail, wer zum anschließenden Kaffeetrinken erwünscht ist, wird festgelegt. Da insgesamt über einhundertsiebzig Menschen informiert werden müssen, ist sicherzustellen, dass sowohl die Kapelle genügend Platz enthält und für die kleinere Menschenmenge auch das Café. Auch Gertruds Wünsche bezüglich der Spenden werden fixiert. Als nach etlichen weiteren Details alles besprochen scheint, lässt sich Gertrud noch den Raum zeigen, in dem Menschen von den Toten Abschied nehmen können. Die Kühlkammer, in der die Leichen aufbewahrt werden, nimmt sie als Letztes in Augenschein. Das Gespräch verläuft in freundlicher und sachlicher Atmosphäre. Nach dem sie die Kühlkammer in Augenschein genommen hat, bricht es aus ihr heraus. - Das hier ist wohl das Seltsamste, was ich in den letzten Wochen unternommen habe. - Sie sagt das in einer Art, als sei sie über sich selbst ein bisschen überrascht und erstaunt. Andererseits erklärt sie im Gespräch mit der Bestatterin, dass sie sich aufgrund ihrer buddhistischen Praxis schon mit den Grundfragen von Leben und Tod auseinandersetze. Sie betont, dass sie verbunden sei mit der Haltung ihres Freiheitsmantras, dass sie gehen und bleiben könne. Ich kann sie gut verstehen, als sie nach dem Besuch bei der Bestatterin einen klaren und einfachen Wunsch an mich hat, den ich ganz leicht erraten kann. „Kaffeetrinken." Wir sitzen nebeneinander im Auto, schauen uns kurz an, sind auf eine nicht ganz leicht definierbare Weise berührt. Es wirkt, als kommt uns das alles auf eine Weise auch recht unwirklich, ja sogar komisch vor. Wir können das gemeinsame Kaffeetrinken sehr gut genießen. Wir bestätigen uns wortlos. - Es hat einen großen Wert, dass wir uns in dieser Situation „haben". - Zwei Sterbliche, die diesen Weg ihres Zusammen gehen, der, so scheint es mir in diesem Moment, unvermeidlich an sein Ende kommen soll. Aber, die Hoffnung der lebensbejahenden und eigensinnigen Gertrud meldet sich beim Kaffee erneut zu Wort. - Weißt Du, manchmal denke ich, wenn ich das jetzt alles gemacht und von allem losgelassen habe, dann, so denke ich, dass es damit gut sein kann. Die Geschichte ist vorbei. Es ist wieder wie vorher. - Du denkst, dass Du die Übung gut gemacht hast und jetzt könnte das Universum ein Einsehen haben und Du kannst bleiben? - Frage ich erstaunt. - Ja, der Gedanke kommt mir. Und dieser Gedanke gefällt mir. - Sagt sie entspannt und fast ansteckend heiter. - In der Tat, der Gedanke ist gut! – Sage ich. – Gertrud, was glaubst du, warum sollte Gott oder das Universum oder das Schicksal oder die Sterne, du weißt schon, was ich sagen will, dir solch eine Übung abverlangen? Kannst Du mir dazu etwas sagen? – Hm, Du willst es wirklich wieder einmal ganz genau wissen. Vielleicht soll ich einfach ein bisschen Demut lernen. Könnte doch sein. – Hm. – Brumme ich. – Ausschließen kann man das ja nicht. Und du meinst, wenn du dich mit der Möglichkeit des Sterbens auseinandersetzt, dann übst du dich in Demut? – Naja. – Zögert sie. - Ob das mit der Demut so ganz richtig ist, weiß ich nicht. Aber, es kann doch sein, dass ich einfach diese Aufgabe zu erfüllen habe. – Gut. – Sage ich. – Auch wenn ich es nicht wirklich verstehe, aber der Gedanke, der ist wirklich gut. – Wir müssen beide lachen.

Normale Welt und neue Mission

Die Fahrten zu den medizinischen Behandlungen erinnern daran, dass die Folgen des gemeinen und hinterhältigen Attentats noch nicht verschwunden sind. Ansonsten lebt Gertrud so, als sei alles ganz normal.

Sie arbeitet regelmäßig, wenngleich reduziert, aber sie kann hoffen, dass sich das noch wieder ändert. Sie praktiziert mit Freude ihre Doppelkopfrunde und geht regelmäßig in ihre Malgruppe. Letzteres ist ihr ganz besonders wichtig. Das eigene Malen genießt sie als eine angenehme Form der eigenen Kreativität. Ich habe den Eindruck, dass ihre Bilder in dieser Zeit an Intensität gewinnen. Gertrud lässt uns an ihren Malergebnissen teilhaben. Wir sollen ihr sagen, welche Gedanken und Gefühle uns zu ihren Bildern kommen. Um das Atelier zu erreichen, muss sie eine breite, sich über zwei Stockwerke erstreckende Steintreppe überwinden. Das schafft sie mit Anstrengung und stellt es so dar, als sei es das Normalste und Selbstverständlichste. Sie trifft sich außerdem mit Freunden und Freundinnen zu Gesprächen, hin und wieder auch, um sich zu bewegen. Sie genießt es sichtlich, dass sie wieder das ihr entsprechende Leben führen kann. Aber, es gibt auch die Seite in ihr, die ganz genau weiß, dass sie der Gefahr noch nicht entkommen ist. In unseren Gesprächen betont sie des Öfteren, wie gut es ihr tut, wenn Menschen sie dafür bewundern und ihr Anerkennung schenken, wie sie mit ihrem „Schicksal" umgeht. – Manchmal denke ich, - sagt sie, - ich kann den Menschen mit meiner Tapferkeit ganz viel geben. Vielleicht ist es meine Aufgabe, dass ich auf diese Weise für viele Menschen eine Ermutigung bin, damit sie sich an ihrem Leben erfreuen. – Auch ich finde, dass sie ihren Weg außergewöhnlich gefasst geht. Sie äußert keine Klagen. Sie nimmt die Tage ihres Lebens einfach so an, wie sie nun einmal sind. Dies ist um so bemerkenswerter, als ich sie aus vielen Situationen kenne, in denen sie klagte und jammerte, wie schwer ihr Leben sei.

Ich verstaue die Blumen, die Gertrud soeben erworben hat, im Auto. Sie kauft öfter Pflanzen und Blumen, um sich ihre Umgebung schön zu machen. – So, Walter jetzt habe ich noch eine weitere Aktion vor. Ich finde es wichtig, dass ich Menschen etwas schenken kann. Das ist ganz wichtig. Heute möchte ich für Linda und Elke etwas kaufen. Die beiden haben wenig Geld, die kommen gerade so über die Runden, um Essen und Trinken und was sonst noch so für das Wichtigste gebraucht wird zu bezahlen. Ich weiß, du kennst die nicht so gut. Aber, das macht ja nichts. Ich finde die beiden ganz prima. Linda geht regelmäßig zu Oma Ida und liest ihr vor. Die hast du schon einmal gesehen. – Ich nicke. Sie fährt fort. - Ich finde, die sollten einen Fernseher bekommen und ein

Gerät für VHS-Kassetten. Du musst jetzt zum Elektronikladen in Schildesche fahren. Dorthin, wo auch du deinen Fernseher gekauft hast und anschließend Lena und ich. - Wir betreten den Elektronikladen. Außer uns ist kein Kunde anwesend. Gertrud stellt sich in die Mitte des Ladens, nimmt ihre Perücke wie zum Gruß vom Kopf und fängt leidenschaftlich an zu reden. – Wie Sie an meinem Kopf sehen können, bin ich an Krebs erkrankt. Es wird gesagt, dass ich nicht mehr lange auf dieser Erde wandeln werde. Meine Zeit ist knapp bemessen. Das Ende steht bevor. Es wird gesagt, dass man da nichts machen kann. Sie hören richtig, meine Zeit hier geht zu Ende. Vor Ihnen steht jemand, der von diesem Planeten zu gehen hat. Ich bin dabei, mich davon zu machen. Hirnmetastasen sind verdammt heftig, sagen sie. Noch stehe ich hier und kann kräftig reden. Diese Chance will ich nutzen. Es ist meine Aufgabe, Menschen etwas zu schenken, ihnen eine Freude zu machen. Es gibt viele Menschen für die es gut ist, etwas geschenkt zu bekommen. Ich kenne zwei nette Frauen, die eine hilft, meine Mutter zu betreuen. Die haben nicht soviel Geld, um sich alle Wünsche zu erfüllen. Also, haben Sie einen Fernseher und einen VHS-Kassettenrekorder? – Ich stehe etwas im Hintergrund und bin über die Vehemenz ihrer Rede überrascht. Mich beschleicht ein kalter Schauer. Außerdem quält mich noch der Gedanke. – Was mag der Verkäufer von uns denken, wenn wir hier einfach so hereinschneien und dann eine solche Rede gehalten wird. Gut, es ist der Chef und den habe ich immer als sehr verständnisvoll erlebt. – Der Chef bleibt ruhig und fragt so, als sei überhaupt nichts Außergewöhnliches passiert, was für ein Fernseher es denn sein soll. – Der Mann macht das echt gut. - Denke ich. - Alle Achtung. – Was haben Sie denn so da? – Fragt Gertrud in der herausfordernden Shoppingmanier, die mir durchaus vertraut ist. Jetzt startet ein ganz normaler, sich des längeren hinziehender Kauf von einem Fernseher. Fernseher mit verschiedenen Größen werden in Augenschein genommen. Nach längerem Bedenken wird eine passende Größe gefunden. Es startet die nächste Runde der Auswahl, denn schließlich gibt es wiederum das Thema der Qual der Wahl. Gertrud lässt sich von vier Geräten gründlich das Preis-Leistungs-Verhältnis erklären. Ich bewundere still die Geduld des Verkäufers. Denke allerdings auch, dass das schließlich sein Job ist. Nach dem erfolgreichen Erwerb des Fernsehers geht es um die Auswahl des Rekorders. Der muss bestellt werden. Die Nachfrage nach diesen Geräten ist nicht mehr sehr groß. Mit Hilfe von Katalogen startet eine neue Runde des gründlichen Vergleichens. Der Verkäufer bleibt freundlich, ich übe mich im Durchhalten und bedenke mein Mantra, dass eine Frau mit einem solchen Attentat nicht zu kritisieren ist. Aber, irgendwann sind die Formalitäten der Bezahlung und Lieferung geklärt. Die Perücke hat schon des Längeren wieder ihren Platz auf dem Kopf gefunden und wir verlassen den Laden. Gertrud genießt ihre gute Tat, ich das Ende des stillen Beiwohnens.

In den nächsten Tagen setzt Gertrud die Verschenkaktionen mit eigenen Bildern sowie Schmuck und Dekorationsgegenständen fort. Dann scheint die Aufgabe des Beschenkens erfüllt zu sein. – Sie ist einfach immer wieder für Überraschungen gut. – Denke ich. – Für mich taucht diese Aktion plötzlich und unvermutet auf und verschwindet dann genauso überraschend wieder. Es hat etwas von einer zeitversetzten Weihnachtsbescherung. Was mich beschäftigt, ist der Wechsel von einem Alltag, der so aussieht, als schiebe sie alles weg, was sie an das Attentat erinnern könne. Dann plötzlich diese Aktion. War es vielleicht so, dass sie manche ihrer Gedanken, die sie beunruhigen, uns nicht mitteilen will? Oder verbirgt sie, ohne es möglicherweise zu wollen, auch vor sich selbst ihre Verunsicherung und verschafft sich in Aktionen Luft? Ist sie auf einer eher unbewussten Ebene stärker mit der Befürchtung des Verfalls und des Endes in Kontakt, als sie es zeigen will oder kann? Eine schlüssige Antwort habe ich nicht. Jedoch finde ich meine Gedanken nicht einfach abwegig. Für Gertrud ist die Arbeit eine Möglichkeit, Gutes zu tun. Diese Möglichkeit hat sie noch, allerdings eingeschränkt. Auch deshalb eine Beunruhigung?

Lunge, Chemo, Gewohnheit, Gottesglaube

Johannes, der biologische Krebstherapeut meint bei einer der inzwischen für Gertrud zum normalen Leben dazugehörenden hyperthermischen Krebsbehandlungen, dass sie ihre Lunge untersuchen lassen sollte. Wie zur Beruhigung fügt er hinzu, dass es nichts Schlimmes sein müsse. Vielleicht nur ein Infekt. Aber, es schiene ihm sinnvoll, das abklären zu lassen. Nun weiß Gertrud, dass die Lunge von Metastasen befallen ist, aber das die bisherige Behandlungsstrategie vorsah, sich darum zunächst nicht zu kümmern. Durch die Hyperthermie und das

Verabreichen von Antioxidantien gab es die Chance, dass die Metastasen gestoppt und sogar zurückgedrängt werden konnten. Jedenfalls im allerbesten Fall. Johannes ist so freundlich und organisiert für Gertrud einen schnellen Termin bei einer Ärztin in einer onkologischen Praxis in Bielefeld.

Die Praxis, in der mehrere Onkologen arbeiten, ist hell und freundlich. Die Ärztin ist ausgesprochen nett und gut gelaunt. Es ist schnell klar, was zu tun ist. Auch, wenn es vor allem um die Lunge geht, wird die Leber zur Sicherheit schon einmal sofort untersucht.

Erleichterung. Keine Metastasen. Es wird ein Termin bei einem Zentrum organisiert, das eine technologische Spitze der Hightech-Apparatemedizin darstellt. Mir scheint, es gibt nichts, was hier nicht geröntgt oder gescant werden kann. Wir kennen uns aufgrund der Hirnscans mit den Gegebenheiten bestens aus. Wir durchlaufen die uns bekannten Stationen von Anmelden, Warten, Röntgen, Warten, Besprechung. Für mich wird das Aufsuchen dieses Zentrums von mulmigen Gefühlen begleitet. Zum Einen gibt es die Unsicherheit, welchen Befund die Gertrudsche Lunge aufweisen wird und zum Anderen frage ich mich beim Anblick der wartenden Menschen, welche Krankheitsschicksale sie mit sich herumtragen. Die Wartenden sprechen hier nur wenig und schon gar nicht über ihre Krankheit. - Es sind vermutlich viele Letztzeitreisende, die sich hier treffen. – Geht mir durch den Kopf. – Gemeinsam schauen wir uns das Röntgenbild an und nehmen den niederschmetternden, gruseligen Befund zur Kenntnis. „Das Weiße auf dem Bild, das sind die Metastasen", erklärt uns der Arzt. Würde ich meinen Gefühlen folgen, dann müsste ich verzweifelt rufen. – Und wo ist hier die Lunge? – Ungefähr fünfundsiebzig Prozent der Lunge sind von Metastasen befallen. Bei dem Anschauen dieses Befundes bewahren Gertrud und ich eine Contenance als wollten wir uns und der Welt beweisen, dass wir uns von solchen schlimmen Nachrichten auf keinen Fall aus der Fassung bringen lassen. Erst als wir wieder im Auto sitzen und den engen Parkplatz verlassen haben, ist ein klein wenig Loslassen angesagt. Gertrud formuliert ironisch. – Eine schöne Bescherung. - Bescherung. - Wiederhole ich leise und denke an ihre Geschenkaktion. – Oh je, was soll ich nur machen? – Kommt es ratlos aus der Kämpferin heraus. – Ich muss ihr einfach sagen, dass ich in mehrfacher Hinsicht erstaunt bin. – Weißt Du Gertrud, dieser Befund übertrifft meine negativen Erwartungen um ein Mehrfaches. Diese böse Überraschung passiert nun schon zum wiederholten Male. Bei den Hirnmetastasen war es auch schon so. Schlechter Befund toppt schlechte Fantasie! Aber, noch überraschter bin ich, wie Du mit dieser Restlunge noch erstaunlich aktiv bist. - - Ja. – Sagt Gertrud. – Sie ist erst einmal stumm. Bei der netten Onkologin kommen wir in die nächste Wiederholungsschleife. Gertrud muss eine Entscheidung treffen, die sie genauso ungerne trifft wie die bezüglich der Bestrahlung bei den Hirnmetastasen. Ihre ganze Abneigung gegenüber der Abhängigkeit von der Schulmedizin ist wieder präsent. Hinzukommt die Erinnerung an die Chemotherapie nach der Operation des Mamakarzinoms, die sie nicht vertrug und deshalb absetzte. Die Ärztin hat eine völlig anderes Kommunikationsverhalten als der leise raunende Onkologe aus dem Krankenhaus. Sie akzeptiert ohne Umschweife Gertruds Vorliebe für alternative Behandlungsmethoden und ihre Tätigkeit als heilpraktische Homöopathin. Sie formuliert ohne jede Dramatik oder Schwere, dass Gertrud schauen könne, welche Alternativen sie in dieser Situation habe. Für mich gleicht diese Situation erschreckend der beim Strahlentherapeuten. Die Argumente der Lebenszeitverlängerung und Erhöhung von Lebensqualität brauchen nicht erneut ausgebreitet werden. Was besprochen werden muss, ist die Verträglichkeit der Chemotherapie im Falle von Gertrud. Natürlich gibt es Mittel gegen die Übelkeit, aber das schien in Gertruds Fall seinerzeit nicht sonderlich hilfreich gewesen zu sein. Die Ärztin ist pragmatisch. Wenn sich zeige, dass die verabreichte Medizin für sie nicht gut sei, dann müsse das auf jeden Fall beendet werden. Das verstehe sich für sie von selbst. Außerdem gebe es verschiedene Chemotherapeutika. Da müsse sie allerdings schauen, was bei ihrer Kasse möglich sei. Die Kasse, versichert Gertrud ihr, dürfte kein Problem sein. So wiederholt Gertrud eine Einwilligung in eine weitere schulmedizinische Behandlung. Bin ich ein Gewohnheitsstier? – Frage ich mich. Ich beobachte, dass die Wahrnehmung von medizinischen Terminen immer mehr den Charakter des Selbstverständlichen bekommt. Der Palliativmediziner, der Neurologe, Johannes, der biologische Krebstherapeut und nun noch die freundliche, Humor ausstrahlende onkologische Ärztin gehören zu Gertruds und meinem Leben so dazu, als ob es nie eine Zeit ohne sie gegeben hätte. Dieses Dazugehören heißt natürlich nicht, dass ich diese Termine immer gerne wahrnehme, auch nicht, dass mir die Behandlungsmethoden besonders gefallen usw. Gerade die widersprüchlichen Gefühle gegenüber diesen Besuchen machen sie zu einem ganz normalen Geschehen. Denn das Gewohnte ist für mich verknüpft mit unterschiedlichen und widersprüchlichen Erlebnisweisen. Schon beim Zubereiten und Trinken des morgendlichen Kaffees erfahre ich eine breite Palette von aufbauenden und niederschmetternden Gefühlsnuancen. Das hält mich natürlich nicht davon ab, meine Gewohnheit weiter zu kultivieren. Die Chemotherapie beispielsweise belegt von nun an die Zeit am späten Freitagvormittag bis in den frühen Nachmittag. Das gibt meinem Leben einen neuen Fixpunkt. Die regelmäßigen Besuche bei den Medizinern bewirken bis zu einem gewissen Grad bei mir ein Herunterfahren meiner Gefühle. Die Wiederholungen sind eine Erziehung zum emotionalen Abstand. Es ist, als lernte ich, dass die Behandlung der Folgen des Attentats mit einer gewissen routinierten Kühle bewerkstelligt werden kann. Auch Gertrud und ich praktizieren sich wiederholende, routinierte Abläufe bei unserem Abarbeiten der Termine bei den Letztzeithelfern. Wenn ich sie in ihrem Haus mit dem Auto abhole, schaut sie immer erst noch ein Mal in die Praxis, bevor sie sich ins Auto begibt. Manchmal denke ich, dass diese Tätigkeit so fest in ihr verankert ist, dass sie mit der Zuverlässigkeit eines Computerprogramms durchgeführt wird. Solche Programme laufen einfach ab, egal, ob sie in jedem Fall notwendig sind. Nach den medizinischen Behandlungen gehört es inzwischen zum Standardprogramm, ein Café oder ein Bistro oder mittags sogar ein Restaurant aufzusuchen. Dies ist inzwischen in meinem Zeitbudget fest verankert. Unsere Gespräche und Begegnungen gehören inzwischen zum Gewohnten. Genauso wie beim morgendlichen Kaffee nehme ich sie mit sehr unterschiedlichen Gefühlen wahr. Gertrud, die ich einst als eine große Königin der abwechslungsreichen Besonderheiten wahrgenommen habe, zeigt sich in dieser Zeit als Liebhaberin des Gewohnten.

Die Dressur ins Gewohnte geschieht allerdings nicht lückenlos. Manchmal tauchen Gefühle und Gedanken auf, die über die normalen Ambivalenzen im Erleben des Gewohnten hinausreichen. Beim regelmäßigen Besuch der onkologischen Praxisklinik scheint es sogar so zu sein, dass das Gewohnte allmählich zu einer Provokation für mich wird. Nach dem Herunterfahren meiner Gefühle kommen sie nun erst recht an die Oberfläche. Das Bild von den hellen Räumen mit den großen

Glasfenstern mit dem Blick auf den Krankenhaushelikopter, den ich wiederholt starten und landen sehe, verliert sein freundliches Gesicht und verwandelt sich in einen sterilen, hellen Raum, dessen Licht alles Bunte abtötet. Die freundlichen Helferinnen bekommen maskenartige Gesichter, die auf Knopfdruck die richtigen Textbausteine fehlerfrei ausspucken. Der große helle Raum, in dem im Halbrund auf modernen verstellbaren, bequemen Liegesesseln Patienten ihre Giftinfusionen zum Zwecke der Heilung und Linderung in sich hineinlaufen lassen und dabei sogar bunte Blätter verschlingen und Kaffee trinken, verwandelt sich vom wohltemperierten Heilungstempel zum kalten Vorhof der Hölle. Alles Reine, Sterile, Helle, Saubere mit den dressierten Sätzen wandelt sich von der freundlichen Lebenserweckung zur routinierten Stütze beim geräuschlosen Hinübergleiten in das Nichts. Alle machen ihren Job. Niemand macht etwas verkehrt. Der Service ist perfekt. Hier kann niemandem ein Vorwurf gemacht werden. Es herrscht eine höfliche Sachlichkeit. - Nichts ist zu sehen von den vielen Hoffnungen und Zweifeln, die es doch auch geben muss. Verborgen bleibt, was diese Menschen wirklich bewegt. Irgendwie wirkt das zu rund, zu perfekt. – Denke ich. - Einmal erlebe ich, dass eine ältere Frau aus dieser wohlgeordneten, kühl durchgestylten Welt ausbricht. Sie ist aus Russland nach Deutschland zurückgekehrt. Sie wirkt kräftig und selbstbewusst. Noch zeigt ihr Körper die vielen weiblichen Rundungen, die ihre Attraktivität wohl schon immer ausmachten. Sie sagt mir, dass sie ihr Schicksal in die Hand des allmächtigen und gütigen Gottes legen will. „Ich höre hier mit der Chemo auf", sagt sie. „Das ist nur eine Quälerei für den Körper", fährt sie fort, „ich nehme Zuhause nur noch Tabletten. Damit soll es gut sein. Lieber sterbe ich ein paar Monate früher. Ich weiß, dass meine Zeit auf dieser Erde ans Ende kommt." – Sie glauben, dass es nach dem Tode ein Weiterleben gibt? – Frage ich. „Davon bin ich fest überzeugt", antwortet sie, „mein Herrgott, der lässt mich nicht in Stich." Als sie geht, verabschieden wir uns mit den besten Wünschen füreinander. Leicht, fast heiter. – Dieses Gottvertrauen, von dem sie sprach, - denke ich, – wirkte echt. Das war nicht so dahergeredet. Wo bin ich an diesem Punkt? Ich könnte nicht so sprechen wie diese Frau. Aber, ich fühle mich aufgehoben in einem größeren Zusammenhang. Das Leben war und ist gut zu mir. Ich scheue mich, personale Bilder wie Herrgott zu gebrauchen. Wenngleich für mich alle Bilder nur unsere Versuche sind, das Unaussprechliche zu formulieren. Ich hoffe, dass die Güte des Größeren auch über meinen Tod hinaus wirkt. Es gibt Momente, da spüre ich das Lebensja als die Liebe des Universums. Dann sind alle Probleme wie weggewischt.

Gertrud, was sagst du dazu? – Frage ich sie, nachdem ich ihr von der mich so beeindruckenden Frau erzählt habe. – Ich habe noch Hoffnung. – Sagt sie. – Die Chemo kann noch wirken und außerdem habe ich mir ein neues homöopathisches Mittel herausgesucht.

Es muss doch zu schaffen sein

Die Gelassenheit, die Gertrud in dem Mantra „Ich kann gehen und bleiben" findet, verliert an Kraft. Das aggressive Wachstum der Metastasen sowie die radikalen Wirkungen der Chemotherapie verändern Gertruds Stimmung. In ihrem Innern gewinnen die Auseinandersetzungen an Intensität. Sie schwankt stärker zwischen der Besinnung auf das Nicht-Anhaften und dem Wunsch, dass sie auf jeden Fall noch auf dieser Erde sein möchte. Mir scheint, dass es eine Dynamik gibt, in der ein verstärkter Angriff auf ihren Körper und damit auf ihr Leben mit einem vehementen Anwachsen des Verlangens nach Hiersein pariert wird. Äußerlich wird das für mich daran sichtbar, dass das Aufsuchen von Heilungsmöglichkeiten jenseits der Schulmedizin kräftig an Fahrt gewinnt. Sie versucht es noch einmal mit dem Heiler in Aachen. Aber, ihr Vertrauen in ihn schwindet. Dann entdeckt sie fünfzig Kilometer von Bielefeld eine Schamanin. Diese Frau arbeitet mitten auf dem Land in den Gebäuden eines ehemaligen Hofes. Auf dem Weg dahin befindet sich ein Café, das auf jeden Fall besucht werden muss. Das blau geblümte Kaffeegeschirr und die dunklen Holztische und Stühle lassen Nase und Augen etwas von vergangenem ländlichem Glanz und Mief schnuppern. – Wie war es? – Frage ich Gertrud, als ich sie zur vereinbarten Zeit vom Hof der Schamanin abhole. – Ach ja, nicht schlecht. Ich durfte liegen und mich entspannen und innere Bilder schauen. Eigentlich nichts Besonderes, ich schaue einfach, wie es mir damit gehen wird. - „Schamanin" scheint so interessant zu klingen, dass sich sofort mehrere Menschen anbieten, um Gertrud auf ihrem Weg dahin zu begleiten. Dieses Vorhaben ist damit in logistischer Hinsicht einfacher als alle anderen Unternehmungen.

Bei ihrem Homöopathen in Hamburg wohne ich der Behandlung bei. Der von ihr verehrte Inder meint, dass es derzeit keinen Sinn mache, ein homöopathisches Mittel zu verabreichen. Er spricht davon, dass er eine Verbindung von Homöopathie und Geistheilung anstrebe. Er spielt von seinem Laptop eine Musik mit entspannender Wirkung ein und hält ihren Kopf und ermuntert sie, einfach da zu sein. Er gibt ihr mit auf den Weg, dass sie für sich selber Zeiten der Entspannung praktizieren könne, in denen sie schauen kann, was ihr gut tut, was für sie in ihrem Leben das ist, was ihr lebendige Energie gibt. Gertrud ist sichtlich berührt. Als wir auf der Rückfahrt sind, erzählt sie mir, dass ihr der Besuch bei dem Inder gut getan habe. Dann überrascht sie mich, indem sie mich fragt. – Sage mir doch noch einmal, was hat der eigentlich genau gesagt? – Ich erzähle ihr, was ich gehört habe. – Ach so. – Sagt sie dann. Fast so, als hätte sie noch Anderes erwartet. Ich frage sie. – Bist du etwas enttäuscht, hast du etwas Anderes erwartet? – Naja, eigentlich hat er dann ja nur Dinge gesagt, die ich schon kenne. – Antwortet sie. – Genau, Gertrud. – Ergänze ich. – Er hat etwas gemacht und gesprochen, was wir beide schon seit fünfundzwanzig Jahren kennen. – Wir haben nur nie behauptet, dass wir damit Heiler sind. – Fährt sie fort. – Das nicht. – Füge ich hinzu. – Aber die Philosophie unserer Therapierichtung besteht doch auch darin, dass die Verbindung zu unseren ursprünglichen Lebensimpulsen heilsam wirkt. Wir haben damit ja nicht eine Idee und Praxis begründet, die es nur exklusiv bei uns gibt. Mit anderen Worten und anderen Methoden, so scheint mir, sind da sehr viele unterwegs. Heute ist es für mich so, dass es darauf ankommt, sich dem Lebensja anzuvertrauen. – Sie stimmt zu. - Ja, das sehe ich auch so. Dass man selber etwas tun kann, das wissen wir auch schon seit fünfundzwanzig Jahren. Nur, das mit dem Selbertun, ich weiß nicht, ob ich das hinbekomme. Mir genügt es voll und ganz, wenn ich mich auf das Kissen setze und meditiere. – Verstehe. – Sage ich. – Wenn Du Deinen Weg gefunden hast, dann ist es doch gut für Dich. – Ja, klar, eigentlich schon. - Fährt sie fort. – Aber, wenn der Inder dann so etwas sagt, dann denke ich im ersten Moment, ich muss das jetzt machen. – Ich denke, der hat Dir nur eine Möglichkeit aufzeigen wollen. – Gebe ich zu bedenken.

Dann entdeckt Gertrud die Auraheilung und meint, dass sie diese wahrnehmen müsse. Auraheilung verstehe ich so, dass in dem Energiefeld, das unseren Körper umgibt, heilend eingegriffen werden kann. Das kann durch Berührung mit den Händen, aber sogar durch einen „symbolischen" Werkzeuggebrauch gemacht werden. Letzteres besonders dann, wenn es sich um operative Eingriffe, z. B. bei Rückenschmerzen, handelt. Dieses Vorgehen macht Sinn, wenn jemand davon überzeugt ist, dass alle Lebensprozesse, auch die materiellen, letztlich in einer geistigen und energetischen (also immateriellen) Sphäre angesiedelt sind. Man kann durchaus zu dem Ergebnis kommen, dass es sich bei der von Gertrud praktizierten klassischen Homöopathie auch um eine Form von Geistheilung handelt. Schließlich lassen sich in den sogenannten Hochpotenzen homöopathischer Mittel mit wissenschaftlichen Methoden keine Stoffe nachweisen. Da es ihr nicht gelingt, bei dem gewünschten Meister einen Termin zu bekommen, müssen wir zu einer seiner Schülerinnen fahren. Wir begeben uns in die Nähe von Berlin. Inzwischen sind wir ein eingespieltes Team für Fahrten zu Heilern. Häufig hören wir Musik- oder Hörkassetten. Mir gefällt besonders das „Handbuch des Kriegers des Lichts" von Paulo Coelho. Es wirkt auf mich beruhigend und ermutigend, wenn es vorgelesen wird. An die Wortzusammenstellung „Krieger des Lichts" muss ich immer noch gewöhnen. Krieger und Licht bringe ich in meinem Weltbild nicht ohne Weiteres zusammen. Es erinnert mich merkwürdigerweise (oder ist es gar nicht so merkwürdig?) an all die Ritter und Soldaten, die für das Gute und das Wahre mit dem Schwert kämpfen. Coelho meint das wohl nicht so, eher kann man sein Buch als einen Versuch sehen, diese alte unheilvolle Verknüpfung durch eine bessere zu ersetzen. In der Praxis für „Energetische Heilung" unterzieht sich Gertrud einigen Heilmeditationen und mittels Kirlianfotografie wird eine Diagnose ihres Energiekörpers gemacht. Das Foto zeigt an, wie gut die Energie in den einzelnen Meridianen (laut traditioneller chinesischer Medizin die Energieleitbahnen unseres Körpers) zirkuliert. Ein Vorher- und Nachherfoto zeigt Verbesserungen an. Eine Aurachirurgie komme für Gertrud derzeit nicht infrage, erklärt die Therapeutin, weil ihr Körper dafür zu geschwächt sei. Die Therapeutin empfiehlt Gertrud Literatur und auch Musik. Aber, das ist nicht, was Gertrud sucht. Sie lässt sich die empfohlenen Hilfsmittel zwar kommen, reicht sie aber sofort an mich weiter. Eine Auseinandersetzung zwischen ihr und der Therapeutin entsteht, als diese Gertrud dazu einlädt, ein Schriftstück zu unterschreiben,

in dem sie sinngemäß erklärt, allen sie fesselnden Verträgen zu entsa-
gen. Dies scheint ein Punkt zu sein, an dem mit Gertrud schwer zu reden ist. Ich sehe ihren Standpunkt so, dass sie mit allem, was in irgendeiner Weise nach psychologisch-therapeutischer Intervention riecht,
nichts zu tun haben will. Außerdem will sie keine Hinweise dafür, was
sie selber tun kann. In Gesprächen zwischen uns bestätigt sie meine
Einschätzung: Ich will keinen Psychokram. - Als ich ihr diesbezüglich
mein Erstaunen mitteile und ihr vorhalte, dass sie schließlich eine Psy-
chotherapieausbildung gemacht habe, antwortet sie mir. – Genau, deshalb. Ich brauche da nichts mehr für mich.- Ihr Tonfall macht mir klar,
dass sie sich damit abschließend zu diesem Thema geäußert hat.
In Bielefeld sorgt Gertrud aktiv für sich. Sie lässt sich zwischendurch
Massagen geben, die ihr einfach guttun. Sie hat das Gefühl, dass ihr
Körper Berührung brauche und diese besorgt sie sich. Des Weiteren
tauchen immer wieder neue Mittel zur Stärkung des Immunsystems auf.
Mir kommt es so vor, als öffne sich auf eine mir unerklärliche Art ein
großes Informationsfeld, das ständig neue Mittel und Therapeuten zur
Verfügung stellt.
Obwohl die Chemotherapie die Metastasen in der Lunge im Laufe der
Zeit um mehr als die Hälfte zurückdrängt, haben sich Gertruds Zustand
und Befinden inzwischen verschlechtert. Sie arbeitet zwar und geht
ihren gewohnten Hobbys und Verabredungen nach. Insgesamt wirkt sie
verhaltener, emotional reduzierter und schneller erschöpft. Sie hält mit
der Kraft, die ihr zur Verfügung steht, ihr Leben im Modus des Gewohnten. Ihre Hoffnung besteht darin, dass dieses Gewohnte erhalten
bleibt und – auf welche Art auch immer – eine Verbesserung erfährt.
Dafür macht sie einen enormen Input an Heilungsmitteln. Manchmal
denke ich. – Macht sie etwa ganz viel, weil sie hofft, dass dann die
Chance besteht, dass irgendeine Aktion den gewünschten Erfolg bringen wird? Oder ist sie innerlich viel verzweifelter, als sie selber wahr-
nimmt und nach außen zeigt und verschafft sich über die vielen Aktionen eine innere Stabilität? Beides würde Sinn machen. Solange ich
Gertrud kenne, schaffte sie es, sich über Aktionen Stabilität zu ver-
schaffen. Das ist bis jetzt ihr Weg, das Lebensja zu gestalten. Wen
wundert es, wenn sie in dieser Situation auf ihre vertraute Strategie
zurückgreift? Für mich ist es wichtig, dass bei den vielen Aktionen
verschiedene Unterstützer helfen. Für mich alleine ist das zu viel. Ich

bin sehr dankbar dafür, dass es diese Menschen gibt. In mir steigt immer wieder der Gedanke hoch, dass alles Bemühen, auch um Heilung, nur dann wirksam werden kann, wenn das Lebensja das für uns noch vorsieht. Es ist so als senden wir Zeichen, ich könnte auch sagen, Gebete an das Universum, um es für uns gütig zu stimmen.

Vergiss mich nicht

Gertruds Ja zum Leben auf dieser Erde, die Hoffnung auf das Heilungswunder, die vielen, intensiven Anstrengungen für eine Gesundung und ihre anwachsende Überzeugung, dass ihr jetziges Leben weiter gehen sollte, wird immer wieder begleitet von Gedanken, die auf ein mögliches Ende schauen. Besonders während unserer längeren Autofahrten sprechen wir darüber.

Ich weiß, dass Du auch ohne mich leben kannst, Walter. – Dann macht sie eine Pause und fährt dann fort. – Das ist doch so? – Ehrlich gesagt: ja, Gertrud. Etwas Anderes wäre mehr als verwunderlich. Wir sind doch in den letzten Jahren jeder seinen eigenen Weg gegangen. – Darauf Gertrud. – Hm, ja. Das ist so. Trotzdem könnte ich Dir doch irgendwie fehlen, falls ich nicht mehr da bin. – Da hast Du durchaus recht. Das könnte wohl sein. Ich fände es reichlich komisch, wenn mir Deine Abwesenheit nichts bedeuten würde. Mich verbindet mit Dir die längste und für mich auseinandersetzungsreichste Beziehung zu einer Frau. Es gibt ganz Vieles, das für mich weiterhin da sein wird. Vor allem durch unsere gemeinsamen Kinder. Da haben wir auch ganz viel Gutes miteinander geteilt, besonders unsere Familienfeiern und – urlaube. Ansonsten geht es mir so, dass es mir einigermaßen schwerfällt, mir vorzustellen, wie das genau sein wird. – Gertrud daraufhin. – Ja, die Kinder, die sind unsere stärkste Verbindung. Das ist ein starkes Band, wie in dem Film „Garp und wie er die Welt sah", in dem die Eltern immer gemeinsam nach den schlafenden Kindern schauten. Ansonsten war die Beziehung zwischen Mann und Frau in dem Film ja nicht gerade einfach. – Gertrud, ich stimme Dir hundert Prozent zu. Wir teilten Freud und Leid der Kindererziehung so gut, wie es uns halt gelungen ist. – Gertrud dann. - Vielleicht bist du doch ein bisschen traurig, wenn ich einmal nicht mehr da sein sollte. – Du machst mich unsicher, es ist doch eigentlich mein Teil zwischen uns, die Dinge genau wissen zu wollen. – Uns entschlüpft ein leichtes Lachen. - Ich vermute, dass es eine Trauer geben wird. So merkwürdig es klingen mag, ich finde, dass wir in dieser besonderen Zeit zu unserer Menschlichkeit gefunden haben. Aus meiner Sicht war es ein langer Weg bis es uns gelungen ist, sich so sein zu lassen, wie jeder nun einmal ist. Solltest Du gehen, so wird dieser Weg mit seiner Einkehr in die wechselseitige Annahme für mich das Größte sein, was es zu bewahren gilt. Deshalb müssen wir nicht alles psychologisch „aufgearbeitet" haben, wie es verführerisch heißt, als sei das das Entscheidende. Entscheidend finde ich, dass beide die Bereitschaft haben, sich wechselseitig zu akzeptieren. Für mich ist es eines der größten Geschenke meines Lebens, das wir an diesen Punkt gekommen sind. Es berührt mich sehr, wenn Du in der jetzigen Situation sagst, dass du siehst, dass ich auch meine Dinge machen muss. – Gertrud atmet hörbar durch. – Danke, dass Du das sagst. – Ein wenig scherzend geht sie auf eine anscheinend leichtere Ebene. – Ich werde dich dann holen, wenn es dran ist. – Darauf ich auch mit einem leichten Schmunzeln. – Eines Tages wird das Universum bei mir entscheiden, auch wenn im Moment natürlich niemand und am wenigsten ich gerne daran denken mag, dass ich hier jetzt genug Runden gedreht habe. Ja, das ist das Gesetz, dem wir unterworfen sind. Vielleicht hast Du Glück, dass Du dabei helfen darfst. Vielleicht kommt ja sogar ein ganzes Team zu mir. – Gertrud mit kräftiger Stimme und Humor.- Und am besten alles schön aussehende Frauen. – Wenn das Universum meint, mich verführen zu müssen. – Füge ich noch hinzu und mit etwas Bedauern. – Aber, unsereins hat keine Ahnung. – Mit Erleichterung. – Das ist vielleicht sogar ganz gut so. – Darauf Gertrud. - Wenn ich wieder auf die Erde komme, dann werde ich konsequenter für die Liebe leben. Alles Andere habe ich gut gelöst. – Ich frage sie. – Wie meinst Du das? – Ach, schwer zu sagen. Das muss sich mir noch zeigen. Aber, ich fühle es so. – Nach einer kleinen Pause ergänzt sie. – Nur, das ist so schwer einzuschätzen, wie sich das mit der Reinkarnation verhält. Roshi sagt eigentlich gar nichts dazu. Der spricht so, als wenn Ereignisse im Leben einfach auftauchen und verschwinden. – Ich ergänze. – Ich kenne Deinen Roshi nicht sehr gut. Aber, diese Denkweise, dass sich die Dinge wie grundlos ereignen, ist mir persönlich sehr sympathisch. Ich finde, dass solch ein Denken den Zugang herstellen kann zu dem, wie sich die Welt uns im unmittelbaren Erleben zeigt. – Das ist in der Meditation möglich. – Sagt Gertrud. - Genau. – Sage ich. Nur, das scheint uns oft nicht zu befriedigen. Wir suchen Ursachen oder Gründe für das, was ist. Ein Unterfangen, das in Bezug auf die letzten Fragen unseres Seins, wie es sich mit Tod und Leben verhält, schwierig wird beziehungsweise unmöglich ist. – Du meinst, der Glaube an Reinkarnation ist deshalb falsch? – Ich antworte. – Hm, „falsch" finde ich nicht so zutreffend. Was soll man gegen ein Für-wahrhalten sagen? Ich vermute, dass es in bestimmten östlichen Traditionen Erstaunen hervorrufen würde, wenn wir denen sagen, dass Reinkarnation nicht sein kann. – So ist es. – Ergänzt Gertrud. – Die wissen aus ihrer Sicht zum Beispiel ganz genau, wer der neue Dalai Lama ist. – Ich fahre fort. – Ich würde mir nicht anmaßen, mich im Besitze der Wahrheit zu wähnen. Ich kann nur sagen, dass mir ein Denken, dass das Sein im Letzten als unbegründbar und grundlos denkt, näher ist als eines, das meint, alles genau begründen zu können. – Gertrud hakt nach. – Du glaubst also nicht an eine Reinkarnation? – Für mich ist das nicht eine wirkliche Frage. – Gertrud fügt hinzu. – Also, du glaubst, dass mit dem Tod alles vorbei ist? – Ich hoffe an diesem Punkt, Gertrud. Ich weiß nicht, was nach meinem Tod sein wird. Ich hoffe, dass es eine Güte, ich kann auch sagen, Liebe des Universums gibt, die, wie auch schon jetzt, mein Sein auch weiterhin hüten wird. – Sie ist immer noch nicht zufrieden. – Du machst Dir keine konkrete Vorstellung, wie das aussehen könnte? – Offen gesagt, bisher nicht. Ich denke manchmal, dass es schön wäre, dass es irgendeine Verbindung zwischen jetzt und dann gibt. Schön wäre ein Existenzweise, in der dieser Walter enthalten ist und dass das einfach gut ist. Aber, das ist eine Vorstellung, die ich nicht für entscheidend halte. Wichtiger ist mir das, was ich vorher gesagt habe. Was mir an dem Gedanken der Reinkarnation gefällt ist zum einen die Vorstellung, dass wir mit unserem Handeln etwas bewirken. Das halte ich für einen guten Gedanken, um unser Gewissen zu schärfen. Zum anderen gefällt es mir, dass wir Menschen in uns in diesem Glauben nicht nur als isolierte Einzelne, sondern in Verbindung sehen. Jetzt aber noch einmal zu Dir. Wie hältst Du es denn mit der Reinkarnation? – Für mich ist das eine gute Vorstellung. Das, was du zur Verbindung gesagt hast, gefällt auch mir. Ich finde auch den Gedanken gut, dass wir durch unsere Taten beeinflussen können, auf welche Weise wir weiterhin existieren werden. Mir gefällt, dass wir selber bewirken können, was wir ernten. Das ist für mich sehr gerecht. Aber, du merkst ja an meinen Aussagen, dass ich mich da nicht sicher fühle. Der Tod ist allerdings für mich nicht ein Verlöschen, mit dem alles vorbei ist, auch wenn ich nicht genau sagen kann, wie es weiter geht. Eine Frage habe ich noch an Dich. Glaubst Du denn nicht an Gott? – Ich atme durch und lächle wie verlegen. – Die Frage klingt so einfach. Zu klären ist, was dieses Wort eigentlich heißt. Da hier in unseren christlichen Breitengraden sofort irgendwelche Klischees von einem Opa mit Rauschebart auftauchen, macht es die Sache nicht gerade einfach. Um es kurz zu sagen: Niemand weiß, wer und was Gott wirklich ist. Alle unsere Aussagen sind nur Bilder, die wir uns machen. Im Judentum soll deshalb der Name Gottes nicht ausgesprochen werden. Das finde ich sehr weise. Davon lerne auch ich. Das Sein ist für mich im Letzten ein Geheimnis. Es zeigt sich uns und verbirgt sich. Wir sehen immer nur bruchstückhaft. Deshalb gefällt mir ein Denken, dass das Sein als grundlos begreift. Für mich ist der Weg, auf das innere Ja zu hören nichts anderes als mein persönlicher Weg zu dem, was Gott, Sein, Leben usw. genannt wird, in Beziehung zu treten. Immer wieder neu. – Dann wechselt Gertrud die Gesprächsrichtung. – Die Sterne weisen im Moment, das heißt für die nächsten Wochen, für mich auf keine besonderen Ereignisse hin. Auch, wenn Du jetzt vielleicht lachst, ich glaube ich habe jetzt das richtige homöopathische Mittel für mich gefunden. – Sie schaut mich ein wenig herausfordernd an. – Gertrud, wenn Dir das gelungen ist, herzlichen Glückwunsch. Aber, unter uns gesagt, du hast schon öfter das „richtige Mittel" gefunden. Ich höre, dass Du voller Hoffnung bist. Ich bin auch dafür, dem Wunder eine Chance zu geben.

Meine Mama im Hadern mit Welt und Herrgott

Das versteht keiner, wenn du alleine zurechtkommen musst. Als Heinz vor ein paar Monaten noch lebte, da kam der wenigstens jeden Tag vorbei. Auch wenn er nicht viel sagte. Aber er kam doch und saß hier. Jetzt ist das vorbei. Keinen Menschen interessiert doch, wie es mir damit geht. Die denken doch alle nur an sich. Die Meyers hier von nebenan mussten doch ins Altenheim. Die Kinder haben doch keine Lust, sich um ihre alten Eltern zu kümmern. Nein, die haben ja Besseres zu tun. Da müssen beide verdienen und möglichst viel Geld ranschaffen, und wenn sie freie Zeit haben, müssen sie feiern. Ich habe denen immer Geschenke vorbeigebracht zu den Geburtstagen, jetzt noch zur Konfirmation. Meinst du, da wirst du eingeladen. Die Nachbarin hat mir gestern gesagt, die meinten, ich würde ja sowieso nie kommen. Aber trotzdem hätte sich das gehört, mich einzuladen. Ob ich nun komme oder nicht komme. Das gehört sich doch so. Mit mir alter Frau können sie es wohl machen. Was will die Alte denn, sagen die sich. Die Hauptsache, die schenkt uns etwas. Alles andere ist denen doch so etwas von egal. Die jungen Leute wollen doch alle nur Party machen. Die Alten stehen doch auf dem Abstellgleis. Die sind zu nichts mehr nutze. Die sind nur langweilig und lästig. Was wollen die überhaupt noch hier. Bist du noch da? - Ich darauf. – Ja, ich höre dir zu, Mama. – Meinst du da kommt einmal einer vorbei aus der Frauengruppe, bei denen ich jahrelang dabei war und Kaffee gekocht und ausgeschenkt habe. Aus den Augen, aus dem Sinn. Den Pastor, den kannst du sowieso vergessen. Da fragt der mich doch, ob ich hier noch jemand in meinem Haus zur Miete aufnehmen könnte, ich hätte doch das ganze Haus für mich alleine. Außerdem hätte ich dann etwas Gesellschaft. Sie suchten für eine ältere Frau eine Bleibe. Was bildet der Kerl sich eigentlich ein. Die wollen alle nur was haben von mir. Dann bin ich gut, wenn ich mache, was die wollen. Da ist noch etwas zu holen, denken die doch. Soll die Alte das doch rausrücken. Was will die denn mit soviel. Dann habe ich dem Pastor, diesem Kerl, noch ein paar Bonbons angeboten. Da sagt der doch glatt danke und fragt, ob er sich noch ein paar mehr für seine Kinder mitnehmen kann. Bist du noch da? – Ich. – Ja, ich höre dir zu. – Der ist doch auch vom Stamme nimm. Dann diese Frauen in der Frauengruppe früher. Oh, was himmelten ihn da einige an. Immer musste Kuchen für ihn und seine Familie da sein. Der verdient doch genug. Und dieser Dieter, der hier vorbeikommt, wenn er Lust hat und sich hier bedienen lässt, den will ich nicht mehr sehen. Der ist sowieso so schwer zu verstehen mit seinem Sprachfehler. Und faul ist der. Als er für mich ein paar Sachen aus dem Supermarkt holen sollte, da hatte er keine Lust. Aber hier sitzen und meine leckeren Kekse essen und Kaffee trinken. Das könnte dem so passen. Bist du noch da? – Ja, ich höre dir zu. – Als ich neulich draußen war, traf ich Trine Johanson. Ach, die hat das auch nicht leicht. Sie kann nur noch mit dem Rollator gehen und die

Augen lassen auch nach. Die hat mir recht gegeben. „Marga, wir sind nur noch eine Last für die Anderen!", hat sie gesagt. Meinst du, deren Kinder kümmern sich um sie. Ach, was. Zweimal die Woche kommt ihre Tochter von Stade vorbei. Die halbe Stunde Autofahrt ist dann schon wieder zu viel. – Bist du noch da? – Ja, ich höre dir zu. – Aber, Schwarzarbeit, das machen sie. Hier der Nachbar. Hat wieder ein paar Autos auf dem Hof stehen. Das läuft. Das sag ich dir. Und gleichzeitig verrentet. Er kann ja nicht arbeiten der arme Kerl, deshalb muss er raus aus dem Job. Aber jetzt, da kann der arbeiten, vom morgen bis zum Abend. Dem fehlt nichts. Bist du noch da. – Ja, ich höre dir zu. – Da wird soviel Schmu gemacht in diesem Land. Du musst einfach dreist und frech sein, dann kommst du zu etwas. Der Ehrliche ist doch immer der Dumme. Aber die da oben, die sind ja auch nicht besser. Die müssten doch ein Vorbild sein. Denkste. Die wirtschaften doch auch alle nur in die eigene Tasche. Nein, ich verstehe das nicht. Ich bin echt zu dumm. Bist du noch da? – Ja, ich höre dir zu. – Wie kann der liebe Gott das nur alles zulassen. Die größten Gauner führen das beste Leben. Das geht doch nicht mit rechten Dingen zu. Tante Köster hat immer gesagt: „Gottes Mühlen mahlen langsam, aber sehr genau." Bist du noch da? – Ja, ich höre dir zu. – Der Heinz, der hat das gut. Muss man doch mal sagen. Er hat keine Medikamente genommen, ist nicht zum Arzt gegangen. Er hat sein Leben einfach so zu Ende gelebt, ohne sich groß um seine Gesundheit zu sorgen. Hat auch kaum gestöhnt. Außer, dass ihm Einiges zu viel wurde im letzten Jahr und er keine Lust mehr hatte, im Garten zu arbeiten. Die Toten, die haben das gut. Die sind fein raus. Ihn, der fast zwanzig Jahre jünger war als ich, den holt der liebe Gott. Aber mich, mich will er nicht. Hätte ein Einsehen haben können und mich holen sollen. – Bist du noch da? – Ja, ich höre dir zu. – Aber mich, obwohl ich schon Mitte achtzig bin, mich lässt er hier weiter rumlaufen. Was soll das?! Wäre doch besser gewesen, ich wäre davon. Was soll ich hier? Nein, stattdessen wird der Heinz geholt. Gut, von seiner Rente hat er nicht sehr viel gehabt. Aber, groß gelitten hat er auch nicht. Ich, die weg will, die holt der nicht. Was soll das? Das sage mir einer. Bist du noch da? – Ja, ich höre dir zu. – Du denkst auch, heute bin ich wohl besonders schlimm. – Ich höre, dass es wirklich nicht leicht ist für Dich, Mama. – Ja, das will ich dir sagen, Walter. Das bringt keinen Spaß. Wie können Menschen nur so sein? – Darauf ich. –

Naja Mama, wir haben ja schon öfter darüber gesprochen. Du bist doch alt genug, um zu wissen, dass es so ist, wie du sagst. – Mama darauf. – Aber, der eine oder andere könnte sich doch wirklich einmal etwas zusammenreißen. – Ich. – Ja, das könnte er vielleicht schon, wenn er wollte. – Mama fährt fort. – Nein, Walter, das macht keinen Spaß. Warum hat der Herrgott kein Einsehen und nimmt mich zu sich? – Darauf ich. – Ja, das weiß ich natürlich auch nicht. Aber, vielleicht ist der einfach anderer Meinung als du. Warum auch immer. – Wieder Mama. – Das wäre doch wohl mehr als recht und billig, wenn er mich nehmen würde. Das muss doch gehen. – Darauf ich. – Du weißt ja auch, dass der Herrgott seine eigene Vernunft hat und da kommt niemand gegen an. – Dann Mama. – Aber Umbringen tue ich mich nicht. Damit das klar ist. Das gehört sich nicht. Da soll mir keiner mit kommen. – Darauf ich. – Mama, das tut doch auch keiner. – Dann wieder Mama. – War schlimm genug, als der Meyn da hing und den Strick um den Hals hatte. Ach, das ging sogar durch die Presse, hier haben sich zwei alte Leute vergiftet. Hast du davon gehört? – Nein, Mama, ich habe davon nicht gehört, aber das waren bestimmt zwei sehr verzweifelte Menschen. – Mama darauf. – Umbringen gehört sich nicht. Wo kommen wir denn da hin. Was die Menschen sich wohl einbilden, dass sie sich einfach so auslöschen. – Darauf ich. – Einfach so haben die das bestimmt nicht getan. Weiß man etwas über die Hintergründe? – Dann wieder Mama. – Das gehört sich nicht. Wir haben da nicht dem Herrgott ins Handwerk zu pfuschen. Das tun die sowieso schon immerzu. Was wollen wir auf dem Mond? Reicht doch, auf der Erde zu sein. – Dann ich. – Genau, Mama, mir reicht die Erde. – So, Walter, jetzt müssen wir Schluss machen, ich will noch ein bisschen rausgehen, damit ich auf den Beinen bleibe. – Ich darauf. – Kein Problem Mama. Komm heil wieder zurück und bis morgen. – Sie dann. – Ja, bis morgen.

Heute war sie mächtig auf Tour. – Denke ich. – Da musste Einiges raus. Naja, ich kenne sie und weiß, dass es noch heftigere Tage bei ihr gibt. Seit zwanzig Jahren rufe ich sie täglich an. Ihre Unzufriedenheit hat sich nicht gelegt. Fast scheint es so, als steigere sich diese noch. Unzufriedenheit ist untertrieben. Für mich ist es eine Mischung aus großer Verzweiflung, Dünnhäutigkeit, Einsamkeit und einem Kampf mit Gott und der Welt. Nur selten hat sie Positives zu berichten. Sie ist meine Mutter und es fällt mir nicht leicht zu sagen, dass es mich manchmal wundert, dass bei ihr immer noch Menschen vorbeischauen. Entgegen den von ihr getätigten Behauptungen kommen die auch aus der Frauengruppe. Mir scheint: Es gibt mehr Liebe unter den Menschen, als wie ihre Aussagen es einem einflüstern mögen. Meine Schwester schaut, nachdem sich Mutter und Tochter vor ein paar Jahren wieder vertragen haben, bis zu drei Mal pro Woche bei ihr vorbei. Wenn ich sie darauf anspreche, ist es mir schon passiert, dass sie gesagt hat: „Das können die auch lassen." Trotz aller Verbitterung dreht diese Frau dank eines kräftigen inneren, unbewussten Lebensjas bis ins hohe Alter ihre Runden auf dieser Erde. Einige Freundinnen von Gertrud sagen, dass Gertrud eine Kämpferin sei. Meine Mutter toppt Gertrud und uns alle, wenn es um einen Kampf geht, der darin besteht, eine kräftige Verneinung in die Welt zu stoßen. Sie bewegt sich täglich, besorgt sich alternative, natürliche Medizin, um sich für ihren Lebensweg fit zu halten. Da ist bei aller Verneinung ihr Ja angesiedelt. Sie lehnt Medikamente, vor allem Dingen Antidepressiva, strikt und konsequent ab. Ansonsten muss sich jeder im Kontakt mit ihr anhören, was sie für ein unbeschreibliches, unvergleichliches und unüberbietbar schweres Schicksal trägt.

Zu ihrem Herrgott hat sie ein sehr ambivalentes Verhältnis. Manchmal staunt sie über all die Vielfältigkeiten und Feinheiten des Lebens und kommt dann zu dem Schluss, dass es das alles nur gibt, weil das unser Herrgott geschaffen hat. In solchen Momenten bewundert sie ihren „Herrgott". Meistens jedoch, wie in diesem Telefonat, hadert sie mit dem Herrgott. Früher duldete sie keinen Widerspruch, wenn sie ihre Überzeugungen vehement von sich gab. Inzwischen darf ich (manchmal) abweichende Überzeugungen äußern. In den täglichen Telefongespräche mit ihr konnte ich sehr viel lernen. Ihre riesige Empfindsamkeit, die sie in meinen Augen so verletzlich macht, dass du ihr gegenüber nur scheitern kannst, wird oft durch ihre Kämpfe verdeckt. Ich habe es als mein Schicksal angenommen, ihr immer wieder neu und geduldig zuzuhören. Manchmal spüre ich Unlust, wenn ich daran denke, dass ich sie noch anrufen muss. Für mich ist völlig nachvollziehbar, wenn ihr nicht einleuchten will, wieso Heinz sterben musste und sie nicht. Mir scheint, die Logik nach der sich das, wie es heißt, ewige „Stirb und Werde" vollzieht, bleibt uns verborgen. Für mich scheitern wir an diesem Punkt mit allen Erklärungsversuchen. Je mehr wir an diesem Punkt jedoch etwas erzwingen wollen, und davon scheint sie mir gegenüber ihrem „Herrgott" nicht ganz frei zu sein, umso stärker erfahren wir, dass genau das unmöglich ist. Wer eine uneingeschränkte Autonomie für sich reklamiert beziehungsweise den absoluten Willen zur Macht ausleben will, holt sich an diesem Punkt viele Blessuren. Die biblische Geschichte von Hiob, einem rechtschaffenen Mann, dem keine Schuld nachgesagt werden kann, lese ich so, dass es für Hiob genau darum geht, dass er annimmt, dass Leben und Tod für uns nicht berechenbar sind. Unser Verstand, der nur das versteht, was zu berechnen oder logisch begründbar ist, muss an dieser Stelle kapitulieren. Wir können nur noch annehmen, was uns geschickt ist. Damit hadert auch mein Verlangen nach Selbstbestimmung. Das Thema Suizid, das in dem Telefonat mit meiner Mutter auftaucht, hat sie schon öfter angesprochen. Sogar in heftigerer Form. Ich bin mir nicht sicher, wie sie handeln würde, wenn da nicht die Autorität ihres „Herrgottes" wäre, der ihr das strikt untersagt. Da sie nicht mehr hier sein möchte, aber keinen Suizid machen darf, ist es nur konsequent, den Herrgott in die Pflicht zu nehmen, dass er das „Richtige" tut.

Zuspitzungen

Ich habe gestern Abend sogar etwas getanzt. – Sagt mir Gertrud bei einem unserer morgendlichen Telefonate, in denen wir unser Befinden austauschen und uns vergewissern, was der heutige Tag an Lebensbewegung für uns bereithält. Wiederholt spricht Gertrud davon, dass etwas von ihr geschafft wurde. – Ich habe die Treppen zum Malatelier ohne fremde Hilfe genommen, bei der Doppelkopfrunde konnte ich mich die ganze Zeit konzentrieren, die letzten Rechnungen konnte ich sogar selber schreiben, beim Restaurantbesuch konnte ich gut mitreden ... - Für mich ist das eine neue Redeweise, die einen Hinweis auf die veränderte Situation gibt. Sie findet ihr Lebensja in der von ihr beschriebenen Teilhabe nicht mehr so leicht und selbstverständlich, wie es noch vor einigen Wochen der Fall war. Sie vergewissert sich öfter ihrer eigenen Kraft. Weihnachten feiern wir miteinander mit den von uns gepflegten Ritualen von gemeinsam Gesang, kleinen Darbietungen und den von uns allen kulinarisch hochgeschätzten Gänsekeulen, nebst Rotkraut und Klößen. Wir sprechen nicht davon, dass dies wahrscheinlich unser letztes gemeinsames Weihnachtsfest sein wird. Dennoch breitet sich dieser Gedanke in mir aus. Er beschäftigt mich stärker als es mir lieb ist. Die Hoffnung auf das Wunder schrumpft, auch wenn sie nicht ganz verschwunden ist. Der Gedanke vom letzten Weihnachtsfest hat eine gruselige Komponente für mich. Dieses Gefühl von mich beschleichender Angst lasse ich allerdings nur zu, wenn ich mit mir alleine bin. Sprachverbindungen, die die Silbe „letzt" enthalten, haben eine enorme Wirkung auf mich. Dazu gehören: letzte gemeinsame Reise, letzte Geburtstagsfeier, letztes Weihnachtsfest, letztes Silvester, …. Mir fällt auf, dass es die Feiertage sind, die diese Stimulationskraft in besonderer Weise in sich tragen. Silvesterabend verbringe ich mit Gertrud und einer Freundin von ihr, wir spielen ein paar Brettspiele und unterhalten uns entspannt. Alles sieht so selbstverständlich aus und ist es doch überhaupt nicht. Das sind Momente, die mir zeigen, dass mein Hiersein brüchig und verletzlich ist. Manchmal ängstet das und dann wieder staune ich.

Die Metastasen in der Lunge nehmen wieder zu. Die Ärztin schlägt den Wechsel des Chemotherapeutikums vor. Das jetzige Mittel würde bei den Metastasen inzwischen nur noch begrenzte Wirkung erzielen können. Außerdem könnten die Neuropathien sich verstärken. Gertrud bleibt auch hier beim Bekannten und Gewohnten. Sie will weiterhin diese Chemotherapie. Der Kampf für ihre Form verstärkt sich. Diverse Tabletten gegen Übelkeit werden ausprobiert. Eine Magenspiegelung bei einem Spezialisten ergibt allerdings keine Schädigung. Ihre alten Schwachstellen, die Zähne, Zahnhälse und das Zahnfleisch, melden sich mit Entzündungen. Einmal greift sie sogar zum Morphinpflaster, als an der linken Körperseite Schmerzen auftreten. Wir lernen vom Palliativmediziner, dass solche Beschwerden auftreten, aber auch wieder verschwinden können. Schmerzmittel spielen ansonsten kaum eine Rolle. Sichtbar wird, dass das Immunsystem sich jetzt immer öfter nicht mehr in der Lage fühlt, die Angriffe abzuwehren. Gertrud bleibt sich auch angesichts dieser neuen Herausforderungen treu. Ihre Tapferkeit steht in Gefahr, aus dem Lot zu geraten in Richtung Übermut. An einem Nachmittag sitzt sie im Souterrain des Hauses und schafft es nicht, die Stufen nach oben alleine zu gehen. Es gab keine Notwendigkeit, sich in diese Lage zu bringen. Meine humoreske Seite sieht die Gertrud, die immer noch an das junge Fohlen in sich glaubt, das alle

Zäune locker nimmt. Sie hat Glück. Unser Sohn Alexander kommt zufällig vorbei und hilft ihr. Als wolle sie sich beweisen, dass sie „dennoch" fit ist, begibt sie sich an einem anderen Nachmittag bei reichlich frischen Temperaturen in den Garten, um dort Unkraut zu beseitigen. Dabei fällt sie um und kann nicht mehr alleine aufstehen. Lena ist im Hause und sieht sie, hilft ihr auf die Beine und schleppt sie aus dem Garten und hält ihr eine Standpauke. Den Übermut von Gertrud kennen alle, die länger mit ihr näher zu tun haben. Die Schutzengel scheinen allerdings auch jetzt bei ihr zu sein.

Gertrud liebt es, mit Menschen etwas gemeinsam zu unternehmen. Ihre Hobbygruppen sind ihr besonders wichtig. Es ist zu spüren, wie sie mit aller Kraft dafür kämpft, dass sie dabei sein kann. Die Malgruppe ist wie eine sorgende, gute Mutter zu ihr. Sie bekommt immer einen Salat oder eine Suppe. Es findet sich immer jemand, der sie von zu Hause abholt und wieder zurück bringt. Ihre buddhistischen Freunde kommen aus dem Süden und Norden Deutschlands vorbei und nehmen sich Zeit für sie. Ihr Freund Pière fährt sogar einige Tage mit ihr weg. Ihre Geschwister machen ebenfalls noch eine kleine Reise mit ihr. Ich glaube, ich habe es in meinem Leben noch nie so intensiv gespürt, wie kostbar es ist, dass andere Menschen mit uns sind. Mir scheint es ein großes Geschenk zu sein, dass wir Lebenszeit miteinander teilen können. Sie lacht sogar noch über ihren Freund Franz, der immer mit ihr Champagner trinken will. – Der lebt einfach in einer anderen Welt. – Sagt sie. – Der kriegt Vieles nicht mit. Vielleicht will er es auch nicht mitkriegen. Schließlich hatte er selber einmal Krebs. Ich glaube, der hält das nicht aus, mich so zu erleben. - Einerseits klammert sich Gertrud immer stärker an das Hiersein, andererseits spricht sie auch von letzten Unternehmungen. Nach der kleinen Reise mit Pière meint sie, das sei jetzt wohl der letzte Kontakt mit ihm gewesen. Sie nimmt wahr, dass sie für Menschen anstrengend sein kann. Als ich ihr einmal sage, dass mir unsere gemeinsamen Besuche der onkologischen Praxis mit anschließendem Essen und eventuellen Einkäufen von morgens um 10.30 Uhr bis nachmittags fast 17 Uhr zu umfänglich seien und ich vorschlagen würde, dass wir den Einkauf gesondert machen sollten, reagiert sie ungehalten und gekränkt, sogar schroff. – Sag doch, dass es Dir zu viel ist, dann frage ich eben für den Einkauf jemand anders. – Ihre Reaktion erschrickt mich. Reden will sie nicht. Ich akzeptiere, so gut ich kann, dass dies nicht die Zeit für Gespräch und Reflexion ist. Es hat etwas Anrührendes, wie sie, wenn man einmal mit ihr auf Tour ist, einen eigenen Ideenreichtum entwickelt, was noch unternommen werden könnte beziehungsweise müsste. Darin liegt eine Verführungskraft, die es mir schwer macht, meine Grenzen zu achten. Außerdem gilt: Gegen die Wünsche eines Menschen mit einem möglicherweise bis wahrscheinlich tödlichem Attentat darf ich nichts sagen. Des Öfteren sitzen wir beide in ihrem Wohnzimmer und lassen einige einfache Mantren erklingen. Sie spielt auf der Blockflöte die Melodie und ich schlage auf der Gitarre die Akkorde und singe dazu. Ich bin beeindruckt, mit welchem Ernst Gertrud ihre Lunge fordert, um die richtigen Töne zu treffen. Einige Male versuche ich sie zu stimulieren, dass wir uns der Musik einfach so hingeben, wie uns gerade ist. Damit kann ich bei ihr zu dieser Zeit nicht landen. Sie will die richtigen Töne spielen. Einmal streitet sie um einen Ton mit mir. Wir können das lösen, indem wir ins Notenblatt schauen. Der magische Walter glaubt, dass sein Gesang ihr guttun wird. Nicht wegen der musikalisch-technischen Qualität, sondern wegen der ihr und dem Leben zugeneigten Seele, die darin zum Schwingen kommt. Auch wenn die Zeiten des Spielens kürzer werden, sind sie für mich kostbare Momente.

Unserer Tochter gegenüber betont sie stereotyp, dass es ihr gut gehe. Das macht Lena so manches Mal zornig. „Ich sehe doch, dass das überhaupt nicht stimmt!", wird sie von Lena konfrontiert. An manchen Tagen will die Tochter sich von ihrer Mutter nicht so einfach abspeisen lassen. Sie sucht die Auseinandersetzung. Gertrud mag nicht mehr alle Kräfte haben, die sie einst in ihrer Verfügung hatte, aber sie ist noch stark genug, um sich dort zu verweigern, wo sie es für richtig hält. Mir gegenüber erklärt sie, dass sie Lena auch nicht alles sagen wolle. – Hm. - Sage ich. – Aber, dass sie erfahren möchte, wie es Dir geht, ist doch nun auch nicht verwunderlich oder unangemessen. Schließlich haben wir die Kinder doch so erzogen, dass es gut ist, sich mitzuteilen. Gertrud bleibt bei ihrer Position. Sie hat genug Kraft, um auch mir eine rote Karte zu zeigen.

Wie schon des Öfteren erwähnt, ist Gertrud für Überraschungen gut. – Ich wollte es Dir nicht vorher sagen. Aber, jetzt kann ich es Dir ja sagen. Ich habe etwas dafür getan, dass mehr Patienten in meine Praxis kommen können. – Ich. – Du meinst, du kannst noch mehr arbeiten, als im Moment. – Gertrud. - Es bleiben Patienten weg. Einige sagen ganz offen, dass sie es tun. Andere machen es einfach so. Die sehen meinen Zustand und haben kein Vertrauen mehr, dass ich wieder fit werde. Deshalb brauche ich neue Patienten. Ich habe ein Video drehen lassen. – Ich. – Bitte, was hast Du? – Sie. – Wie gesagt, ich habe ein Video drehen lassen. Nachbar Bischoff spielte einen Patienten und Frau Schwesig, die Putzhilfe, eine Patientin. – Ich. Etwas perplex. – Aha. – Sie. – Es liegt auf dem Computer, du kannst es dir ansehen. – Ich sehe mir das Video an. – Ist gut geworden. Ich sehe, dass das in der Klinik in Herford gezeigt wird. – Gertrud. – So ist es. Lena hat geschimpft mit mir. „Dafür gibst Du zweitausend Euro aus." Du hättest mir doch auch abgeraten. Oder? – Ja, hätte ich. Ich bin mir nicht sicher, dass sich diese zweitausend Euro in einem Jahr rechnen würden. Außerdem ist dort nur deine Telefonnummer angegeben. Ich hätte es besser gefunden, es wäre auch ein Hinweis für eine Website dabei. – Gertrud. – Soll ich noch eine Website machen? – Ich. – Nein, lasse es jetzt so, wie es ist. – Gertrud. – Ich hatte Franz gebeten, dass er mir von seiner vielen Kohle die zweitausend Euro leiht. Aber, der Geizkragen hat Angst, dass du es ihm nicht zurückgibst, falls ich sterben sollte. – Ich. - Mit einem Lachen. – Mensch Gertrud, du brauchst doch sein Geld gar nicht. Woher wohl sein Misstrauen mir gegenüber kommt? Egal, das ist nicht meine Sache. – Gertrud. - Geschenkt wollte ich das Geld ja nicht. – Ich. – Warum eigentlich nicht? Er spricht doch immer davon, was er angeblich alles für Andere tut. – Gertrud. – Für mich ist es jetzt in Ordnung, wie es ist. – Ich. – Deine Liebe zu Deiner Arbeit ist riesengroß. – Gertrud. – Ja, das ist so. Ich kann mir mein Leben nicht ohne meine Arbeit vorstellen. Ich wäre sehr traurig, wenn das einmal vorbei sein sollte.

Unsere menschlichste Fahrt

Es regnet. Ich öffne die Beifahrertür des Autos. Fordere Gertrud auf, sich bei mir einzuhaken und gehe mit ihr zur geöffneten Autotür. Wir schaffen es, dass es ihr gelingt, sich mittels meiner Stütze in das Auto hineinzuplatzieren. Ich schließe die Beifahrertür und begebe mich dann ebenfalls ins Auto. Vor uns liegen ungefähr sechshundert Kilometer Fahrt. Wenn da nicht meine Pollenallergie wäre! Fast jedes Frühjahr werde ich davon heimgesucht. Birkenpollen greifen mich an und ma-

chen mir das Leben schwer. Es gibt Tage, an denen fühle ich mich frös-
telig und erschöpft und sehne mich nur noch nach Ruhe und Geborgen-
heit in irgendeiner pollenfreien Zone. Leider durchlebe ich gerade solcherlei heftige Tage meines Pollenleidens. Mein körperliches Schwächegefühl und meine Lustlosigkeit, etwas anzupacken, sind denkbar
schlechte Voraussetzungen für diese Unternehmung. Gertrud hat trotz
ihrer Angeschlagenheit versucht, jemand Anderen für diese Fahrt zu
finden, weil sie mir die Fahrt in meinen Zustand ersparen wollte. Das
ist ihr leider nicht gelungen. Mein rundum geschwächter Zustand und
ihre verstärkte Hinfälligkeit sind keinerlei Stimulanz für ein freudiges
Ja zum Leben. Warum machen wir überhaupt diese Fahrt? Ist diese
Unternehmung irgendetwas Anderes als Ausdruck einer Gertrudschen
Marotte? Oder leitet sie ihre Intuition entgegen allem Augenschein auf
diese Weise zum großen Wunder? Einem Ereignis, das sich erst im
tiefen Tal der Letztzeitwanderung offenbaren will, sodass es wirklich
dumm wäre, diese Fahrt nicht zu machen? Denn schließlich ist es Gertrud gelungen, bei dem Meisterheiler für Aurachirurgie die Teilnahme
an einem Seminar zu erwirken, bei dem sie sich vergeblich um eine
Einzelkonsultation bemüht hat. Wir sitzen schweigend im Auto, beide
auf unterschiedliche Weise angeschlagen und beide wenig motiviert,
viel zu reden. Trotz ihrer Hinfälligkeit greift Gertrud sofort zum Handy,
wenn ein Patient sie anruft. Sie klopft zügig die relevanten Bereiche ab.
Welche Beschwerden? Schmerzen? Welcher Art? Stimmung? Schlaf-
gewohnheiten? Usw. Gertrud empfiehlt dann das Mittel, welches die
mit der Homöopathie bestens vertrauten Patienten in ihrer persönlichen
Hausapotheke finden. Diese Telefonate verwandeln Gertrud von einer
Minute auf die andere. Wirkte sie soeben noch kraftlos und müde, wirkt
sie jetzt konzentriert und zielstrebig. Es ist, als müsse sie einfach einen
Schalter umlegen und schon ist sie in einer anderen Verfassung. Ist das
Telefonat beendet, kehrt sie sofort in den Stand-by-Modus zurück. Ich
kann mich trotz meiner Frösteligkeit und Lustlosigkeit einem gewissen
Staunen hingeben, wenn ich sie so erlebe. Mir scheint, dass ihr Gehirn
in Bezug auf die Homöopathie besonders gut trainiert sein muss, um
schnell zu Ergebnissen zu kommen. Während unserer Fahrt sind der
Regen und ein nicht endender grauer Himmel sowie aquaplaningge-
fährdete Straßenverhältnisse die dauerhaften, nicht abzuschüttelnden
Begleiter. Nach zwei Stunden brauche ich eine Pause. Gertrud meint,

sie wolle im Auto bleiben. – Möchtest Du nichts trinken oder essen? – Frage ich sie. – Nein, im Moment nicht. Mach Du, wie Du willst, ich warte hier. – Okay. – Sage ich. Nach dem Gang zum WC gönne ich mir noch einen Kaffee und einen Croissant. Dann gehe ich wieder zum Auto. – Ach, jetzt möchte ich doch auch etwas. – Teilt mir Gertrud mit. – Hätte sie mir auch eher sagen können. - Denke ich ein wenig missmutig. Aber, ich reiße mich zusammen und helfe ihr, dass sie sich mit meiner Hilfe langsam dem Auto entwinden kann. Dann hakt sie sich bei mir ein und wir gehen langsamen Schrittes, ich einen Schirm haltend, durch die graue Szenerie, um einen Platz im Innern der Raststätte zu ergattern. Ich hole ihr den gewünschten Milchkaffee. Essen möchte sie nichts. Wir sitzen auf einer Holzbank mit bunten Kissen vor einem stabilen Eichentisch. Nachdem Gertrud den Kaffee getrunken hat, fragt sie, ob es in Ordnung sei, wenn sie jetzt noch etwas trinken und auch ein Brötchen essen würde. Wie soll ich ihr das ausschlagen? Ich serviere ihr einen Kaffee und das gewünschte Brötchen mit Käse und Tomaten. – Du kannst auch noch etwas essen. – Sagt sie. – Ich. – Ich habe keinen Hunger, aber da wir hier noch etwas in der Wärme sitzen, hole ich mir einen weiteren Kaffee. – Nachdem wir gegessen und getrunken haben, bewegen wir uns wieder langsamen Schrittes, wieder mit dem Schirm als Schutz gegen den nicht endenden Regen, zum Auto. Es gelingt uns, dass sie wieder heil auf dem Beifahrersitz landet. Nachdem auch ich mich gesetzt und angeschnallt habe, fragt Gertrud, ob es nicht möglich sei, für sie ein paar Kekse für die Fahrt zu besorgen. Das ist natürlich möglich. Ich gehe wiederum zur Raststätte und hole, was sie sich wünscht. Dann fahren wir weiter. Ich in meinen Gedanken. Gertrud hin und wieder professionell telefonierend und zwischendurch Kekse kauend.

Wir machen noch zwei weitere Pausen, die im Unterschied zur ersten nur jeweils zwei Gänge zum Restaurant erfordern. Als wir im Allgäu irgendwo in einem kleinen Ort an der Rezeption des Gasthofes „Zum Adler" stehen, könnten wir einen helleren Himmel ohne Regen sehen, wenn die bunten Scheiben dieses ehrwürdigen, älteren Hauses dem nicht entgegenstehen würden. Unsere Zimmer befinden sich im zweiten Stock. Sie liegen nebeneinander. Gertrud fragt nach einem Fahrstuhl. Den gibt es nicht. Die breite Treppe lässt mich bequem unsere Sachen hochtragen und Gertrud zieht sich am stabilen Geländer erstaunlich schnell nach oben. Nach der Einkehr in unsere Zimmer sitzen wir bei mir zusammen und sind froh, dass wir diese Tour hinter uns gebracht haben.

Nach der Abendsitzung zur Eröffnung des Seminars treffen wir uns wiederum bei mir und lassen den Tag ausklingen. – Ja, das war ganz nett. – Sagt Gertrud. – Er hat erst einmal erzählt. Nichts Neues. Nichts, was Du nicht weißt. Aber das ist okay so für mich. Es sind ungefähr dreißig Leute. Fast alles Frauen. Die sind ganz nett und haben mich gut aufgenommen. Morgen werde ich versuchen, dass ich an den Leiter herankomme, um eine Einzelkonsultation zu vereinbaren. Hoffentlich gleich hier.

Am nächsten Tag widmet sich Gertrud dem Seminar und ich nutze den Tag für einen Ausflug an den Bodensee. Die morgendlichen Gespräche mit einigen Seminarteilnehmerinnen offenbaren mir, dass sie noch weitere Meisterheiler kennen. Auch einige Erfolge aus der praktischen Arbeit bekomme ich zu hören. Ansonsten finde ich, dass diese Frauen sehr freundlich sind und ich glaube, dass sie Gertrud einfach durch ihre Ausstrahlung gut tun können. Dann genieße ich es sehr, als ich im Boot sitze und auf dem Wasser in einer Zone bin, die meine allergischen Reaktionen nicht weiter verstärkt. Am Ende des Tages tauschen wir uns noch kurz über unsere gemachten Erlebnisse aus. Ich schwärme vom Wasser und Gertrud erzählt mir, dass das Seminar auf einer sehr leichten Ebene verlaufe. Es wird zwischendurch auch getanzt. Der Meisterheiler würde Einiges erklären, aber praktisch finde eigentlich nichts statt. Eine Konsultation könne sie hier leider nicht bekommen. Er habe kurz mit ihr gesprochen, ihr ein paar Fragen gestellt und dann etwas von Verträgen mit Frauen aus früheren Leben erzählt, die sie lösen müsse. Sie hebt und senkt die Schultern kurz. – Das war es auch schon. – Sagt sie. Ich frage nach, was denn jetzt mit ihrem Terminwunsch sei. – Ach, so. – Sagt Gertrud. – Seine Organisatorin ist heute nicht da, sie wird mir morgen einen Termin geben. – Der morgige Tag ist für mich eine Einladung, den letzten Vormittag durch die Natur zu streifen. Auch wenn die Allergie wirkt. Am Mittag begeben wir uns wieder mit der vertrauten Prozedur in das Auto. Gertrud ist froh, dass sie einen Termin ergattert hat. Ihre Zähigkeit verhalf ihr zu einem früheren, als ihr die Organisatorin ursprünglich geben wollte. Dafür müssen wir dann allerdings in die Schweiz fahren. Die Fahrt würde dann noch zwei Stunden länger dauern als die jetzige.

Die Rückfahrt wird versüßt durch trockene, von Lastwagen befreiten Straßen und einem strahlend blauen Himmel. Zügig kommen wir voran. Das gefällt mir. Unsere Restaurantbesuche verlaufen, abgesehen vom jetzt überflüssigen Regenschirm, so intensiv und entschleunigt wie gehabt. Im Übrigen fahren wir mit meinen Gedanken, den von Gertrud ausgiebigst gekauten Keksen, einigen telefonischen Blitzbehandlungen, einer Kassette von Gertruds buddhistischem Roshi und der Erleichterung, es geschafft zu haben. Wir freuen uns, als wir wieder heil in Bielefeld angekommen sind. Für Gertrud ist der Termin bei dem Meisterheiler ein Hoffnungsfunke. Ich will die Hoffnung nicht aufgeben, aber ich merke, dass bei mir sehr viel Skepsis vorhanden ist. Ihr Ringen um Heilung und Hiersein wirkt auf mich immer stärker wie das verzweifelte Klammern einer Ertrinkenden an einen Strohhalm. Zu vehement vollzieht sich ihr Verfall, um ein berechtigtes Zeichen für meine Hoffnung zu finden. - Vielleicht bin ich zu kleingläubig. Außerdem geht es nicht, dass ich sie aufgebe. Es ist fast so, als schulde ich ihr Hoffnung. – Denke ich. – Mich beschäftigt auch, dass die Chemotherapie ihre Wirkungskraft eingebüßt hat und dass eine weitere Bestrahlung der Hirnmetastasen nicht möglich ist. Und: Bis jetzt haben alle alternativen Therapien keinerlei nachhaltige Erfolge bringen können. Ich fühle mich diesbezüglich sehr ernüchtert.

Hoffnung – welche Hoffnung?

Der Aktionsradius von Gertrud verkleinert sich. Wenn wir nach draußen gehen, kann sie nur noch kurze Strecken zurücklegen. Zehn bis fünfzehn Minuten Weg sind viel. Das gesamte Programm an Arztbesuchen und Heilern sowie Freizeitgruppen und auch täglich ein bis zwei Patienten, wird von ihr bewältigt. Wie lange noch? Denn jetzt geschieht das, was uns vorhergesagt war: Die Bewegungs- und Sprachfähigkeit wird wieder zerstört werden. Der Prozess setzt jetzt ein. Das Sprechen wird wieder schwieriger und das Schreiben ebenfalls. Mit einer grausamen Stetigkeit vollzieht sich erneut vor unseren Augen der Verfall. Als wir einmal nach der Chemotherapie bei warmer Sonne draußen unsere Kaffeesafari genießen, geschieht es, dass in einem Augenblick meiner Unachtsamkeit, sie es nicht vermeiden kann, dass ihr die große Tasse mit Kakao einfach aus der Hand fällt und die braune flüssige Masse sich auf ihre Kleidung, ihre Schuhe, den Tisch und dem Boden ausbreitet. Die Tasse zersplittert am Boden. Die Bedienung putzt klaglos alles weg und wendet Gertruds Schuhen vordringliche Aufmerksamkeit zu, als sie das einfordert. Gertrud ist jetzt deutlich anzusehen, dass sie zu den Angeschlagenen und Lebensbedrohten auf dieser Erde gehört. Als Gertrud an einem Mittag vorschlägt, dass wir ein Café besuchen sollen, das auf einer Anhöhe mit mehreren Stufen liegt, muss ich ihr diesen Wunsch abschlagen, da ich mit dem Auto nicht mehr nah genug an dieses Café heranfahren kann, um ihr einen Zugang zu ermöglichen. Wir suchen dann ein anderes Café auf.

Gertruds Aktivität lässt sehr stark nach. Ihre Liegezeiten verlängern sich. Sie zwingt sich allerdings, ohne wenn und aber, immer wieder in die Senkrechte. Es ist beeindruckend und tief berührend für mich, wie sie nicht nachlässt, ihren Willen für ihr Hiersein einzusetzen.

Ich passe mich Gertruds langsamen, schlürfenden Schritten an, gebe ihr Halt mit meinem Arm. Ich, der lange grauhaarige Kerl und die verfallende Frau! Es ist, als schleppt sich ein uraltes Paar auf den letzten Metern nur mit äußerster Mühe ans Ziel. Gertruds hörbares, schnaufendes Atmen kündet gleichzeitig von ihrer Schwäche und Noch-Präsenz. Sie braucht vermutlich alle Willenskraft, um ihren Körper dahinzudirigieren, wo sie ihn hinhaben will. Mir geht bei unserem Gang zur Rezeption in der onkologischen Praxis Folgendes durch den Kopf. – Was mögen die Menschen denken, wenn die uns hier so sehen? Sehen einige mit Angst ihren eigenen Verfall? Sind sie beeindruckt von Gertruds Willenskraft? Rührt sie dieses merkwürdige Paar, das vermutlich die vorletzten gemeinsamen Meter bewerkstelligt?

Die Kontrolluntersuchung der Leber ergibt den erwarteten schlechten Befund: Die Metastasen breiten sich hier weiterhin kräftig aus. Die Chemo ist besiegt! Man braucht kein Arzt zu sein, um den Befund von Gertruds Lunge zu erheben. Die Ärztin, oft heiter und froh gestimmt, sagt ernst und anteilnehmend, dass sie Gertruds Körper eigentlich keine „Chemo" mehr zumuten möchte. Vielleicht sei eine Pause eine Lösung, falls diese Pause eine Erholung signalisiere, könne man schauen. Manchmal sei das so, denn die „Chemo" sei ja „nicht ohne", erläutert sie. Sie hat noch eine Kontaktadresse für ein alternatives Mittel. Gertrud sei ja, wie sie sagt, offen für solche unkonventionellen Behandlungen. Gertrud nimmt die Adresse, Lena besorgt ihr später das Mittel. Mir ist sofort klar, dass dies unser letzter Besuch der onkologischen Praxis ist. Ein Schauer geht durch mich hindurch.

Die Palliativpflege kommt einmal täglich ins Haus. Gertrud und ich sprechen erneut über die Möglichkeit eines Aufenthaltes im Hospiz. Ich weiß, dass ihr dieser Schritt alles andere als leicht fällt. Für mich geht es bei dem Thema Hospiz nicht nur um Gertrud. Es geht auch um Entlastung für die Begleiter. Lena, die mit Gertrud im Haus wohnt, findet keine Ruhe. Sie hat Angst, plötzlich ihre Mutter tot vorzufinden. Gertrud klammert sich in ihrer Not an die Tochter, ruft sie auch nachts. Gertrud findet manchmal keine Ruhe, immer wieder tauchen Schmerzen auf oder sie will auf die Toilette. Inkontinenz hat sich ihrer bemächtigt. Ich fühle mich mit pflegerischen Aufgaben überfordert. Ich bin ein paar Mal eingesprungen, um den Gang zur Toilette mit ihr zu machen. Gertrud meinte. – Siehst Du, Du kannst es doch. So schlimm ist es doch nun auch nicht. - Aber, mir ist nach Entlastung. Ich spüre auch meine Grenzen. Gertrud will, das hatte sie in den körperlich besseren Zeiten ihrer Letztzeit wiederholt betont, dass offen mit ihr gesprochen wird. Ich sage ihr offen, wie ich die Situation sehe. Sie sagt zunächst gar nichts dazu. Das heißt normalerweise, dass ihr irgendetwas an diesem Vorhaben nicht gefällt. Ich fühle mich in dieser Situation reichlich gestresst. Ich will ihre Wünsche so gut wie möglich respektieren. Aber, ich fühle mich vor allen Dingen auch Lena gegenüber verantwortlich. Und: auch mir selbst gegenüber. Also fasse ich mir ein Herz und lasse Gertrud gegenüber nicht locker. Die Situation spitzt sich auch deshalb zu, weil es zu diesem Zeitpunkt einen freien Platz im Hospiz gibt. Ich bitte darum, diesen Platz etwas vorzuhalten. Das geht natürlich nur begrenzt. Und: Natürlich muss sie einwilligen, eine Zwangseinweisung in ein Hospiz ist ein Unding. Ich weiß, dass sie etwas Zeit braucht.
Jetzt ist wieder die Zeit für Ereignisse, die mit der schauerlichen Silbe „letzt" verbunden sind. Meine Wahrnehmung der Silbe „letzt" hat sich gegenüber der vor einigen Monaten deutlich verschärft. Ich spüre, dass es jetzt keine Wahrscheinlichkeiten eines „letzt" mehr gibt, jetzt sind es unabänderliche Tatsachen. Ich sprach schon von dem letzten Gang zur

Chemotherapie. Der letzte Besuch im „New World" und einigen weite-ren Cafés sowie dem Biomarkt werden von uns getan. Gertruds Bewe-gungsradius nähert sich rasant dem Nullpunkt. Gertrud, Lena und ich machen den letzten gemeinsamen Ausflug an den kleinen See, den wir früher oft mit der ganzen Familie besucht haben. Man kann dort mit Ruderbooten fahren. Dieser Ort wurde auch mit den Omas und Opas aufgesucht. Eigentlich wollten wir gar nicht an diesen Ort, aber die anderen Wunschorte hatten geschlossen oder waren zu weit entfernt. Es ist eine arge Plackerei für uns Drei, den kurzen Weg vom Auto bis zum Sitz auf dem Stuhl im Seecafé einzunehmen. Ich habe zwischendurch das erste Mal Angst, ob Gertrud den Rückweg überhaupt noch schafft. Das Café, das wir seit Jahren nicht mehr besucht haben, hat nichts von seinem zweifelhaften Charme eingebüßt. Die Bedienung braucht lange, bis sie auftaucht. Die in der Karte entdeckten Wünsche lassen sich nicht realisieren. Klüger ist es zu fragen, was noch geht. Wir lassen uns ein paar trockene Kuchenstücke bringen und schauen essend auf den See. Von der Begeisterung, mit der wir uns oftmals an die guten Erlebnisse gemeinsam erinnerten, ist an diesem Abend nicht viel da. Irgendwie scheint die Unternehmung dennoch etwas Stimmiges zu haben. Das Wichtigste ist, dass wir zusammen sind. Und: Die Familienausflüge waren auch nicht nur prickelnd. Aber: Auch dabei war es einfach gut, miteinander zu sein.

Wir schaffen den Rückweg. Alles geht sehr langsam. Erleichtert sind wir, als Gertrud im Hause liegend einen Platz für sich gefunden hat.

Gertrud will unbedingt, dass das Hirn noch einmal in der „Röhre" untersucht wird. Ihre Hinfälligkeit kann eigentlich nur Hirnaufnahmen erwarten lassen, die erneut ein starkes Wüten der Metastasen zeigen. Ihr Verfall ist jetzt so groß, dass sie mit dem Krankenwagen gefahren wird. Der Palliativmediziner meint, dass es ein Wagen mit qualifizier-tem Personal sein müsse, das im Notfall medizinisch eingreifen könne. Ich staune nicht schlecht, als der Arzt den Befund des Hirnscans erläu-tert. Er fragt vorab, ob es nach der Bestrahlung schon eine Aufnahme gegeben habe. Dies wird von uns verneint. Er führt dann aus, dass das Bild eine deutliche Verbesserung gegenüber den Aufnahmen vor der Bestrahlung aufweise. - Aber, die Symptome, die vor der Bestrahlung da waren, sind doch wieder aufgetaucht. - Gebe ich zu bedenken. Der

Arzt verweist darauf, dass es noch einen ausführlicheren schriftlichen Bericht geben werde. Als wir wieder Zuhause sind, hat Gertrud Hunger und ich koche ihr ein Essen. Sie hofft aufgrund der Arztaussagen erneut. Ich meine, dass wir den Bericht abwarten sollten. Es sei doch mit den bloßen Augen zu sehen, wie es um sie bestellt sei. Irgendetwas müsse noch fehlen bei den Aussagen des Arztes. Und: In der Tat, so ist es. Die medizinische Fachsprache heißt im Klartext: Es findet Hirnschwund statt. Ich tausche mich später noch mit dem Palliativmediziner aus. Dieser meinte, dass auch das bildgebende Verfahren an Grenzen kommen könne.

Bühne:Casanova im schwarzen Kasten

Eine Reisegesellschaft befindet sich in einem schwarzen Kasten auf der gemeinsamen Letztreise. Außer dieser Gesellschaft leben keine weiteren Menschen auf der Erde. Der schwarze Kasten treibt auf dem stürmischen Meer dahin, permanente Wolkengüsse machen deutlich, dass das Überleben einzig und allein von diesem Kasten abhängt. Die Menschen in dem Kasten sind aus ganz unterschiedlichen Motiven an Bord gegangen. Einige hatten Beziehungen zu Noah, dem Kasteneigentümer, andere glauben, dieser Kasten sei ihre Rettung vor einer Prophezeiung vom Weltuntergang. Eine Frau, die aus einer gehobeneren Schicht zu kommen scheint, sucht vergeblich nach Ihrer Erster-Klasse-Kabine. Darüber kann ein anderer Passagier nur lachen, der genau im Bilde ist, dass dies eine No-Return-Reise ist. Das Leben im Kasten vollzieht sich im Grunde genommen nicht anders, als es vor der Zeit im Kasten gewesen ist. Ehepaare streiten sich, pubertierende Jugendliche erproben ihren Mut und Übermut, junge Paare träumen auf romantische Weise vom großen Glück, Geschwister streiten sich, ein Philosoph gibt kluge, bedenkenswerte und unsinnige Sätze von sich, eine Schriftstellerin klappert auf ihrer mechanischen Schreibmaschine. Ich als Casanova versuche ebenfalls, meinem Lebensstil treu zu bleiben. Schon kurz nach der Ankunft ergibt sich eine unterhaltsame, prickelnde Möglichkeit des Kontaktes mit zwei Damen, die sogar solo auf Tour sind, sodass die Sache sich einfacher als manch anderes Casanovaabenteuer darstellt. Die Damen geben sich durchaus ansprechbar und mischen ihrerseits kräftig mit. Die eine von ihnen, die mit der Suche nach der Erster-

Klasse-Kabine, taut nach und nach immer mehr auf. Als Casanova weiß ich, dass ich geduldig sein muss und dass die Zeit in diesem verdammt langweiligen Kasten für mich arbeitet. Selbstverständlich ist mein Casanova davon überzeugt, dass er etwas Besonderes ist. Er weiß, dass Verführen und Verführtwerden sein Lebenselixier ist. Das ist sein Beitrag zur bunten Palette der Letztzeitreisenden in dem schwarzen Kasten.

Die sich endlos hinziehende Reise in dem begrenzten Raum findet durch eine gewisse Tagesstruktur einen Anker zum Ausfüllen von Zeit. Zu den Gipfelpunkten der Tage gehört die Zeit des Morgengebetes. In postmoderner Vielfalt tanzen, meditieren, schweigen, sprechen, rufen, singen die Menschen. Als Casanova bete ich meinen Rosenkranz, rufe die heilige Maria an, sie ist jeden Morgen die erste Frau, auf die ich mit intensiver Hingabe Einfluss zu gewinnen versuche. Maria ist für mich die schönste und erotischte aller Frauen. Die Schönheit ihres Körpers ist unübertrefflich. Da ich nicht kleinlich bin, hindert mich ihre Beziehung zum heiligen Geist in keiner Weise daran, ihr meine ergebenste Aufwartung zu machen. Maria ist meine Schutzgöttin, sie begleitet mich bei meinen Frauenkontakten, sie zeigt mir im richtigen Moment, was zu tun und zu lassen ist. Ich bin Maria sehr dankbar dafür. Ich biete ihr jeden Morgen als Zeichen meiner Verehrung meine Rose dar. Diese Rose ist mein gegenständliches Erkennungszeichen. Wer die Rose mit dem langen, kräftigen Stil und der wohlgeformten Blüte mit dem betörenden Geruch mag, der mag auch mich. Das Morgengebet ist für mich unvollständig, wenn ich nicht meiner Rose die gebührende Verehrung in Form von Küssen entgegenbringe.

So recht nach meinem Geschmack ist das große Fest in dem schwarzen Kasten. Als Casanova des einundzwanzigsten Jahrhunderts tummele ich mich gerne inmitten einer enthemmten Gruppe von Männern von Frauen, die einfach nur ihren Spaß haben wollen. Es macht mir Freude, wenn ich sehe, wie gierig Männer und Frauen werden, wenn ihnen jemand das Spektakel bietet, die Hüllen mit einem raffinierten Timing fallen zu lassen. Meine Augen genießen es, sich in die verlangenden Blicke der Anderen hineinfallen zu lassen. Das heitere Tanzspiel, bei dem jeder mit jedem und jeder kann, jagt mir einen angenehmen Schauer über den Rücken, weil dies ein Moment sinnlich erfahrbarer

Freiheit ist, den nur erfahrene Lustakrobaten wirklich verstehen. Dieses „Alles ist möglich" und „Nichts muss sein", ist für mich eine Urszene des Seins. Die zwei äußerst sinnlichen Frauen, mit denen ich vorübergehend eine Kabine teile, reißen mir mit ganz viel Anmut die Kleider vom Leib. Gleichzeitig sehe ich, wie an verschiedenen Orten ein Verlangen nach Körper seine Triumphe feiert.

Dank meiner Verbindung zu Maria spüre ich, wann die Lust eher für die Augen oder die Ohren oder die Nase da sein will. Einmal, als eine Frau gerade aus ihrer Frauengruppe kommt, gibt es keine Zurückhaltung. Wir machen es schnell und heftig. Auch das ist gut und passt zu einem modernen Casanova.

Während einer Massage bei meiner Uraltfreundin Lilly erblicke ich oder erblickt sie mich (?), eine nymphenhafte Schönheit, die sich ganz der Schriftstellerei hingegeben hat. Ich stecke meine Rose wie einen aufwärtsgerichteten Wedel in meinen Hosengürtel und wende mich der Nymphe mit freiem Oberkörper zu. Weder die Rose noch meine verlangenden Gesten und guten Worte sind von Erfolg gekrönt. Ich kann nicht mehr anders, als laut hinauszuposaunen, dass das hier für mich nichts als eine trockene Wüste ist. Das wird nicht unwidersprochen hingenommen von meinen wachsamen und sinnlichen Kabinengefährtinnen. In diesem Kasten gibt es einfach keine Geheimnisse.

Es wird ohnehin immer ungemütlicher in diesem dunklen Gefährt. Die Gereiztheiten nehmen zu. Noah soll Rede und Antwort stehen. Der redet sich damit heraus, dass es einen gebe, der Gott heiße, an den müsse man sich wenden. Er könne das leider nicht tun, weil ihm die Handynummer verloren gegangen sei. Noah lenkt von sich ab und behauptet, dass der Philosoph weiter helfen könne. Eine Frau wendet sich in ihrer Verzweiflung an den Philosophen, der viele allgemeine Weisheiten verkündet. Als er von einer gut gebratenen Gans spricht, die eine gute Gabe Gottes sein soll, reicht es der ausgehungerten Frau. Sie braucht keine guten Worte, sie braucht einen Gott, der etwas zum Essen besorgt. Es regnet keine Himmelsspeise in dem Kasten, sondern die Situation spitzt sich weiter zu. Nach einem allgemeinen Lamento über die miese Lage ruft eine Frau plötzlich: „Der letzte Apfel." Die Aggressivität nimmt zu. Gierige stürzen sich auf den Apfel. Ich weiß, dass der vergiftet ist. Ich kann nicht anders als diesen gierigen Gestalten wütend zuzurufen, dass sie so blöd sind, sich selber umzubringen. Mir ist natürlich klar, dass jemand, der nicht wie ich gelernt hat, mit dem Verlangen akrobatisch umzugehen, kaum in der Lage ist, solch eine Situation vernünftig zu bewältigen. So kommt es denn, wie es kommen muss. Ein großer Tumult entsteht. Ich versuche, einen Gierigen mittels Griff an die Kehle und unter Androhung eines Schnittes mit dem Messer in Schach zu halten. Dann verschlägt es uns allen den Atem. Eine Frau klettert nach oben und durch die Luke, um den Kasten zu verlassen. Ich weiß nicht, ob die glaubt, sich und uns zu retten. Ich starre ihr mit den Anderen fassungslos hinterher.

Hier endet das Performancestück „Sinnflut" des Volxtheaters der Theaterwerkstatt Bethel. Nach dem Applaus verschwindet Casanova. Walter fährt in seine Wohnung. Der Spagat zwischen Bühne und Realität ist ein Wandern zwischen verschiedenen Welten. Eine Wanderschaft, die seit meiner Kindheit zu mir gehört.

Hospiz – Weg der Würde

Nach einigen Tagen Bedenkzeit teilt Gertrud mit, dass sie ins Hospiz gehen will. Hatte Gertrud vor vier Tagen noch im Krankenwagen gesessen, um ihren Kopf in der „Röhre" ablichten zu lassen, so kann sie jetzt nur noch liegend die Reise antreten.

Ich helfe mit, sie im Tuch zur Trage zu befördern. Die professionellen Helfer übernehmen dann ihren sicheren Transport. Die Schritte, die ich mache, um Gertrud im Tuch Richtung Auto zu transportieren, mache ich äußerlich standfest und innerlich in allergrößter Bewegung, ja Aufruhr. Mir ist ganz klar: Dies ist unumkehrbar der letzte gemeinsame Weg aus diesem Haus. Dem Haus, das am stärksten Freud und Leid unserer gemeinsamen Geschichte ausdrückt. Dies sind für mich Schritte eines endgültigen Abschieds. Mich durchströmt eine Traurigkeit vom Kopf bis zu den Füßen.

Mir ist bei diesem Gang, als sei es gerade einmal gestern gewesen, dass Gertrud noch voller Vitalität und Strahlkraft glänzte. Für mich geht sie in diesem Moment noch einmal mit all ihren Stimmungen durch das Haus. Entfernt sich und kommt wieder, so wie es ihr gefällt. Nicht zu fassen, dass das endgültig und ein für alle Mal vorbei sein soll. Jetzt ist der Moment gekommen, von dem ich seit einiger Zeit wusste, dass er kommen würde. Und es fühlt sich wie erwartet und gleichzeitig so überraschend wie plötzlich an. Schaurig und traurig.

Gertrud, die große Lebensbejaherin, Erdverliebte und Kämpferin betont, während sie sich selbst ein homöopathisches Mittel verabreicht, dass sie noch Hoffnung habe, dass es mit ihr noch wieder bergauf gehe. Lena mutet es sich ebenfalls zu, dabei zu sein. Sie ist tief erschüttert. Ihre Mithilfe beim Transportieren von Sachen für Mami hält sie aufrecht.

Gertrud hat zwei ihrer selbst gemalten Bilder mit ins Hospiz genommen. Der Raum wird auf diese Weise ein wenig persönlich gestaltet. Es ist ein helles, freundliches Altbauzimmer, in dem sie sich von nun an aufhalten wird. Wichtig ist für sie, ihr Radio sowie den CD-Player am Bett platzieren zu können. Auch nach einem Fernseher verlangt sie. Die freundlichen Mitarbeiterinnen des Hospiz sorgen schnell für die Erfüllung ihres Wunsches.
Sie verlangt unmittelbar nach der Ankunft beharrlich nach ihrem Praxistelefon. Lena versucht ihr zu erklären, dass das hier nicht angeschlossen werden könne. Sie müsse ausschließlich ihr Handy nutzen. Gertrud braucht ein paar Stunden, bis sie sich damit abfindet, dass hier kein Praxistelefon angeschlossen werden kann. Es scheint so zu sein, wie sie es formuliert hatte. - Das Schwierigste ist, von der Praxis loszulassen. - Ihr Verfall ist in den letzten Tagen rapide vorangeschritten. Eine Bedienung des Telefons ist ihr nur noch möglich, um Anrufe entgegenzunehmen. Die Wahl von Rufnummern kann sie nicht mehr tätigen. Ihre Mitteilungsfähigkeit ist erheblich reduziert. Die Begleiter müssen das Wissen ertragen, dass sie selbst diese minimalistische Kommunikation nicht mehr lange mit ihr teilen werden. Ihre Doppelkopfrunde kommt ins Hospiz und lässt sie ein letztes Mal teilhaben am gemeinsamen Spiel. Sie kann nicht mehr spielen, aber es tut ihr gut, die Gemeinschaft zu spüren.

Die Verbindung zu ihren Patienten ist intensiv. Einige stellen noch Anfragen per SMS. Etliche, die von ihrem neuen Aufenthaltsort erfahren, kommen mit Blumen vorbei und teilen ein wenig Zeit mit ihr. Es sind unausgesprochene Abschiedsbesuche. Gertrud braucht einige Tage, um ihr neues Zuhause anzunehmen. Die Mitarbeiter des Hospizes sind immer freundlich und respektieren die Anliegen ihrer neuen Mitbewohnerin. Ihre Inkontinenz wäre im Krankenhaus vermutlich schon lange medizinisch mittelst eines Katheters behandelt worden. Da die Betreuer ihren Widerstand spüren, geben sie ihr Zeit, um selber mit zu entscheiden, ob und wann dieser Schritt sinnvoll ist. Diese Achtung vor den Anliegen der ihnen anvertrauten Menschen ist m. E. eine der ganz wesentlichen Stärken dieser Einrichtung. Ich denke, nicht nur für eindeutig und massivst Eigensinnige wie Gertrud. „Nun habt Ihr mich doch eingefangen," ist der Satz, den sie der Mitarbeiterin sagt, als diese zu ihrer Begrüßung kommt.

Von nun an wissen alle, die sie begleiten, dass ihnen nur noch wenig Zeit mit der einst stattlichen, das Leben erheischenden und gestaltenden Frau bleiben werden. Wie für mich, so ist auch für Gertruds Geschwister und etliche Andere die Einkehr ins Hospiz trotz allem Wissen um ihre Situation erst das endgültige Zeichen des Beginns der allerletzten Letztzeit. Für Einige ist es sogar überraschend, auch schockierend. Lena, die ihre Mami nach wie vor nicht verlieren möchte, muss alle innere Standfestigkeit aufbringen, um mit dem Anblick ihrer verfallenden Mami zurechtzukommen. Für sie – und auch für mich - bringt die neue Situation allerdings eine Verbesserung. Wir können die Gewissheit haben, dass Gertrud an einem Ort ist, an dem ihr mit menschlicher Achtung begegnet wird. Außerdem ist die medizinische Versorgung rund um die Uhr gewährleistet. Die Bewältigung des Alltagsstresses ist von uns genommen. Von mir fallen Lasten ab, ich weiß nicht wie viele, aber da dürften gefühlt einige Zentner zusammenkommen. Von nun an ist das Wichtigste, einfach noch Zeit mit Gertrud zu teilen. Vater und Tochter sprechen sich regelmäßig ab, zu welchen Zeiten sie ins Hospiz fahren.

Gertruds Einkehr ins Hospiz löst in mir einen inneren Abschied aus. Ich sehe die Bilder der ersten Begegnungen zwischen Gertrud und mir. Bilder, die Jugend und Unbeschwertheit ausdrücken. Wir lachen. Wir kämpfen. Wir streiten. Wir lieben. Den Tod gibt es in dieser Welt nicht. Das Leben ist wie eine unendlich große Schüssel von Möglichkeiten. Man muss es pathetisch formulieren, um das Lebensgefühl zu erfassen: Das Leben ist ein strahlendes Licht, unendlich weit und ganz nah. Es durchdringt und trägt. Dieser Seinsfülle kann sich niemand entziehen.

Mir sind diese Bilder ganz nah. Es ist, als geschähe alles in diesem Moment. In Bruchteilen von Tausendstel von Sekunden rast in meinem Inneren das Leben unserer Beziehung durch meinen Kopf. Manche Kämpfe erscheinen mir angesichts der Endlichkeit des Hierseins reichlich absurd. Die Kürze des Lebens drängt sich mir auf wie nie zuvor. Die Spanne zwischen unseren ersten romantischen Begegnungen hin zum Weg der vielen Kämpfe und schließlich zur Akzeptanz unserer Unterschiedlichkeit läuft vor meinem Auge ab wie eine kurze, minimalistische Episode. Ich gebe meiner Trauer nach. - So schnell, so schnell, geht alles vorbei! - Denke ich. Dann gehen meine Gedanken zu ihr, der großen Kämpferin für die eigenen Impulse. - Wie gut, dass sie sich das alles geholt hat, - denke ich. Immer wieder geht es durch meinen Kopf. - Wir Sterblichen haben hier eine verdammt kurze Zeit. - Es ist nicht so, dass ich nicht sehen kann, dass Gertrud und ich Menschen sind, die wirklich ihren Weg gehen. Darin finden wir Sinn und Freude. Dennoch: Für mich ist die Vorstellung schrecklich, dass dieser Weg für Gertrud schon bald zu Ende sein soll. Meine Träume haben mir offenbart, dass mich das Thema der eigenen Sterblichkeit manchmal auch nachts nicht loslässt. Ich bin nicht frei von Angst davor. Ich erlebe besonders deutlich mit allen Bildern der Lebensfülle auch den Blick in das Verlöschen. - All das, was einst wie eine lebendige Flamme brennt, wird genauso wie eine Flamme herunterbrennen und unsichtbar werden. - Geht es durch meinen Kopf.

Gertrud lebt sich im Hospiz ein. Sie liebt es, sich vormittags in der Wohnküche aufzuhalten. Sie wird vom Bett in den großen Stuhl gehievt und in die eine Etage tiefer sich befindende Küche gebracht. In dem Stuhl kann sie von Liegen bis Aufrecht-Sitzen sehr verschiedene Positionen einnehmen. Etliche Treffen mit Besuchern finden in der Küche oder im angrenzenden Wintergarten statt. In den ersten Tagen kommen viele Menschen spontan vorbei. Sowohl Patienten als auch Personen aus ihren verschiedenen Freizeitgruppen. Ich erlebe es des Öfteren, dass sie zu dritt oder zu viert Zeit miteinander verbringen. Auch ihr buddhistischer Priesterfreund nimmt eine mehrstündige Fahrt auf sich, um mit ihr und mir einen Vormittag in der Küche und im Wintergarten zu verbringen. Ihre Hoffnung an das Wunder des Weiter-Lebens ist noch nicht erloschen. Sie spricht fast mit den letzten Sätzen, die sie zusammenhängend herausbringen kann von dem Besuch des Heilers. Sie sagt, dass sie sich den Besuch zutraue. Aber: Diese Aussage ist wie ein Satz, der auftaucht und verschwindet. Er ist nicht mehr verbunden mit einem nachhaltigen Willen, ihn umzusetzen.

Nach ungefähr zehn Tagen findet eine Veränderung statt. Sie teilt mit, dass sie die besuchenden Patienten nicht mehr sehen will. Auch andere, die ihr emotional fern sind, werden für sie interesselos. In Zukunft fragt sie immer eine Mitarbeiterin des Hospiz, ob sie einen Besucher empfangen möchte oder nicht. Für mich ist diese Reduzierung auf den familiären und ganz engen Kreis von Freunden ein deutliches Zeichen. Sie scheint sich davon zu verabschieden, in dieser Welt noch eine aktive Rolle zu spielen. Sie lässt von den Praxiskontakten ganz los. Es scheint so zu sein, dass sie, so wie sie mit aller ihrer Kraft für das Lebens-Ja gekämpft hat, ihren Weg findet, sich davon zu verabschieden. Mir tut es gut, im Hospiz immer willkommen geheißen zu werden. Ich kann dort immer einen Kaffee erhalten, sogar Essen ist für Besucher da. Auch Lena, die anfänglich skeptisch ist, freundet sich mit dem Hospiz immer mehr an. Auch sie kann ihrer trauernden Seele etwas Raum geben. Manchmal tauschen sich Tochter und Vater ein wenig aus.
Gertruds Hinfälligkeit wird immer größer. Sie kann jetzt kein Telefon mehr nutzen. Sie kann das Telefon mit ihren Händen und Fingern nicht mehr bedienen und sie ist nicht mehr in der Lage, am Telefon zu kommunizieren. Die Worte kommen nur noch sehr, sehr eingeschränkt und langsam. Die morgendlichen Telefonate zwischen mir und ihr, die zu den Selbstverständlichkeiten der Letztzeit gehörten, können nicht mehr wahrgenommen werden.
Jetzt ist die Situation eingetreten, die ich immer gefürchtet habe. Sie ist nunmehr sehr bedürftig. Der Sprachverlust bringt alle verbale Mitteilungsfähigkeit ans Ende. Ich halte ihre Hand. Gerne gebe ich ihr die Botschaft, dass ich da bin. Und: Ich habe mich erfreulicherweise getäuscht. Es fällt mir überhaupt nicht schwer, einfach mit ihr da zu sein. Ich füttere sie, als sei es das Selbstverständlichste, was es zu tun gäbe für mich. Und: gemessen an ihrem Sein in der allerletzten Letztzeit sind solche einfachen Tätigkeiten und das einfache Dasein miteinander das, was wichtig ist. Wir teilen Zeit in entspannter Atmosphäre. Oft schweigend. Knöpfe drückend, wenn ein Schmerz oder anderes Unbehagen

Hilfe eines Hospizmitarbeiters erfordert. Ein paar Worte, die für mich Zeichen ihres inneren Kampfes sind, gehen mir durch Mark und Bein. Plötzlich und überraschend, für meine Ohren mit einer ungewohnten Bissigkeit, ja hexenhafter Hässlichkeit à la Shakespeare stoßen sich die Worte aus ihr heraus: „Ich kratz noch nicht ab!"
In der letzten Zeit im Hospiz singe ich für Gertrud, wenn sie es möchte, ein Mantra. Ich habe die Lieder auf meinem i-Phone und kann mir die Melodien ins Ohr spielen und mitsingen. Ich finde, dass die moderne Technik in dieser besonderen Zeit segensreich ist. Besonders ein Mantra möchte sie immer wieder hören.

Fließen, Fließen,
Frieden schließen,
und den Wandel stets begrüßen,
will ins Neue mich ergießen,
fließ zurück ins Mehr.

Einmal fließt eine einzelne Träne ihre Wange herunter. Ihre Worte sind nicht mehr da. Ich sage vorsichtig: „Traurig." Sie stimmt nickend zu. Unsere Hände halten den Kontakt miteinander. Wir schweigen. Sind einfach da.

Zwischendurch fahren Lena und ich an einem Mittag zum Johannisfriedhof, um zu schauen, ob wir in dessen wunderschöner Parklandschaft nicht doch einen guten Platz finden können. Wir haben Glück, dass wir den zuständigen Gärtner erreichen. Er holt die Pläne, um zu schauen, was er machen kann. Dann haben wir das zweite Mal Glück: Es gibt am Ende eines Weges noch einen wunderschönen Platz, der wie alle Gräber in dieser Reihe von großen Bäumen gerahmt wird. Die Grabstellen sind größer als es normalerweise bei Urnengräbern der Fall ist, weil hier Plätze umgewidmet worden sind. Wir wissen sofort, dass dies der richtige Ort ist. Ich bin erleichtert, dass wir so schnell und einfach eine Lösung finden. Lena und ich bestätigen uns darin, dass jener Nachmittag, als wir alle auf der Suche nach einem Platz waren, wahrlich nicht leicht für uns war, aber letztlich war es eine gute Vorarbeit.

Hin zum Ende

Ich spüre, dass mir nur noch sehr wenig Zeit für den Kontakt mit Gertrud bleibt. Immer wieder gehen mir, wenn ich mit mir alleine bin, Bilder und Gedanken zu meiner Beziehung mit ihr durch den Kopf. - Es ist schon merkwürdig, - denke ich, - ich fahre ins Hospiz, als sei es das Normalste von der Welt. Gertrud und ich haben immer wieder neue Selbstverständlichkeiten miteinander erschaffen. Besonders in den letzten Monaten seit ihrer Krankheit zum Tode. - Ich denke an die gemeinsam besuchten Ressourcen-Orte, besonders die Cafés, aber auch das gemeinsame Singen und die familiären Treffen. - Es ist eine erstaunliche Veränderung passiert. - Denke ich fast resümierend. Noch einmal beschäftigt mich ihre Veränderung mir gegenüber. - In ihrer wahrhaft nicht leichten Situation sagt sie wiederholt, dass ich auch Raum für meine Sachen brauche. Etwas, wofür ich früher hart kämpfen musste bei ihr. Es tut mir gut, dass wir beide miteinander in Frieden sind. - Wie oft habe ich gedacht, dass der Weg unserer Beziehung sich darin erfüllt, sich tief menschlich zu begegnen. - Kommt mir in den Sinn. Ich frage mich, ob ich früher wirklich verstanden habe, was ich damit gemeint habe. Für mich ist es so, dass diese letzte Zeit, die wir miteinander teilen, eine fundamental menschliche Begegnung ist. Ich schaue zurück. - Wir waren zwei Lebenskämpfer, die in ihrer Jugendlichkeit darum rangen, möglichst alles vom Kuchen der Möglichkeiten für sich zu verwirklichen. Ein bisschen verrückt vielleicht. Ja, aber so waren wir halt. Sternenstaub und Sternengreifer. In aller Nachdenklichkeit und Trauer muss ich sogar ein bisschen schmunzeln. - Jetzt haben wir wohl zu lernen, dass die Sternengreifer an Grenzen kommen. - Ich sehe, wie ich vor etlichen Jahren durch eine Krise gegangen bin und damals anfing, mich vom Bild des, wie ich damals sagte, „verrückten, wilden, unsterblichen Jugendlichen" zu verabschieden. - Es ist immer die gleiche Melodie, die ich singen kann. - Du baust Dir etwas auf. Das wird Dir selbstverständlich. Und: Dann musst Du es wieder abbauen. Es ist so simpel und dennoch eine schwierige Übung, sich immer wieder von lieb gewordenen Vorstellungen zu verabschieden. - Mit einer warmen Empfindung lausche ich meiner Lebensmelodie und fühle mich Gertrud nah. Manchmal denke ich kurz daran, wie wohl das Sterben von Gertrud sein wird. Ich wäre gerne dabei, auch wenn mir bei diesem Gedanken etwas mulmig im Bauch wird.

Am Samstagvormittag bekomme ich im Hospiz die Information, dass das Sterben nunmehr nahe sei. Die Pflegerin nimmt mich an die Seite und teilt mir mit, dass Gertrud ab jetzt nicht mehr essen und trinken könne. Man würde durch Befeuchten des Mundinnenraumes und der Lippen dafür sorgen, dass sie nicht unter einem Durstgefühl leiden müsse. Sie habe in der Nacht erbrochen, die Schmerzen haben enorm zugenommen. Bisher brauchte sie kein Morphium. Das ist jetzt jedoch anders. Für mich ist klar, dass jetzt die Patientenverfügung greift. Diese Einsicht löst in mir ein Gefühl aus, als würde mein Körper in Gänze tief innen erschüttert. Mich packt ein inneres Zittern. Lebensverlängernde Maßnahmen sollten nicht gemacht werden. Ich werde später mit Lena reden und ihr das noch einmal erklären. Dafür muss ich mir etwas länger Zeit nehmen. Lenas erster Impuls geht dahin, etwas zu tun, um das Leben ihrer Mami zu verlängern. Wer kann diesen Impuls nicht verstehen? Ich kann es. Mittags besucht der Palliativmediziner Gertrud und informiert mich, dass Gertrud nun bald sterben wird. Er beruhigt mich, dass ich heute getrost noch etwas nach draußen gehen könne. Ich bin keineswegs beruhigt. Ich rufe Gertruds Bruder an und ihre beste Freundin. Die überwinden einige Hunderte von Kilometern und kommen sofort. Ebenfalls Gertruds Schwester. Ihr Bruder, selber in der ambulanten Hospizarbeit ehrenamtlich tätig, verbringt die Nacht bei ihr. Ich mache noch einen Gang in die Natur. Mit einer Freundin spreche ich über meine Gefühle. Das tut mir gut. Sie erzählt mir vom Tod ihrer Mutter. Sie hatte Krebs, aber keine Hirnmetastasen. Sie weiß jedoch aufgrund ihrer Erfahrungen, dass Gertruds Hiersein maximal wenige Tage dauern wird.

Am Sonntagmorgen bin ich wieder im Hospiz. Bis zum Mittag sind außer mir und Gertruds Bruder auch ihre Schwester, ihre beste Freundin und Lena eingetroffen. Die Sterbende dämmert. Die Pflegerinnen und Pfleger können erkennen, wann Schmerzmittel und Flüssigkeit benötigt werden. Die Atmosphäre ist sehr friedevoll.
Am Nachmittag kommt noch eine Freundin von Gertrud vorbei. Sie fragt, ob ich ein Mantra mit allen singen könnte. Ich bejahe. Die Stöpsel

vom i-Phone im Ohr, spiele ich mir das Mantra ein. Das ist ein gutes Hilfsmittel, sodass ich eine Stütze habe, zur Melodie zurückzukehren, wenn ich zwischenzeitlich gefühlsmäßig angerührt werde. Wir singen miteinander verschiedene Mantren. Zunächst Gertruds Hospizlieblingsmantra vom Fließen. Ich lasse einfach los und singe, wie es mir kommt. Ich lasse geschehen und werde hineingenommen in eine Schwingung, der ich mich anvertraue. Gertrud verändert ihre Atmung. Das Schnaufen endet. Sie atmet ruhig. Wir Singenden spüren einen überwältigenden Frieden und eine ungeahnte Verbundenheit. Wir sind hineingenommen in eine unbeschreibliche Stimmung. Singend merken wir, dass Gertrud dabei ist, diese Welt zu verlassen. Noch einmal öffnet sie die Augen und blickt wie verklärt in die Runde. Ich spüre, dass ich diesen Moment nicht wirklich in Worte fassen kann. - So verrückt es klingt, - denke ich, - es hat etwas von einem enormen Glücksmoment. - Als Gertrud dann aufhört zu atmen, kann ich es noch nicht gleich glauben. Sie verabschiedet sich mit einem Mantra, dass in der Familie in den letzten Jahren an den Geburtstagen gesungen wurde.

Wieder nach langem Weg
schließt sich ein Kreis.
Ernte die Früchte
und singe und weiß,
ich werd sie weiter geben.

Wir lassen uns Zeit für Trauer, Schmerz und Besinnung. Die Mitarbeiter des Hospizes sind auf sehr respektvolle und einfühlsame Weise präsent. Besonders Lenas Seele ist ganz offen und drückt ihren Schmerz aus. Sie sucht meine Nähe. Ich sehe, wie zart und verletzlich sie ist.

Es ist nicht ganz einfach, das Know-how zu bekommen, um Gertrud wunschgemäß mit der buddhistischen Robe zu bekleiden. Ihr Freund und buddhistischer Priester ist gerade in Italien. Es klappt, einen Handykontakt herzustellen und er kann erklären, was zu tun ist. Die Mitarbeiterin vom Hospiz ist geduldig und tut alles, um den Wunsch umzusetzen.

Als Gertrud in der Robe bekleidet auf dem Bett liegt, können Gertruds Bruder und ich für einen Moment nicht an uns halten. Es kommt einfach aus uns heraus. Der Bauch äußert sich, ohne um Erlaubnis zu bitten. Ein Lachen. Ein unerklärliches Lachen. Später kann ich nur sagen. - Gertrud war so oft für eine Überraschung gut. Das war noch einmal eine. - Der Anblick ist für mich befremdlich. Und, was ich beim zweiten Hinsehen sehr schön finde: Sie wirkt ganz entspannt, würdevoll. Der Kampf ist zu Ende. Es ist vollbracht.

Schleicht sich da vielleicht das unsterbliche Ja in meine Seele ein, wenn ich irgendwann bei ihrem Anblick den Eindruck habe, sie bewege den kleinen Finger? Eine gute Freundin hatte mir noch empfohlen, das Fenster im Sterbezimmer zu öffnen, damit die Seele fortfliegen könne. Ich mache es. Ja, die Hoffnung. Die, die mir das riet, sagt von sich, dass sie Atheistin sei.

Gertruds Geschwister, ihre zwei nahen Freundinnen sowie Lena und ich sitzen im Hospiz wie im eigenen Haus zusammen und teilen unsere Gefühle miteinander: Trauer, Schmerz, Fassungslosigkeit, Erleichterung, Gespannt- und Entspanntsein. Alexander ist von seiner Patin vom Flughafen abgeholt worden. Er hat seinen Urlaub beendet und ist schnellstmöglich nach Hause gekommen. Er nimmt Abschied von seiner soeben verstorbenen Mutter. Er ist erschüttert.

Im Familienkreis nehmen wir mit Mitarbeitern des Hospizes Abschied. Es werden Texte mit unterschiedlicher religiöser Färbung gesprochen, christlich, buddhistisch, säkular. Wir singen das Mantra vom Fließen, das in der allerletzten Letztzeit für Gertrud ganz wichtig war.

Einige Menschen nehmen in den nächsten Tagen am offenen Sarg von Gertrud Abschied. Auch Alexander nimmt mit mir diese Gelegenheit wahr. Ich bin ein letztes Mal alleine am offenen Sarg und verabschiede mich von Gertrud. Ich spüre, dass sich unsere Wege endgültig trennen. Ich singe ein Mantra, das zum Ausdruck bringt, dass ich im Einklag mit der Schöpfung bin und das Alles mit Allem verbunden ist. Für mich ist dieses Mantra ein Ja zur Lebensbewegung, ein Fallenlassen in das Annehmen dessen, was ist.

Wie der Wind die Wolken treibt
trägt mich was durchs Leben.
Alles fügt sich und es bleibt

innerer Frieden

Danach verschließen die Bestatterin und ich den Sarg. Anschließend habe ich das Bedürfnis, einfach nur mit mir zu sein. Ich gehe durch die Natur am Obersee und lasse Gefühle und Gedanken laufen, so wie sie nun einmal sind, nur mit mir und meinem Gott.

Die Nokanrede

Morgens sitze ich in der Frühe am Schreibtisch, um die Rede für die Abschiedsfeier von Gertrud zu schreiben. Ich habe nur neun Tage Zeit. Mir geht Etliches durch den Kopf. - Wie soll ich diese Rede abfassen? Soll ich ein Dichterwort heraussuchen, welches passen könnte, um damit einen Ausgangspunkt zu haben? Oder etwas aus buddhistischer Sicht, denn schließlich hat sie darin einen Ort ihrer Zuflucht gefunden? Soll ich über meine persönlichen Gefühle zu ihr schreiben? Was soll ich von ihr mitteilen? Was über unsere Beziehung? Soll ich die Trauer und den Schmerz über den Verlust ins Zentrum stellen? Oder soll es ein Mix aus verschiedenen Elementen sein und wie gewichte ich dann die einzelnen Teile?
Als ich mit dem Schreiben versuchsweise anfange, wird mir sehr schnell klar, welche Richtung meine Rede nehmen wird. Wie in dem Film Nokan, zu dem Gertrud uns alle zu Beginn ihrer tödlichen Diagnose eingeladen hatte, soll meine Rede sie in ihrer Lebendigkeit erstrahlen lassen. Das, was in dem Film durch rituelles Schminken und Einkleiden bewerkstelligt wird, erschaffe ich mit Worten. Dieser Blickwinkel löst in mir eine gewisse Heiterkeit aus. Ich denke. – Ja, das passt Walter. Du bist und bleibst ein Protestant. Für Dich ist das Wort wichtig. - Gleichzeitig ist damit die Entscheidung getroffen, dass meine Emotionen in der Rede nur sparsam benannt werden. Ins Zentrum rückt der Anblick von Gertrud, so wie das Lebensja durch sie auf dieser Erde wirkte. – Wir werden uns von der lebendigen Gertrud verabschieden und sie gleichzeitig in der Erinnerung als Kraft für unser Ja zum Leben spüren. – Geht es mir mit einer Mischung von Wehmut und einer Leichtigkeit durch den Kopf, die zart ans Heitere heranreicht. Es ist beim Schreiben eine beglückende Erfahrung, dass sich mir die Sätze in

einer Weise zeigen, als warteten sie nur darauf, dass ich sie aufs Papier und dann in die Welt bringe.

Liebe Anwesende,
Es sind knapp vierzig Grad, die Sonne brennt. Zwei Menschen, eine Frau und ein Mann, erklimmen eine Stiege mit Steinstufen, Schritt für Schritt, höher und höher, schnaufend, schwitzend, keuchend, entschlossen. Kein Mensch ist weit und breit zu sehen. Die Menschen suchen um diese Zeit Ruhe und Erholung. Siesta ist angesagt. Nur diese beiden Hinaufsteiger setzen sich der Mittagssonne aus und verlangen sich Einiges ab. Ihm wird es eigentlich zu viel. Aber er hatte sich drauf eingelassen und insofern gab es kein zurück. Was für ein Bild geben diese beiden Gestalten ab? In leichter Sommerkleidung mit hochroten Köpfen schleppen sie sich dem selbst gewählten Gipfel entgegen. Da kennen sie kein Pardon. Als wären sie der Sonne noch nicht nahe genug, steigen sie ihr entgegen. Hier scheinen zwei unterwegs zu sein, denen es der Mittag, die Sonne, die Hitze, die Anstrengung, die Forderung und Überforderung in besonderer Weise angetan haben. In dieser Hitze sind Zwei am Steigen, die sich nicht so schnell unterkriegen lassen. Zwei, die kämpfen können, zwei die ihrem jeweils eigenen Willen folgen.
„Sirmione um zwölf" ist die Kurzfassung dieses Erlebens mit seinem symbolischen Gehalt. Manchmal erinnerten sie sich lachend daran, manchmal allerdings auch mit dem Gefühl eines Zweifels, ob sie mit solchen Aktionen wirklich immer gut zu sich sind. Denn: „Sirmione um zwölf" gibt es nicht nur am Gardasee. „Sirmione um zwölf" gibt es in Herford, Bielefeld, Köln, Dortmund und an vielen anderen Orten.
Für ihn wurde immer deutlicher, dass diese Frau sich einen Mittagsweg ausgesucht hatte. „Bei ihr ist oft, vielleicht fast immer „Sirmione um 12," dachte er. Nicht ohne Sorge.
Es ist, glaube ich, schon deutlich geworden, dass es sich bei dieser Frau um niemand anders als um Gertrud handelt. Gertrud, für mich die Menschin, die einen Mittagsweg mit all den soeben geschilderten Facetten geht.
Besonders deutlich wurde das für mich daran, wie sie ihre homöopathische Praxis führte. In den Hochzeiten ihres Engagements war für sie immer Mittagszeit. Sie war allzeit präsent, egal, in welchen scheinbar

passenden oder unpassenden Momenten ein Patient sie erreichen wollte. Nicht nur morgens und abends, den ganzen Tag hindurch, nein, auch Mitternacht war Mittagszeit. Ihr Praxisengagement war außergewöhnlich. Und wenn jemand denkt: „Normal ist das nicht!", dann ist ihm nur zuzustimmen. Es geht hier nicht um eine Normalität, um ein Engagement, wie „man" es macht. Nein, sie wählte den besonderen, überragenden und herausragenden Einsatz. Sie hätte als Medizinerin eine engagierte Landärztin sein können. Von der Betreuung der individuellen Wege ihrer Patienten war sie die homöopathische Alternative zu dieser längst irgendwohin versunkenen Medizinkultur mit menschlichem Gesicht und sogar seelsorgerlichen Anteilen. Für sie war ihre Arbeit eine warme, ja heiße Herzensangelegenheit. Sie glühte in ihrem Einsatz wie eine Sonne im Zenit. Sie war zutiefst davon überzeugt, dass die Homöopathie in jeder Hinsicht – eben auch moralisch – besser sei als die Schulmedizin. Sie hat bis zuletzt hart gearbeitet, um sich in ihrem Gebiet ständig weiter zu entwickeln.

Gertrud hatte die Gabe, Ideen und Projekte, die ihr am Herzen lagen, nachdrücklich, ansprechend und fesselnd zu vertreten. Sie konnte Menschen erreichen. Selbst als ihr im vorigen Jahr die Stimme versagte, gelang es ihr noch, Menschen zu berühren und im Inneren in Bewegung zu versetzen. Durch kleinere oder größere Hindernisse und Einschränkungen ließ sie sich nicht aufhalten. Wer sie sozusagen backstage erlebte, der konnte sehen, was sie sich abverlangte, wenn sie immer wieder weiter machte, ohne sich von eigenen Zweifeln, Ängsten oder Erschöpfungszuständen aufhalten zu lassen. Aktives Engagement war ihr Lebenselixier. Sie übte sich täglich neu darin, diesen Weg zu gehen. Ihre Praxis war nicht ein Job, ihre Praxis war ein Übungsweg, sich selbst dahin zu bringen, ganz für ihre Patienten, also die Anderen, da zu sein.

Sie selbst und viele, die von ihrem Engagement profitierten, sahen sie als warmherzige Helferin und Heilerin. Wer das Buch „Und Nietzsche weinte" kennt, kann in Josef Breuer – Freuds Kollege in den Anfängen der Psychoanalyse - den anteilnehmenden, aufrichtigen Helfer und Arzt(!) erkennen, mit dem sie sich identifizierte. In diesem Buch, einem Roman, hilft Josef Breuer keinem geringeren als Friedrich Nietzsche. In der Sprache der Psychologie gesagt, wendet sich Breuer einem Menschen zu, der zutiefst narzisstisch gekränkt ist. Breuer begriff, dass er diesem seelisch außerordentlich verletzten Menschen die Führung im

Kontakt überlassen muss. Er darf diesem Patienten kein Jota seiner Selbstmächtigkeit wegnehmen. So geht Breuer den Weg, dass er sich scheinbar und im Verlaufe der Behandlung innerlich tatsächlich dazu hergibt, sich von Nietzsche helfen zu lassen. Also, der Patient heilt den Therapeuten. Die fiktive Begegnung von Breuer und Nietzsche ist eine Urszene des Heilungsparadoxes. Der Helfer ist derjenige, der sich durch sein Helfen und durch den zu Helfenden selber helfen lässt! Breuer ist in dieser Geschichte ein echter Archetyp des Helfens und Heilens, nämlich einer, der im Helfen zu sich kommt. Ein Helfer, der dem Helfenden seine Selbstbestimmung mit dem strategischen Kalkül überlässt, dass dieses Verhalten besonders heilsam ist. Dieses Helfen ist immer ein Drahtseilakt, eine das Äußerste fordernde Mittagsarbeit. Dieses Helfen findet immer in sengender Sonne statt und verlangt gleichzeitig vom Helfenden eine wohltuende Balance aus Spannung und Entspannung. Diese Heilungsarbeit hat als Wirkstoffe eine grandiose Kombination aus Herzenswärme und dauerhaft klarem Denken, angereichert mit der kompromisslosen Präsenz des Augenblicks. Das ist doch nun wohl wirklich keine Kleinigkeit! Im Gegenteil! Wer dabei auf den Gedanken kommen mag, dass solch ein Bild des Helfens eine Überforderung darstellt, eigentlich den „Übermenschen", den Nietzsche im Zarathustra ins Bild setzte, erfordert, der liegt damit auf keinen Fall daneben. Helfen und Heilen sind besondere Herausforderungen an die eigene Selbstmächtigkeit. Für Gertrud, so scheint mir, war immer klar, dass sie mit ihrer Arbeit einen Weg wählte, der mehr ist als das Durchschnittliche. Der Schritt von der Herausforderung zur Überforderung, vom Menschlichen zum scheinbar Übermenschlichen scheint in solch einem helfenden Bewusstsein ein recht kleiner.

In Gertrud lebte in diesem Sinne eine große archetypische Helfer- und Heilerseele. Darin war die enorme Kraft ihrer Arbeit enthalten. Davon profitierten alle, die mit ihr zu tun hatten. Wiederholt äußerte sie im vertraulichen Gespräch im letzten Jahr, dass es sie vor allem traurig mache, dass sie von ihrer Arbeit loslassen müsse. Ihre selbstmächtige Heilerseele war denen, die mit ihr arbeiteten, wirklich solange treu wie es nur eben ging.

Der Mittagsweg. Der Sonnenweg. Der Weg im Zenit. Ein Weg, der für den Helfenden zur Quelle ständiger Beunruhigung werden kann. Global gesehen ist das Leid an anderen Orten viel größer als in Deutschland.

Afrika. Das Armenhaus der Welt, wie es heißt. Gertrud machte sich mit den „Homöopathen ohne Grenzen" auf, um zu helfen. Sie wusste um die Begrenztheit dessen, was man dort ausrichten kann. Sie tat es dennoch. Sie sprach offen davon, wie stark die Erfahrung am Ort bitterster Armut ist, dass die Helfer sich im Helfen auch selber helfen. Arme, die zusätzlich krank sind, können sehr, sehr, sehr dankbar sein. Sie nehmen nicht nur, sie geben auch zurück. Das spornt zu weiterer Hilfe an.

Der Mittagsweg. Ein Weg des intensiven Lebens. Ein Weg, der in allen Bereichen des Lebens praktiziert werden kann. Ein Weg, der nicht davor zurückschreckt, zu neuen Ufern aufzubrechen. Interessante, wechselnde Urlaubsziele, eine breite Palette von Freizeitaktivitäten wie Malen, Bildhauern, Musizieren, Philosophieren, Theaterspielen, Suppe essen, Doppelkopfrunde …Die Liste dürfte unvollständig sein. Gertrud hat Etliches gemacht. „Einmal möchte ich auf einer richtigen Bühne stehen!", sagte sie und tat dann – wie so oft - auch das Nötige, um diesen Impuls in die Realität umzusetzen. Wer „Antigone" gesehen hat, der weiß, wovon ich spreche.

Der Mittagsweg heißt auch, dass jemand, der in Kontakt mit dem Licht, mit der Sonne ist, für andere selber zum Licht und zur Sonne werden kann. Das gilt für Gertrud nicht nur für die Arbeit, sondern auch im privaten Bereich. Mit Gertrud war es möglich, dass die gemeinsame Zeit interessant und aufregend sein konnte. Sie tat viel dafür, dass die Kinder davon profitieren konnten. Es gab manche aufregende Aktion. Z. B. Kanu fahren, Bildhauern, Urlaube. Und: die Gestaltung der Familienfeiern. Darüber hinaus war sie für ihre Kinder immer als Gesprächspartnerin da. In direkten Gesprächen mutete sie es den Anderen allerdings auch zu, dass diese sich ihrer Betroffenheit intensiv aussetzen mussten.

Für ihre Kinder hat sie alles getan, was ihr als leidenschaftliche Mittagsweggeherin möglich war.

Der Mittagsweg ist auch der Weg der selbstbestimmten Sonne. So wie die Sonne im Zentrum des Systems ihren Platz hat, setzt sich ein Mittagsbewusstsein an die zentrale Stelle und nicht irgendwo an die Peripherie. Eines der höchsten Güter ist dabei das Verfügen über die eigene Zeit. Kompromisslos treten Menschen mit dem Bewusstsein des Mittagsweges dafür ein, dass sie ihre Aufgaben, Missionen oder schlicht inneren Impulse zu ihrer Zeit leben können. Die Zeit nicht als irgendeine Zeit, sondern als eigene Zeit zu leben, steht für sie an allererster Stelle. Diese Ausrichtung gibt ihrem Leben Struktur. Übrigens eine Haltung, die schon der römische Philosoph Seneca empfiehlt. Die Klage, dass unsere Lebenszeit bis zum Tode recht kurz bzw. zu kurz sei, weist er zurück. Er empfiehlt, den Umgang mit der Zeit zu überprüfen, um dahin zu kommen, die vorhandene Zeit in eigene Zeit zu verwandeln. Seneca meint, dass wir genug Zeit hätten, wenn wir seinem Grundsatz folgen würden. Anders als Seneca, der als Selbstverwirlichung die philosophische Reflexion in Muße empfiehlt, strebte Gertrud danach, ihre verschiedenen inneren Impulse in der Aktivität zum Zuge kommen zu lassen. Was sie als Impuls oder Bedürfnis entdeckte, wollte sie umsetzen. Sie hatte immer zu tun. Sie wandelte ständig vorhandene in eigene Zeit. Am Tag, und oft auch in der Nacht, musste wache, eben Sonnen-Zeit sein. Bei den verschiedenen, reichhaltigen Impulsen, die sie ihr Eigen nannte, war Zeit eine zentrale, wenn nicht sogar die zentrale Ressource des Lebens.

Solch eine radikale Einstellung findet Bewunderer. Die, die auch auf dem Wege sind, ihre Selbstmächtigkeit zu stärken und zu erweitern, finden in ihr ein leuchtendes Vorbild. Die, die mit ihr den Alltag teilten, fragten allerdings nicht immer nach ihrem Mittagsweg und seinen Herausforderungen. Sie wünschten sich manchmal einfach, dass sie mehr mit ihnen oder für sie da sei. Ich denke, dass diese hier angedeutete Konfliktlinie kaum jemanden in Verwunderung stürzen kann. Manchmal schien es sogar so, dass sich Bewunderung und Verwunderung ihr gegenüber in ein derselben Person ansiedelten. Sie war eine Menschin, die Andere in Bewegung bringen konnte. Auf vielerlei Weise. Ihre Intensität wirkte immer wieder herausfordernd.

Wer in der Intensität des Mittags lebt, überschreitet gemäßigte Temperaturen, kann selbst in einem Kaltblüter den Lebenssaft in Wallung bringen. Hindernisse werden für die Intensitätsverliebte zu willkommenen Wegbegleitern. Sie sind wie Zäune, die ein geübtes Pferd im Turnier mit Eleganz überspringt. War es nicht auch diese Energie, auch wenn sie manchmal zu schaffen machte, die wir an ihr mochten? Ich kenne die Geschichte von ihrer Großmutter, die immer auf dem Schiff war. Die nach Amerika fuhr. Die sich nicht zu schade war, auch Toiletten zu putzen. Die Künstler unterstützte und die, soweit es ihre Zeit erlaubte, auch für ihre Familie da war. Gertrud soll ihr etwas ähneln, heißt es. Mögen wir es nicht, mit dieser unkonventionellen, vielleicht auch etwas verrückten Seite beglückt zu werden? Ich glaube schon.

Irgendwoher kommt die Frage: Wer ist sie nun, und wenn ja, wie viele? Helferin, Heilerin, Selbstverwirklicherin, Idol, Mutter, Freundin, Schwester, Frau, Selbstmächtigkeitskämpferin und, und, und … wer weiß?

Ja, und. Sie war auch spirituell unterwegs. Sie, die farbenfrohe Sonnenkönigin, begab sich in die Praxis des traditionsreichen übenden Lebens. Sie saß viele Stunden auf dem Meditationskissen. Blickte die weiße Wand an. Stellte sich den Grundfragen des Seins in einem Zenbuddhistischen Kontext. Das scheint ihr nach dem Empfangen des diagnostischen Urteils bezüglich der „Krankheit zum Tode" sehr geholfen zu haben. „Ich kann gehen und bleiben," war ihr Satz, der ihr innere Freiheit zu geben schien. Er schien zu wirken wie ein kräftiges Mantra, um auch nach dem diagnostischen Urteil den eigenen Weg gehen zu können. Sie wollte nicht ausweichen. Ein Freund sagte ihr öfter, wie tapfer sie sei. Das tat ihr gut. Sie, die vielen Menschen Hilfe und Hoffnung gegeben hatte, war erfüllt von einer starken, schier unerschütterlichen Heilungshoffnung. Ihr Wille zur Gesundung überstieg lange den anderen Willen, der ihr Schritt für Schritt ihre Selbstmächtigkeit raubte. Dreizehn Monate lang ging sie diesen Weg, begleitet von vielen Menschen, die immer wieder Zeit mit ihr teilten und auf sehr verschiedene Weise für sie da waren. Das war eine wohltuende, heilende Energie. Viele Menschen verbanden sich zu einem Netz von menschlicher Solidarität und Liebe, um mit ihr einige Passagen zu machen. Es war eine Zeit der Versöhnung, der Friedensschlüsse, der Dankbarkeit. Der heftigen Konfrontation mit dem Verfall. Des Hin und Her zwischen Hoffen und Bangen. Des Erlebens kostbarer Momente. Die Jetztzeit trug die Zeichen der Letztzeit. Begleitende Menschen im Netz wurden wiederholt mit ihren eigenen Grenzen konfrontiert. Etliches schwingt noch nach, braucht Zeit.

Die kämpferische Sonnenkönigin hatte das Gefühl, in karmischer Hinsicht, wie sie sagte, auf einem guten Weg zu sein. Sie hatte mithilfe der Sterne einige Antworten auf gelöste und zu lösende Aufgaben gefunden. Auch das gehört zur Farbigkeit dieser intensiv lebenden Menschin. Ihr menschlich zentraler Begleiter meinte in manchen Momenten, wenn der Mittagsweg eine seltene, unglaubliche Pause erlaubte, aus dem großen helfenden Herzen für eine ganz kurze Millisekunde das Klingen einer zarten, ganz empfindsamen, irgendwie auch schüchternen Seelenschwingung, wahrzunehmen.

Vor neun Tagen ging sie leicht und friedevoll ihren Weg in eine andere Welt. Die Begleiter ihrer Passage schauten in ein entspanntes, ruhiges Gesicht, das den Glanz eines würdevollen Daseins ausstrahlte.

Ihr Passagemantra, das sie auf dem Weg von hier nach da trug, lautet:

Wieder nach langem Weg schließt sich ein Kreis
Feier und danke dem Leben
Ernte die Früchte und singe und weiß,
ich werd sie weitergeben

Die Feier: Abschied und Erinnerung

Die Kapelle ist gut gefüllt. Etliche Menschen stehen. Vorne stehen die Blumen, die Gertrud am meisten liebt: Sonnenblumen. Ein großes Bild von ihr, dass im Jeep in Afrika während unserer letzten gemeinsamen Familientour aufgenommen wurde, macht Gertrud auf eine lebendige Weise anwesend. Ein Bild, das sie auf einer Reise zeigt, passt für mich in vielerlei Hinsicht. Ihr Leben war eine große, viele Stationen passierende Reise. Sie liebte es, unterwegs zu sein. In ihrer Freizeit, im Urlaub und teilweise auch beruflich. Das Bild von ihr in der Umgebung mit den grünen Pflanzen, den strahlenden, prächtigen Sonnenblumen und der bunt bemalten Urne gefällt mir. Diese Dekoration ist für mich stimmig. - Wir schauen in eine Buntheit des Lebens, von der wir uns heute ein Stück weit verabschieden müssen. – Geht mir durch den Kopf, während ich mit einer gewissen Aufgeregtheit in der vorderen Reihe sitze und den Beginn der von mir geplanten Feier erwarte.

Nach der Begrüßung der in der Kapelle versammelten Menschen durch mich wird über einen den ganzen Raum erfüllenden CD-Player das Mantra „Fließen, Fließen" eingespielt. Wer will, kann mitsingen. Wir, die Gertrud ganz nah waren in ihrer allerletzten Letztzeit, laden durch unseren Gesang zusätzlich zum Einschwingen ein. Das wird angenommen. Viele Menschen sind sehr erschüttert. Auch sehr viele von Gertruds Patienten sind anwesend. Die gesamte Feier wird von Schluchzen und Schniefen begleitet.

Gertruds Bruder formuliert seine Lebens- und Todesgedanken mithilfe eines Gedichtes von *Waltraud Weiß*. Seine Erschütterung ist spürbar.

Du, mein göttliches Ich, gib mir einen Farbstift
mit dem ich mein Leben bunt male
mit Zeichen der Hoffnung
mit Träumen der Unbesiegbarkeit
mit Türen der Überraschung
mit Fenstern der endlosen Weite
und mit der Erkenntnis des ewigen Sinnes
dass es gut ist
was ist
was war
was wird
dass es Spuren gelegt hat
dass es Früchte trägt
wenn auch klitzekleine
dass die Ernte mich ernährt bis ich mich in Deine Hände begebe
wissend mit dem Buch unterm Arm
und dem Bild in meinem Herzen
dass ich nicht müßig war sondern
dass es gut ist
was ist
was war
was wird

Gertrud hat sich das Ave Maria gewünscht. Es wird von einer professionellen Sängerin mit einer angenehm warmen Stimme gesungen. – Maria möge uns beistehen in der Stunde des Todes. – Höre ich besonders intensiv und habe das Gefühl, dass Maria Gertrud beigestanden hat.

Mit klopfendem Herzen halte ich meine Nokanrede. Normalerweise macht es mir wenig aus, vor größeren Gruppen zu sprechen. Das ist heute nicht so. Ich habe mich allerdings intensiv vorbereitet. Den Text habe ich Zuhause mehrere Male laut gesprochen. Das ist eine große Hilfe. Ich weiß genau, an welchen Punkten meiner Rede ich selber besonders emotional reagiere. Das darf für mich sein. Mein Ziel ist allerdings, dass ich mit meinen Gefühlen aufrecht bleibe. Ich hätte die Rede auch jemand anders sprechen lassen können. Diese Möglichkeit habe ich dann jedoch verworfen. Es ist mir ein Herzensanliegen, mein Gertrud gegebenes Versprechen so gut wie möglich einzulösen. Nach meiner Rede wird noch das Mantra gesungen mit dem Gertrud ihre Passage von hier nach dort gemacht hat: „Wieder nach langem Weg." Mithilfe des CD-Players und unseres Gesanges füllen die Klänge noch einmal den Kapellenraum aus. Danach ist die Feier in der Kapelle beendet und die Urnenbeisetzung findet auf dem Friedhof statt. Ab diesem Zeitpunkt gestalten Gertruds buddhistische Freunde den Abschied. Ihr buddhistischer Priesterfreund trägt die Urne und die Versammelten folgen. Am Urnengrab wird von den praktizierenden Buddhisten das „Herzsutra" gesungen. Sie geben mit ihrem warmen Gesang einen stützenden Hintergrund, wenn Menschen an das Grab treten, Sand in die Öffnung streuen, Blumen ablegen, sich kurz besinnen oder beten.

Zur Erklärung des Herzsutras finde ich bei Wikipedia Folgendes. „Einer der Kernsätze dabei ist, in japanischer Aussprache der chinesischen Übersetzung: „Shiki soku ze kū, kū soku ze shiki", oft wiedergegeben als „Form ist Leere, Leere ist Form". Den Kernpunkt des Herz-Sutra stellt das Mantra dar, mit dem das Sutra schließt: „Gate gate Pāragate Pārasamgate Bodhi svāhā." Dieses wird auch in der chinesischen Fassung nicht übersetzt, sondern nur lautschriftlich mit chinesischen Zeichen wiedergegeben. Laut Edward Conze ließe sich das Mantra etwa so übersetzen: „Gone, gone, gone beyond, gone altogether beyond, o what an awakening, all hail!" (Gegangen, gegangen, hinübergegangen, ganz hinübergegangen, oh welch ein Erwachen, vollkommener Segen!)"

Wir als Familie stehen am Rande und nehmen Trauerbekundungen entgegen. Gegen Ende der Zeremonie fängt es an zu regnen, aber wir haben Glück und kommen mit trockener Haut davon.

In den Kodolenzbriefen haben sehr viele Menschen geschrieben, wie wichtig Gertrud für sie war. Es war für mich eine überwältigende Anteilnahme, die sich in vielen persönlichen Worten ausdrückte. Etliche wünschten uns als Familie Kraft, einen guten Weg zu finden, ein Leben ohne Gertrud zu führen. Für die Feier und die Nokanrede bedanken sich anschließend viele Menschen. Offensichtlich ist es mir gelungen, eine Form zu finden, die gut ist für alle diejenigen, die Gertrud sehr dankbar sind für das, was sie von ihr bekommen haben. Es ist spürbar, dass Gertruds Handeln einen Welleneffekt hat, der über ihren Tod hinaus wirkt. Besonders die Formulierung von der „Mittagsweggeherin" spricht viele Menschen in besonderer Weise an. Es erfüllt mich mit Freude, dass diese Nokanrede ein schönes Geschenk für die hier Versammelten ist.

Beim Kaffeetrinken komme ich nach zwei Stunden in einen entspannteren Rhythmus. Ich führe gute Gespräche mit einigen guten Bekannten und Freundinnen, die ich schon viele Jahre nicht mehr gesehen habe. Es wundert mich nicht, dass ich am Ende dieses Tages völlig erschöpft die Nachtruhe suche.

Danach

Die, die Gertrud sehr nahe waren in ihrer allerletzten Letztzeit äußern wiederholt, dass sie sich jetzt erleichtert fühlen. Mir geht es ähnlich. Zum Ende hin spürte ich, dass diese intensive Zeit mich auch an Grenzen bringt. Ich brauche Erholung. Ich nehme es gerne an, als meine Tochter fragt, ob sie und ich eine Woche wegfahren können. Sie möchte ein bisschen Abstand gewinnen. Außerdem gefällt mir die Vorstellung, mit meiner Tochter Zeit teilen zu können. Wir verbringen eine Woche auf Rhodos in der Sonne und genießen es, sich um nichts kümmern zu müssen. Wir entdecken den Strand, das Wasser, die Restaurants, die Altstadt von Rhodos und nach ein paar Tagen findet Lena auch Freude am Shopping. Wir haben eine entschleunigte, erholsame Zeit miteinander.
Meine Tochter und ich erledigen anschließend alle Dinge, die mit Dankschreiben und Pflege der Grabstelle zu tun haben. Für sie ist es immer wieder schwierig, dass ihr Bruder sich dabei weitgehend heraushält. Ich erziehe mich täglich neu, meinen Sohn in seinem Weg zu ak-

zeptieren. Bei seiner Willensstärke wäre in meinen Augen alles andere ohnehin zwecklos.

Lena sucht sich in Bielefeld eine professionelle Gesprächspartnerin, um sich mit ihrer Situation auseinanderzusetzen. Sie braucht Zeit. Sie bewältigt den Alltag, aber es gibt immer wieder Momente, in denen der Schmerz des Verlustes ihrer geliebten Mutter sie einholt. Vater, Tochter und Sohn verbringen den ersten Heiligen Abend danach. Wir spüren die Lücke. Lena geht an diesem Abend noch einmal durch ein Stück Schmerz hindurch.

Nach zwei Jahren sind Erbe und Nachlass endgültig geregelt. Das erleichtert mich. Solange brauchte es auch, bis ein Stein einen Platz auf der Grabstelle findet. Alexander geht aus eigenen Stücken nach zwei Jahren zum Grab seiner Mutter und legt dort eine Rose hin. Die Kinder machen Ausbildungs- und Schulabschlüsse und wollen Afrika beziehungsweise Australien erkunden.

Die Mantren, die ich mit Gertrud gesungen habe, sind für mich zunächst tabu. Ich singe sie nicht. Es ist, als sind sie so mit der Letztzeit verbunden, sodass ich sie jetzt nicht einfach zu mir nehmen kann. Ich warte, bis sich das ändert. Nach einem Jahr ist es soweit. Noch heute erinnern mich vor allem die Champions unserer Letztzeit-Cafés bei manchem Gang in der Stadt an die Zeit mit Gertrud. Manchmal denke ich gerne an das, was uns an Begegnung möglich war. Auch manche anekdotische Begebenheit fällt mir ein. Dann wieder stehe ich fassungslos davor, dass sie gestern noch da war und jetzt ganz verschwunden ist. Mir ist meine Sterblichkeit viel gegenwärtiger als vor dieser Letztzeitbegleitung. Alle die Orte, die an sie erinnern, sind auch Mahnmale meiner Vergänglichkeit. Die Letztzeit mit Gertrud ist für mich eine Initiierung als sterblicher Mensch. Wenn ich diesen Gedanken anschaue, dann merke mich, wie einfach und selbstverständlich er für jemand anders klingen mag. Für mich ist er die Erfahrung einer Lichtung. Ich kann meinen Schwiegervater und alle die Menschen verstehen, dass sie dankbar sind für jeden Tag, den sie hier sein können. Ich bin an einem Punkt, an dem ich mich davon verabschiedet habe, dass mein Leben hier selbstverständlich ist. Auch wenn ich wie selbstverständlich meine Gewohnheiten pflege, steht mir die Brüchigkeit meines Daseins vor Augen. Das bedeutet für mich ein Ankommen bei mir. Ich spüre, wie schon vor der Letztzeit mit Gertrud, weiterhin in mich hinein, was mir meine innere Stimme mitteilen möchte. Oft kann ich wie Waltraud Weiß in dem Gedicht sagen, das Gertruds Bruder auf der Abschiedsfeier vortrug, „dass es gut ist, was ist". Das Zusammensein mit anderen Menschen ist dabei besonders wichtig. Mir gibt es sehr viel, Momente des erfüllenden Austausches zu erleben. Es wäre höchst sonderbar, wenn ich nicht Erfahrungen berichten könnte, die anders aussehen. Es gibt auch Verzagtheiten, Ausweichen-Wollen vor der Brüchigkeit, Hadern mit der Sterblichkeit. Angst, Dinge nicht mehr schaffen zu können. Ich gehe davon aus, dass es immer Ambivalenzen in mir geben wird. Die unterschiedlichen Spannungspole zu spüren, ist auch eine Bereicherung.

Für mich ist das Lebensja, das sich in mir entfaltet, in vielen Augenblicken ein großes Geschenk. Mir scheint, dass es um nichts anderes geht, als das Lebensja, so wie es in mir leben möchte, einfach zuzulassen. In diesem Sinne bin ich mein eigener Gärtner, der seine Liebe dafür gibt, dass das Lebensja sein kann. Solange wie ich atme, bin ich in Verbindung mit dem Lebensja. Das Atmen geschieht ohne mein bewusstes Dazutun. Unabhängig von all meinem Denken, Überlegen und Rechnen, wirkt es. Im Atem erfahre ich nicht nur, dass *ich* atme, sondern dass *es* in mir atmet. Mein atmendes Ich ist meine Verbindung zum Lebensja. Meine Besinnung auf den Atem zeigt mir, dass im Atem ein Anvertrauen an das Leben geschieht. Fortwährend. Es verschafft mir inneren Frieden, wenn ich dazu ja sagen kann. Ich kann dieser Bewegung des Anvertrauens mit meinen Worten und Gedanken folgen.
Der Verlust des selbstverständlichen Daseins wird für mich belohnt mit einer neuen Fähigkeit zum Staunen. Diese Erfahrung begann, als ich in der Letztzeitbegleitung das Gehen durch die Natur neu und intensiver erlebte. Das Anvertrauen, das sich im Atem vollzieht, ist in meinem Gefühl nicht immer anwesend. Es entsteht auch nicht dadurch, dass ich es durch einen Entschluss herbeiführe. Das ist sogar unmöglich. Was ich machen kann ist, dass ich wie ein umsichtiger Gärtner Unterstützung gebe, damit das Anvertrauen sich immer wieder ereignen kann. Ein Gärtner hegt und pflegt seine Pflanzen. Er schaut, was sie brauchen und was ihnen gut tut. Das Wachstum findet seinen eigenen Weg. Ein Gärtner kann staunen und sich an dem Wachstum erfreuen. Im Atem entdecke ich das Anvertrauen, aber in meiner Seele braucht es immer

wieder Unterstützung, damit es sich wieder ereignen kann. Mir gefällt es, in diesem Zusammenhang von Ereignen zu sprechen. Damit bringe ich zum Ausdruck, dass das Vertrauen in das Lebensja seelisch immer eine Aufgabe ist. Es ist ein arger Selbstbetrug, wenn ich meinte, es besitzen zu können, wie einen Gegenstand über den ich nach Belieben verfügen kann.

Ich habe von Gertrud und mir als zwei Paradiesvögeln geschrieben, denen ihre Authentizität wichtig ist. Von Außen war nicht immer erkennbar, ob diese Paradiesvögel letztlich nicht nur wie absolute Freiheitskrieger auf einem abgefahrenen Egotrip unterwegs sind oder wirklich nach Innen lauschen. Für mich selbst war es in meinen jugendlicheren Lebenszeiten nicht immer klar, wo ich wirklich bin. Es hat gedauert, bis ich den Gärtner schätzen und lieben lernte. Für diese Liebe erhielt ich erneut Hilfe durch das Anschauen meiner Brüchigkeit, als ich in der Letztzeitbegleitung, die Angst vor dem möglichen Nichts schaute. Gertruds rasanter Verfall zeigte mir erschreckend drastisch, wie schnell wir ans Ende kommen können.

Die Gärtnerenergie brauchte ich in der Letztzeitbegleitung. Sie wirkte insbesondere bei unseren leichten und tiefen Gesprächen, unserem gemeinsamen mantrischen Singen, unserem schweigenden Zusammensein, unseren Gängen durch Natur und Stadt, unseren Kaffeetrinken, unseren vielen „Letzt"-unternehmungen, unserer Sorge um und Liebe für unsere Kinder, unserem Ringen und Erreichen von gegenseitiger Achtung, unserem wechselseitigen Aushalten unserer persönlichen Besonderheiten, unserem gemeinsamen Kämpfen für das Lebensja, unserer schier unsterblichen Hoffnung, unseren geistigen Ankern und Taumeleien…In all diesen Begebenheiten sehe ich heute ein Rufen, Bitten und Danken, die auf das Ereignis des Lebensja ausgerichtet sind. Ich vermute, das muss es gewesen sein, wenn früher jemand sagte, dass sein Leben zu einem Gebet wurde.

Die gemeinsame Safari erinnere ich gerne. Für mich ist es beeindruckend, wie stark sich für mich in Afrika die Bezogenheit von Tod und Leben zeigte. Im Busch ist die Brüchigkeit des Daseins hautnah erfahrbar. Das Ernstnehmen dieser Erfahrung bedeutet für mich, dass wir uns hineingewoben in einen Zusammenhang erleben: als Natur, als Generation, als Gemeinschaft, kurzum als Welt insgesamt. Dieses „in" der Welt sein ist ein Gefühl, das ich in Afrika besonders erlebt habe. Der Busch ist eine Welt, in der das Leben keine Selbstverständlichkeit ist. Das sagten die Guides uns immer wieder, wenn sie davon sprachen, dass sich von einer auf die andere Minute alles ändern kann. Manchmal muss ich auch lachen, wenn ich an unsere Safari denke. Mir geht dann durch den Kopf. – Da dachte Gertrud noch einmal etwas ganz Besonderes zu machen und was war das ganz Besondere? Eine intensive Konfrontation mit unserer Endlichkeit. Jedenfalls für mich. Und das ist wohl für Leute wie mich wirklich etwas Besonderes. Merkwürdig.

Der Weg der Liebe zur Erde ist von Gertrud solange gegangen worden bis irgendetwas in ihr die Regie übernommen hat, sodass es erstaunlich einfach war, von allem und auch von sich selbst loszulassen. Der großen Liebe zum Hiersein entsprach im Sterben das Hineingenommensein in ein überwältigendes Geschehen, das mit allen Gefühlen von Erleichterung, Beglückung und Frieden nicht zu verstehen ist. Diese letzte Safari mit Gertrud nahm uns hinein in den großen, tragenden, beschützenden Klang, der uns zeigt, dass das Sein größer ist als das, was wir schauen können. Für mich bleibt ein Geheimnis.

In der Nokanrede zeigte sich mir der Glanz des Lebensjas von Gertrud. So wie ich ihn schauen konnte. Es klingt vielleicht für manchen Menschen merkwürdig, wenn ich sage, dass ich beim Schreiben immer stärker das Empfinden habe, dass sich ihr Lebensja mir jetzt unverhüllt zeigt. Ich habe bei dieser Rede ganz stark das Gefühl: Ja, das ist Gertrud. Ich spüre dabei einen großen inneren Frieden. Ich muss nicht wissen, warum ihr Weg so gewesen ist, wie er war. Ich muss ihn nicht in allen Einzelheiten verstehen. Es geht auch nicht darum, alle Details ihres Lebens wie Perlen einer Kette aneinanderzureihen. Diese Art von Vollständigkeit ist völlig uninteressant. Ich habe diese Rede aufgeschrieben und gleichzeitig habe ich das Gefühl, dass ich durch sie ein großes Geschenk bekommen habe. Das bedeutet auch nicht, dass alle Gefühle der Unfassbarkeit ihres Todes verschwunden sind, auch nicht, dass alle Trauer weggeblasen ist. Das Alles darf weiterhin sein. Das alles ist jedoch eingebettet für mich in das Schauen ihres glänzenden

Lebensja. Diese Schau tut auch mir gut. In dieser Schau sehen wir mit dem Herzen. So wie es bei *Erich Fried* in seinem Gedicht der Fall ist.

Was es ist

Es ist Unsinn
sagt die Vernunft
Es ist was es ist
sagt die Liebe

Es ist Unglück
sagt die Berechnung
Es ist nichts als Schmerz
sagt die Angst
Es ist aussichtslos
sagt die Einsicht
Es ist was es ist
sagt die Liebe

Es ist lächerlich
sagt der Stolz
Es ist leichtsinnig
sagt die Vorsicht
Es ist unmöglich
sagt die Erfahrung
Es ist was es ist
sagt die Liebe

Ergänzung

Leben und Tod des lebensbejahenden, erdverliebten Menschen

„Eines Morgens, als seine Frau hereintritt und ihm von neuen Arzneimitteln erzählt, erwidert er ihr mit hasserfülltem Blick: „Um Christi Willen, lass mich doch wenigstens ruhig streben." (Ariès, Geschichte, 734) Tolstois Romanfigur Ivan Iljitsch fühlt sich massivst daran gehindert, „ruhig" sterben zu können. Dieser Wutausbruch eines modernen Menschen steht im krassen Widerspruch zu jenem Hinübergehen von Menschen vor und während des Mittelalters. Ariès bezieht sich auf Solschenizyn, wenn er ausführt: „Aber jetzt … erinnerte er sich daran, wie diese Alten, ob Russen, Tartaren oder Wotjaken, daheim an der Kama gestorben waren. Sie hatten sich nicht aufgebäumt, gewehrt, geprahlt, dass sie niemals sterben würden – sie alle hatten dem Tode r u h i g (Hervorhebung von Solschenizyn) entgegengesehen. Aber nicht nur, dass sie sich nicht wehrten, sie bereiteten sich in aller Stille und beizeiten auf den Tod vor, bestimmten, wer die Stute, wer das Fohlen bekommen sollte. Und gingen dann, solcherart erleichtert, unbeschwert hinüber, so als würden sie nur in eine andere Hütte übersiedeln." (Solschenizyn bei Ariès, Geschichte, 27) Ariès erläutert, dass der Tod eines mittelalterlichen Ritters sich in der gleichen Schlichtheit vollzogen hat. „Der Tod des mittelalterlichen Ritters ist kaum weniger einfach. Der Edelmann ist tapfer, kämpft als Held, mit herkulischer Stärke, und vollbringt unglaubliche Waffentaten; seinem Tod selbst aber haftet nichts Heroisches oder Außergewöhnliches an: er hat die Banalität des Todes von jedermann." (Ariès, a. a. O., 27) Der Tod wird hier laut Ariès als akzeptierte Tatsache gesehen. Seine Annahme ist keine besondere Leistung, sondern ein natürliches Schicksal von allen. Deshalb wäre es geradewegs närrisch, gegen das Jedermann-Schicksal anzugehen. „Der Bauer La Fontaine möchte sich dem Zugriff des Todes wohl entziehen, und weil er ein alter Narr ist, versucht er sogar, mit ihm zu feilschen; sobald er aber begreift, dass sein Ende wirklich nahe und keine Täuschung möglich ist, wechselt er die Rolle, hört er auf, den Lebenshungrigen zu spielen, wie man es um des Lebens willen zu tun hatte, und stellt sich kurzerhand auf die Seite des Todes. Umstandslos schlüpft er in die klassische Rolle des Sterbenden: Er versammelt seine Kinder um sein Bett, um ihnen letzte Anweisungen zu geben und letzte Grüße auszuteilen, wie es alle Alten getan haben, die er hat sterben sehen." (Ariès, Geschichte, 26)

Der oben geschilderte wütende Schrei des Ivan Iljitsch offenbart, dass der gefasste, nach überlieferten Ritualen zu vollziehende Tod, keine Selbstverständlichkeit mehr ist. Der Tod wird in der Neuzeit nicht mehr einfach hingenommen. Das Sterben kann sehr schwer werden.

Menschen sterben nicht den Jedermann-, sondern den eigenen Tod. Damit vollzieht sich in einem langen Prozess die Aufweichung und Auflösung einer kollektiv gelebten Überzeugung. Sterben ist zwar unbestreitbar ein allgemeines Schicksal, aber es kommt darauf an, einen persönlichen Weg zu finden. Dieser Prozess vom allgemeinen, rituellen Tod hin zum individuellen Sterbeweg beginnt schon im Mittelalter. Durch die Prüfung der persönlichen „guten" Taten für das Weiterleben im Jenseits hängt es vom individuellen Verhalten des Einzelnen ab, wie seine Zukunft nach dem Tode aussehen wird. Die Rituale des Sterbens sind dabei noch für alle gleich, aber die Tendenz zur Individualisierung ist eingeleitet. Denn: Auf die Summe der guten Taten kann jeder selber Einfluss nehmen. Die individuelle Taten-Biografie entscheidet über die Qualität des Seins nach dem Tode. Diese Orientierung führt zu einer Steigerung der Sorge um das eigene Sein und zu einer Intensivierung der Übergangserfahrungen von hier nach dort. Laut Ariès drückt sich diese Lebenseinstellung vom Mittelalter bis in den Beginn der Neuzeit in der religiösen Orientierung des Katholizismus am Klarsten aus. Da die katholische Kirche über alles Sein, also Diesseits und Jenseits Wissen hat, kann sie sagen, durch welche guten Taten der Platz im Jenseits sicher ist.

Für den modernen Menschen ist es Gegensatz zum religiös ausgerichteten so, dass der Glaube an ein K o n t i n u u m des Seins von der Zeit vor und nach dem Tode b r ü c h i g geworden ist. Diese Brüchigkeit unterscheidet ihn von den bei Ariès erwähnten Bauern und Rittern.

Auch die Unterwerfung unter das vermeintliche Wissen der katholischen Kirche ist beendet.

Zum Flickenteppich des modernen Bewusstseins gehören Zweifel und Unsicherheit bezüglich des Seins jenseits dieses Lebens. Damit ist es nicht mehr ohne Weiteres möglich, eine Logik der „guten" Taten für den Übergang vom Leben in den Tod zu bemühen oder nutzen zu können. Der Regisseur Schlingensief drückt diesen Sachverhalt am klarsten aus, wenn er schildert, wie schwer es ihm fällt, s e i n Bild vom Sterben zu finden. Ich glaube, dass dieses Bild leichter zu finden ist, wenn der Glaube an die Kontinuität des Seins vorhanden ist. Gertrud sucht in meinen Augen diese Kontinuität des Seins, indem sie sich Gedanken über eine mögliche Wiedergeburt macht. Auch ihr kurz aufblitzender Gedanke an ein Wiedersehen im Jenseits gehört zu dieser Suche. Ihr Mantra „ich kann gehen und bleiben" ist ein Versuch, in der Liebe zur Erde quasi eine Exitstrategie zu finden. Walters protestantische Spiritualität, die auf konkrete Vorstellungen von einem Danach verzichtet, aber auf die Güte Universums hofft, ist ebenfalls ein Weg, mit dem Malheur des Todes, wie Ariès sagt, zurechtzukommen.

Die Brüchigkeit im Kontinuum von Leben und Tod bewältigt der moderne Mensch laut Ariès durch die Abwendung vom Tod. Dabei sollte nicht übersehen werden, dass dies gleichzeitig eine Hinwendung zum Leben bedeutet. „Bleibet der Erde treu", lässt Nietzsche seinen Zarathustra sagen. Diese Worte sind beim lebensbejahenden, erdverliebten Menschen angekommen. Davon ist meine Erzählung ein Zeugnis. Ariès spricht davon, dass es in der Neuzeit die Erfahrung des plötzlichen Todes gäbe. Diese Erfahrung ist ängstigend. Sie ist Bestandteil der modernen Lebensbejahung mit ihrer Tabuisierung des Todes. In meiner Darstellung tritt die gefürchtete Plötzlichkeit des (möglichen) Todes durch das „Attentat" in das Leben von Gertrud und ihren Letztzeitbegleitern in Erscheinung. Die Angst vor dem eigenen Nicht-Sein wird vor allem von Walter als ihrem engen Begleiter erlebt. Gertrud vermeidet es, wie sie selber sagte, bestimmte Gefühle bei sich zuzulassen. Das gehört zu ihrem Weg, ihr Ja zum Leben auf dieser Erde zum Ausdruck zu bringen. Viele Menschen wünschen sich, dass sie so sterben wie mein Adoptivvater, als er mit dem Eis in der Hand auf den Boden fällt und sofort tot ist. *Menschen, die wie Gertrud eine Attentatserfahrung durchmachen müssen, bleibt es nicht erspart, sich mit ihrem Ja zum Leben im Horizont des Todes auseinanderzusetzen. Also, genau das zu tun, was Menschen in der Neuzeit vermeiden möchten.*

Meine Darstellung zu Gertruds Letztzeit könnte den Eindruck erwecken, als seien Tod und Sterben weiterhin ein öffentliches Ereignis. Bei Gertrud sind es jedoch der private Freundeskreis und die soziale Vernetzung, die sie mit ihren Patienten teilt, die eine soziale Sphäre in ihrer Letztzeit erschaffen. Gegenüber der Einsamkeit etlicher Menschen in ihrer Letztzeit und einem vereinzelten Sterben im Krankenhaus ist das ein großer Vorteil. (Vgl. hierzu Borasio, Über das Sterben, 29) Auch wenn in den öffentlichen Medien dem Thema Sterben und Tod umfänglich Raum gegeben wird, ist das individuelle Sterben keine öffentliche Angelegenheit, wie es noch vor hundert Jahren der Fall war. Allenfalls in dörflich strukturierten sozialen Verknüpfungen lebt noch etwas von Sterben und Tod als öffentlichem Vorgang, wenn es noch üblich ist, dass m a n als M i t g l i e d d e s D o r f e s z u r B e e r d i g u n g geht. Das geschieht heute in der Regel nicht mehr. Man nimmt Abschied, weil jemand aus dem Freundeskreis und sozialem Netzwerk stirbt. Nicht die ritualisierte soziale Beziehung ist entscheidend, sondern das persönliche Beziehungsnetzwerk.

Die geschilderten Veränderungen zeigen ganz deutlich, dass es den am Beispiel der Bauern beschriebenen einfachen Tod für uns nicht gibt. M. E. haben wir alle Anteil an einer Lebensausrichtung, die ja sagt zu dem Leben auf dieser Erde. Das rituelle Sterben der Bauern und Ritter fügte sich dem Satz: „Wir alle müssen sterben." Der lebensbejahende Mensch verbannt diesen Satz in den Untergrund. Sein Leitsatz, der den Untergrundsatz überstrahlt, lautet: „Wir wollen leben." Der sich verbergende Tod, den Sterbeforscher und Sterbebegleiter seit der zweiten Hälfte des zwanzigsten Jahrhunderts öffentlich machen wollen, sperrt sich folgerichtig gegen ein einfaches An-das-Lichtbringen oder gar Zerren. Vor allen Dingen deshalb, wie in meiner Darstellung deutlich wird, weil Lebensbejahende diesen Tod nicht wollen.

Als S e h n s u c h t nach der Eingebundenheit in einen größeren, womöglich gar natürlichen Zusammenhang, taucht der gezähmte, rituelle Tod der Bauern und Ritter allerdings wieder auf. Diese Sehnsucht, die ich im Zusammenhang der Afrika-Safari erwähne, kann nicht in der Weise erfüllt werden, dass wir die Zeugung am Anfang des Eintritts in diese Welt – von den Safarireisenden bei den Löwen beobachtet – genauso neutral hinnehmen wie das von mir beschriebene Gefressenwerden unserer körperlichen Überreste von den Geiern. E i n f a c h h h e i t bedeutet nicht G e f ü h l s n e u t r a l i t ä t.

Heutige Sehnsüchte nach Eingebundenheit übersehen möglicherweise, dass dieser einfache Tod, auch in seiner rituellen Form bei den Bauern und Rittern des Mittelalters, niemals neutral für die Menschen war. Ariès bringt das wie folgt auf den Punkt: „Der Tod kann gezähmt, der blinden Gewalttätigkeit der Naturkräfte entkleidet und ritualisiert werden, er wird jedoch nie als neutrales Phänomen erlebt. Er bleibt stets ein mal-heur, ein Unglück zur Unzeit. … Die Resignation war also nicht – wie heute und wohl auch einst bei den Stoikern und Epikuräern – Unterwerfung unter eine gute Natur oder eine biologische Notwendigkeit, sondern Anerkennung eines untrennbar mit dem Menschen verbundenen Bösen." (Ariès, Geschichte, 777)

Die Abkehr vom Tode wollen Sterbeforscher und Sterbebegleiter durchbrechen. Walter erlebt als Letztzeit- und Sterbegleiter die ringenden Suchbewegungen im Spannungsfeld von Leben und Tod. Wenn ich geschrieben habe, dass das Sterben zwar nicht leicht, aber letztlich für Gertrud und ihre Begleiter einfach ist, dann kommt darin eine Tendenz zum Ausdruck, die sich mit Erkenntnissen der Sterbegleitung deckt. Der Arzt (!) Borasio nährt die Hoffnung auf ein einfaches Sterben. Für ihn geht es dabei um ein Entdecken dessen, was von N a t u r aus das Sterben ausmacht. Er parallelisiert Geburts- und Sterbevorgänge. „Es gibt erstaunlich viele Parallelen zwischen Geburt- und Sterbevorgang. Es sind die einzelnen Ereignisse, die allen Menschen, ja allen Lebewesen gemeinsam sind. Es sind beides physiologische Vorgänge, für welche die Natur Vorkehrungen getroffen hat, damit sie möglichst gut verlaufen." (Borasio, a. a. O., 23) Borasio erkennt, dass die moderne Medizin zum Hindernis des natürlichen Ablaufes werden kann. Das rousseausche „Zurück zur Natur" feiert berechtigterweise wieder einmal

Auferstehung. Jedenfalls, soweit es um die körperlich-physiologischen Seite des Sterbens geht. Wenn ich vorhin sagte, dass das Sterben einfach sei, dann soll das nicht heißen, dass es keine Leiden und Schmerzen geben kann, die medizinischer Hilfe bedürfen. Diese medizinische Hilfe wird jedoch aus der Sicht von Sterbegleitern dann kontraproduktiv, wenn sie angewendet wird, um das Sterben in einer Weise hinauszuzögern, die nur eine längere Leidenszeit für die Sterbenden bedeuten würde. In Gertruds Fall hieß das, dass ihr geschwächter Organismus nicht mehr künstlich „gefüttert" wurde, als er die Nahrung verweigerte. Entscheidend ist die grundsätzliche Haltung, die hinter solchen Maßnahmen zu erkennen ist. Deutlich formuliert: Geburt und Tod sind Ereignisse des Lebens, nicht medizinische Krankheiten!

Sterben ist nicht nur ein physiologischer Vorgang, sondern auch ein psychologischer. Monika Renz beschreibt die grundlegende seelische Wandlung, die aus ihrer Sicht das Sterben ausmacht. „Was aber ist das Charakteristische im Sterbeprozess? Es ist die Radikalität, die dem Ende unseres Daseins als Ich innewohnt. Der Körper als Verkörperung (auch Verdichtung, Verstofflichung) dieses ich-bezogenen Subjekts *stirbt*! Und mit ihm – und das Sterben einleitend – verliert sich die Wahrnehmung im Ich und das Erleben als ein Ich. Sterben ist gekennzeichnet durch das sich verändernde menschliche Bewusstsein rund um dieses Ende herum." (Renz, Hinübergehen, 24) Monika Renz schildert in ihrem Buch viele Beispiele für ein Loslassen vom Ich, vom Durchgang zu einem neuen, letzten Dasein, das jenseits des Ich angesiedelt ist. Sterbegleitung zeichnet sich für Renz dadurch aus, dass der seelische Wandlungsprozess unterstützt wird. „Sterbebegleitung heißt, jemanden konsequent – den inneren Vorgaben folgend – sterben zu *lassen*." (Renz, a. a. O., 121) Am Beispiel von Gertrud ist zu sehen, dass es am Ende eine Wandlung in ihr gibt. Am deutlichsten eingeleitet wird sie durch ihre Verweigerung, weiterhin viele Besuche zu empfangen. Das Meiste, was sich in ihr an Wandlung vollzieht, bleibt ein Geheimnis für die, die sie begleiten.

Der Arzt und Forscher Borasio und die Theologin und Sterbebegleiterin Renz haben den Schrei des Ivan Iljitsch gehört. Zu einem gelingenden Leben gehört ihrer Meinung nach auch ein würdiges Sterben. Zu diesem w ü r d i g e n Sterben gehört, dass es in einer B e g l e i t u n g geschehen kann, die den i n d i v i d u e l l e n Weg eines jeden Menschen akzeptiert. Monika Renz betont, dass es wichtig ist, in der allerletzten Letztzeit unterscheiden zu können zwischen dem Ich mit seinem Wünschen und der inneren Instanz, die jenseits des Ich angesiedelt ist und uns hilft, den Weg nach drüben zu finden. Was auch immer das Bild für dieses Drüben sein mag. Bei Renz heißt es: „Es sind die Sterbenden, welche uns eine Ahnung davon vermitteln, was jenseits dieser unsichtbaren Bewusstseinsschwelle und außerhalb der Zone des Ichs geschieht – ja, dass da offenbar überhaupt etwas geschieht. Einige künden staunend von etwas Unbeschreibbarem: „Ohhh". Andere formulieren oder bestätigen kognitive Worte wie „Durchgang", Dritte erleben in Bildern wie etwa „Ich falle" oder in apokalyptischen Dimensionen: „Das Schwarz frisst mich auf" und später: „Jetzt wird das Schwarz vom Hellen und seinen Engeln besiegt". Viele Sterbende werden irgendwann – unverstehbar – einfach friedlich. Selten einmal geht ein inneres Leuchten von ihnen aus. Ich spreche in all dem von einer spirituellen Öffnung." (Renz, a. a. O., 20)

Aus dem Blickwinkel der Position von Monika Renz wird an Gertrud sichtbar, dass auch ihr Ich am Ende einwilligte in das Loslassen von sich selbst. Ich zitiere noch einmal Renz: „Es scheint Gesetzmäßigkeit des Sterbens zu sein, dass das Ich überwältigt wird. Das Ich kann nur einwilligen in seinen Untergang (seinerseits verbunden mit dem Schöpfungsganzen, von dem es ausgeht und in das es zurückkehrt). Wo immer ein Stück Einwilligung gelingt, erspart sich das Ich zusätzliches Leiden." (Renz, a. a. O., 68) Die Lebensbejahenden haben als erste, im Sinne von wichtigster Orientierung, für sich die Entscheidung getroffen, dem Leben auf dieser Erde verbunden zu sein. An Gertrud wird deutlich, dass diese Ausrichtung einen enormen, beeindruckenden Kampf für das Ja zum Leben beinhaltet. Diese Verbindung zum Leben, die sogar davon träumt, das Unmögliche zu ermöglichen, nämlich den Tod zu besiegen, habe ich an vielen Beispielen erläutert. Einiges davon möchte ich in Erinnerung rufen: Die Abkehr (Tabuisierung) vom Tode, der Kampf gegen den Tod, auch wenn er nur tödlich enden kann, der Kampf für jedes Quäntchen Hilfe zur Verlängerung der Lebenszeit mit Hilfe von Medizinern und Heilern, dem Anhangen einer Hoffnung auf dieses Leben durch ein Wunder gegen alle gegenteiligen Wahrscheinlichkeiten, dem Entdecken von Inseln des Schönen und des Genusses, um sich im Ja zum Leben zu bestärken. Dieses Ja zum Leben hat für mich romantische Qualitäten. Ich will mein Verständnis von romantisch in Beziehung setzen zu dem, was Ariès in der Geschichte des Todes ausführt. Unter romantisch verstehe ich eine Lebensausrichtung, die das Schöne im Leben findet, auch im Alltag. Ariès stellt heraus, dass im neunzehnten Jahrhundert der Tod pompös inszeniert wurde und dass er als etwas Schönes entdeckt wurde. Dieser aus der Sicht von Ariès romantische Tod war möglich, weil es Menschen gab, die daran glaubten, sich im Jenseits wieder zu sehen. Sie gingen in den Tod und begleiteten in den Tod in dem Vertrauen auf eine nicht abreißende Verbindung. Aber, das romantische Sehnen nach Verbindung will mehr als die Gewissheit einer dauerhaften Verbindung. Die romantische Sehnsucht will diese Verbindung erleben. Für die Hinterbliebenen ist der Verlust eines Menschen unter diesen Voraussetzungen ein i n d i e s e r Welt u n h e i l b a r e r Schmerz. Nur das Wiedersehen mit dem über alles geliebten, verlorenen Menschen, wirkt heilsam. Da Menschen den Blick auf das friedliche Sterben richten und das Bild der schönen Toten entdecken, scheint dies darin zu beflügeln, den Vorausgegangenen zu folgen. Diese romantische Todesbejahung ist die Abkehr vom irdischen Lebensja. Sie ist die krasse Gegenausrichtung zu der in meiner Erzählung dargestellten.

Wer auf die von Ariès beschriebene romantische Weise trauert, braucht heute dringend psychologische Hilfe. Wem es nicht gelingt loszulassen, der kommt in seinem Erleben in die Sphären der romantischen Absage an das Leben. Ariès weist darauf hin, dass diese Art der Trauer und Trauerbewältigung nicht als notwendige Tatsache angesehen werden muss, die zu einer immerwährenden Natur des Menschen gehört. Vielmehr handelt es sich um Erlebensweisen, die erst seit dem achtzehnten Jahrhundert von größerer Bedeutung sind. Ariès führt aus, dass die G e m e i n s c h a f t in den Zeiten davor eine größere Rolle bei der Bewältigung des Verlustes spielte. „Nicht etwa, dass der Tod eines geliebten Wesens nicht als schmerzlich empfunden worden wäre. Doch der erste Schock wurde durch die traditionelle Geschäftigkeit der Gruppe abgefangen, die beim Tode zugegen war, und häufig wurde er auch sehr rasch überwunden; nicht selten heiratete ein Witwer nur wenige

Monate später erneut, was aber nicht hieß, dass er die Verstorbenen schnell vergessen hätte, sondern dass es ihm gelungen war, seinen Schmerz rasch zu lindern. (Ariès, a. a. O., 744) Laut Ariès trug zu dieser Linderung des Umganges von Verlusten geliebter Menschen auch dazu bei, dass der Tod zum Sein dazugehörte. „Von Kindheit an erwartete man ihn mehr oder weniger ständig." (Ariès, a. a. O., 745) Ariès Hinweis auf die historische Relativität der Trauerbewältigung finde ich berechtigt. Da wir in einer Zeit leben, in der die Gemeinschaft nur begrenzt hilft, den Schmerz zu lindern, sind Psychologen notgedrungen eine wichtige Hilfsinstanz. In dem Ja zum Leben mit all seinen Suchen nach dem Schönen und dem Genuss auf dieser Erde sehe ich eine Lebensausrichtung, die den Alltag in positiver Weise romantisiert. Gerade angesichts der Letztzeit bekommt das Leben durch seine Verkürzung eine Aufladung an Sinn. Die vielen „Kleinigkeiten" des Alltags wie Anrufe oder gemeinsame Cafébesuche bekommen eine gesteigerte Bedeutung. Gertrud und die Ihren sind in diesem Sinne Lebensromantiker, die sich immer wieder des Ja zum Leben vergewissern. Zu dieser Romantisierung gehört auch das Singen von Mantren. Das Leben soll schön sein! Auch im Abschied von der Verstorbenen, wie es in meiner „Nokan-Rede" deutlich wird. Der Film „Nokan" fügt sich in diese Tendenz ein. Er zeigt im Abschied (noch einmal) das Schöne des Lebens und intensiviert darin den Abschiedsschmerz. G l e i c h z e i t i g wird ein Bild der Lebendigkeit erinnert, das Hoffnung geben kann für die Lebenden. Eine Hoffnung, die für Etliche ausgedehnt werden kann zu einem möglichen Seinskontinuum, auch wenn es nur schwer vorstellbar ist. Die Steigerung des Ja zum Leben sehe ich darin, dass es nur das Leben geben soll. Dieses mag den Sterbenden eine Hoffnung sein, auf jeden Fall ist es Bestärkung für alle die, die noch Zeit auf dieser Erde gestalten können. Die Gestaltung von Gertruds Abschiedsfeier trägt in ihrer Ausrichtung am Ja zum schönen Sein von Gertruds Leben durchaus romantische Züge. *Diese Romantik will sich jedoch nicht, wie die von Ariès beschriebene Todesromantik, in einer nicht enden wollenden Trauer verlieren. Vielmehr „beschwört" sie die Kraft des Lebens-Ja. Sie ist eine Feier des Lebens. Manchmal wird das Lebens-Ja ausgedehnt zum allumfassenden Seins-Ja.* Diese romantische Steigerung des Ja zum Leben schaut in den Abgrund, in das Nichts, um sich in der Hinwendung zum Lebens-Ja zu bestärken. Für mich ist dieses

Lebensja am besten als immer wiederkehrendes, neu zu entdeckendes Ereignis vorzustellen, weil es nicht unser Besitz, sondern ein Geschenk ist. Da die Gemeinschaft den Tod eines Einzelnen nicht mehr als Bedrohung für das Überleben der Gruppe erfährt, kann sie den Trauernden wenig Unterstützung geben, sich dem eigenen Lebensja zuzuwenden. Die Konsequenz daraus ist, dass Einzelne möglicherweise resignieren oder sich im glücklichen Fall professionelle Hilfe holen.

Schon in Goethes Faust treffen wir auf den modernen lebensbejahenden Menschen, der sich vom Tode abkehrt.

> Der Erdenkreis ist mir genug bekannt,
> Nach drüben ist die Aussicht uns verrannt;
> Tor, wer dorthin die Augen blinzelnd richtet,
> Sich über Wolken seinesgleichen dichtet!
> Er stehe fest und sehe hier sich um;
> Dem Tüchtigen ist diese Welt nicht stumm.
> Was braucht er in die Ewigkeit zu schweifen!
> (Faust, in: Goethe, Faust, 344)

Der nimmermüde, unternehmerisch schaffende Faust erkennt nicht, dass seine Zeit auf dieser Erde ans Ende kommt, als sein Grab schon ausgehoben wird. Faust ist zum rastlosen Geschäftsmann geworden, der ganz in seinen Projekten aufgeht. Die Totengräber fantasiert der in seinen Sinnen geschwächte Faust als Arbeiter für neue Kanäle, die der Ausdehnung seiner Geschäfte zugutekommen müssen. Goethe, der Schöpfer des Faust, lässt die Seele seines Protagonisten in den Himmel emporsteigen. Seine Taten, auch sein Bündnis mit dem Bösen (als enthemmtes Begehren), hindern nicht daran, der Güte des Universums teilhaftig zu werden. Mephisto, den ich als Alter Ego oder als Schatten des begehrenden Faust sehe, schreckt nicht vor Mord, Betrug und Brandschatzung zurück, um dem jeweiligen Begehren von Faust zum Ziele zu verhelfen. Mephisto ist jedes Mittel recht. In Mephisto existiert eine nihilistische Orientierung, die alle Skrupel hinter sich gelassen hat. Mephisto sagt nicht ja, sondern Nein zum Leben. Darin folgt Faust seinem Schatten nicht.

Vorbei. Ein dummes Wort.
Warum vorbei?
Vorbei und reines Nicht, vollkommnes Einerlei!
Was soll uns denn das ew'ge Schaffen!
Geschaffenes zu nichts hinwegzuraffen!
„Da ist's vorbei!" Was ist daran zu lesen?
Es ist so gut, als wär' es nicht gewesen,
und treibt sich doch im Kreis als wenn es wäre.
Ich liebte mir dafür das Ewig-Leere.
(Goethe, Faust, 349)

Mephistos Worte vom „Ewig-Leeren" und vom „Nichts" sind vielleicht
nicht die letzten Worte für Viele von uns, aber Worte in einer bewuss-
ten Letztzeit können sie sehr wohl sein. Worte, die in Momenten auftauchen, in denen der Sinn abhanden kommt.

In der Figur des nach letzter Seins-Erkenntnis strebenden Faust sehe ich
den Konflikt des modernen Menschen beschrieben, dessen Verlangen
nach letzter Gewissheit sich ganz auf das irdische Sein richtet und dem
es verwehrt ist, letzte Gewissheiten zu erlangen. Bei Goethe taucht
hinter allem Vergänglichen letztlich dennoch das Unvergängliche auf.

Alles Vergängliche
Ist nur ein Gleichnis;
Das Unzulängliche,
Hier wird's Ereignis;
Das Unbeschreibliche,
Hier ist's getan;
Das Ewig-Weibliche
Zieht uns hinan.
(Goethe, Faust, 364)

Diese letzten Worte in Goethes Faust bieten uns das „Ewig-Weibliche"
als Wirkkraft an, die über den Tod hinaus für uns heilsam wirken kann.
In der Logik der Komposition des Faust könnte das „Ewig-Weibliche"
die Liebe sein, die durch Gretchen verkörpert wird. Dieses Bild werden

viele Heutige so nicht für sich in Anspruch nehmen können oder wollen.

Ich möchte noch einmal hervorheben, dass das Loslassen vom Ich für den lebensbejahenden Menschen einfacher zu sein scheint, wenn unser Denken die Möglichkeit des Loslassens vom Ich akzeptieren kann. Wer sich darin übt, wie Terzani (vgl. Terzani, das Ende …), sich schon hier als „Niemand" zu begreifen, macht sich das Weggehen leichter. Terzanis buddhistisch beeinflusste spirituelle Orientierung ist ein bewusstes Loslassen von dieser Welt. Terzani ist allerdings jemand, der von sich sagt, dass er in dieser Welt genug erlebt habe. Diese Aussage erinnert mich an ein lebenssattes Sterben, das schon das Alte Testament kennt. Mir scheint, dass die Erleichterung des Überganges das ist, was wir durch unsere spirituelle Ausrichtung beeinflussen können. Für Gertrud drückte sich das in dem Mantra aus: „Ich kann gehen und bleiben." Für Walter in der Hoffnung, dass die Güte des Universums schon das Richtige vollbringen wird. Das Recht auf das Streben nach dem persönlichen Glück schließt das Recht auf einen persönlichen Weg von „hier nach dort" ein. Das Ja zum Leben, das schon bei Faust zum Ausdruck kommt, muss nicht zwangsläufig ein Tabuisieren des Todes bedeuten, auch wenn das bis jetzt in der Neuzeit bei uns so war. In Gertruds Letztzeit bekam die Ausrichtung des Philosphen Montaigne Bedeutung, der in jeder Konfrontation mit dem Tod eine Chance sah, das Lebensja zu spüren und zu stärken. Bei Montaigne wird deutlich, was ich in meiner Erzählung ausgeführt habe, dass das Ja zum Leben immer wieder neu eingeübt und als Ereignis erfahren werden will. Alle diese Überlegungen zu unseren spirituellen Ausrichtungen können ein guter Kompass für uns sein. Was die Sterbegleiterin Monika Renz ausführt und was Walter in der Begleitung von Gertrud erleben konnte, zeigt mir, dass die konkrete Situation sowohl in der Letztzeit wie in der allerletzten Letztzeit darüber hinaus ihre ganz eigene Dynamik der inneren Auseinandersetzung hervorbringt.

Literatur/Medien

Adamek, Karl
&Eckes, Carina, Meridian Mantren, Dortmund, o. J. (CD)
Ariès, Philippe, Geschichte des Todes, Darmstadt, 1996
zitiert: Ariès, Geschichte
Becker, Ernest, Die Überwindung der Todesfurcht, Olten, 1985
Benigni, Roberto und
Cerami, Vincenzo, Das Leben ist schön, Frankfurt am Main, 1998
Böhme, Gernot, Goethes Faust als philosophischer Text, Kusterdingen, 2005
Borasio, Gian Domenico, Über das Sterben Was wir wissen Was wir tun können Wie wir uns darauf einstellen, München, 8. Aufl. 2012
Zitiert: Borasio, Über das Sterben
Canetti, Elias, Über den Tod, München, Wien, 2003
Coelho, Paulo, Handbuch des Kriegers des Lichts, Zürich, 2001
Domian, Jürgen, Interview mit dem Tod, Gütersloh, 2. Aufl. 2012
Grünbein, Durs, An Seneca. Postskriptum, Düsseldorf und Zürich, 2003
Faulstich, Joachim, Das heilende Bewusstsein, München, 2006
Fried, Erich, Es ist was es ist. Liebesgedichte, Angstgedichte, Zorngedichte, Berlin 1996.
Goethe Faust, kommentiert von Erich Trunz, München, 2005
zitiert: Goethe, Faust
Homer, Ilias, übertragen von Schrott, Raoul, München, 2008
Heidegger, Martin, Sein und Zeit, Tübingen, 1967
Hesse, Hermann, Das Glasperlenspiel, Zürich, 1943
Illich, Ivan, Die Nemesis der Medizin, Reinbek bei Hamburg, 2007, 5. Aufl.
Kapuscinski, Ryszard, Afrikanisches Fieber, Erfahrungen aus vierzig Jahren, Frankfurt am Main, 1999
Ki-duk, Kim, Frühling, Sommer, Herbst, Winter, … und Frühling, 2003 (DVD)
Montaigne, de Michel, Philosophieren heißt Sterben lernen, in: Klassiker der philosophischen Lebenskunst, München, 2000, S. 217 – 236
Nuland, Sherwin B., Wie wir sterben, Ein Ende in Würde, München 1996

Platon Die Apologie des Sokrates, in: Klassiker der philosophischen Lebenskunst, München, 2000, S. 9 – 32

Renz, Monika, Hinübergehen, Was beim Sterben geschieht, Freiburg, 2011

zitiert: Renz, Hinübergehen

Safranski, Rüdiger, Romantik, Eine deutsche Affäre, München, 2007

Seneca Die Kürze des Lebens, in: Grünbein, Durs: An Seneca. Postskriptum, Düsseldorf und Zürich, 2003

Sloterdijk, Peter, Du mußt dein Leben ändern, Frankfurt am Main, 2009

Schlingensief, Christoph, So schön wie hier kanns im Himmel gar nicht sein! Tagebuch einer Krebserkrankung, Köln, 2009

Schopenhauer, Arthur Das große Lesebuch, hrsg. von Safranski, Rüdiger, Frankfurt am Main, 2010

Schmid, Wilhelm, Schönes Leben? Einführung in die Lebenskunst, Frankfurt, 2000

Schneyder, Werner, Krebs, Eine Nacherzählung, München 2008

Sommer, Andreas Urs, Die Kunst der Seelenruhe, München, 2009

Schultz, Alfred, Die drei Gesichter der Lebensenergie, Herford, 1999

Schultz, Alfred Singe, Ja, lebe Ja, Heilsames Singen als therapeutische Ressource, mit Audio-CD von Karl Adamek, Dortmund, 2009

zitiert: Schultz, Singe Ja

Stephenson, Günther Hrsg. Leben und Tod in den Religionen, Symbol und Wirklichkeit, Darmstadt, 1985

Süskind, Patrick, Über Liebe und Tod, Zürich, 2006

Terzani, Tiziano, Das Ende ist mein Anfang, München, 2008, 8. Aufl.

Takita, Yojiro, Nokan, Die Kunst des Ausklangs, 2008 (DVD)

Weiß, Waltraud und andere, Lieber Gott ich rede mit Dir, o.O. 2003

Wilber, Ken, Mut und Gnade, o. O., 1992, 3. Aufl.

Yalom, Irvin D., In die Sonne schauen, Wie man die Angst vor dem Tod überwindet, München, 2008

Informationen zum Autor: www.ja-einfach-ja.de